教育部人文社会科学研究基金规划项目《师德的现代转型及其评价研究》（项目编号：14YJA880053）的阶段性成果

江苏省"青蓝工程"中青年学术带头人项目

江苏省"333 工程"中青年科学技术带头人研究成果

JIAOYU LUNLI JIANSHE YINLUN

教育伦理建设引论

糜海波 ◎ 著

中国社会科学出版社

图书在版编目(CIP)数据

教育伦理建设引论 / 糜海波著 . —北京：中国社会科学出版社，2015.5
ISBN 978 - 7 - 5161 - 5633 - 9

Ⅰ.①教…　Ⅱ.①糜…　Ⅲ.①教育学 - 伦理学 - 研究　Ⅳ.①G40 - 059.1

中国版本图书馆 CIP 数据核字(2015)第 041778 号

出 版 人	赵剑英
责任编辑	任　明
责任校对	季　静
责任印制	何　艳

出　　版	中国社会科学出版社
社　　址	北京鼓楼西大街甲 158 号
邮　　编	100720
网　　址	http：//www.csspw.cn
发 行 部	010 - 84083685
门 市 部	010 - 84029450
经　　销	新华书店及其他书店

印刷装订	北京市兴怀印刷厂
版　　次	2015 年 5 月第 1 版
印　　次	2015 年 5 月第 1 次印刷

开　　本	710×1000　1/16
印　　张	16.75
插　　页	2
字　　数	310 千字
定　　价	58.00 元

凡购买中国社会科学出版社图书，如有质量问题请与本社联系调换
电话：010 - 84083683

序

糜海波同志多年来致力于教育伦理学的研究，发表了一系列有关教育伦理学的研究论文，主持了关于教育伦理学研究的部级课题，为发展我国教育伦理学学科做了大量的工作。今天，糜海波同志的《教育伦理建设引论》一书出版，我很高兴，亦欣然受邀为之作序。

作为以培养人、塑造人、解放人为目的和旨归的社会实践活动，教育历来以教人为善自居，教育本质上乃是一项崇善的事业。教育要实现善的本质需要教育自身具有道德的自觉，教育领域首先应当是道德的领域；也需要教育伦理对教育者进行思想的引导和行为的规约，从而为教育善的实现提供德性方面的保证；还需要教育伦理学为教育实践提供理论指引，对教育活动中的各种道德问题进行理性反思、善恶判断和价值分析，伦理学相对于教育学具有一种批判的功能。

教育科学需要教育伦理学以理性建立和确定教育中的价值，并且建构伦理的正确点，承担教育实际科学的合法性。教育伦理学作为一门独立的学科开展研究在我国始于 20 世纪 80 年代，近 30 年来，我国教育伦理学研究取得了丰硕成果，学科的理论体系得以构建并不断丰富和完善，尤其是从教师伦理学到教育伦理学的发展，拓展了教育伦理学的研究对象、研究范围和研究视域，使教育伦理问题不仅从个体上而且从整体上得到关注和探究。尤为突出的是进入 21 世纪以来，我国教育伦理学研究出现了一个新的动向，这就是由注重理论体系的构建转变为对教育实践的道德关切，特别是注重对教师职业道德建设的研究和探索，这是教育伦理学作为应用伦理学的分支所应有的现实关怀、问题意识和实践取向。

然而，尽管教育伦理学多年来对教育中的伦理问题以及教育者的道德问题给予了一定的关注，对教育活动中存在的诸多背离教育伦理精神的现象提出了批评和抨击，这体现了教育伦理学学者的道德良知和社会责任感。但问题并没有得到解决，教育道德失范现象也并未从现实生活中消失，教育伦理建设更是任重而道远；而且教育伦理学近年来对"教育伦理"本身的研究也非常阙如，还不能适应教育现实发展的要求。这既影响了教育伦理学的实践运用，也使得教育伦理建设及其行动存在着许多的盲点亟须解决。

所以，冷静地反思近些年来我国教育伦理学的发展，我们还必须清醒地看到，无论在研究方法的运用还是在研究内容的安排方面都还存在着某些不足，而这种不足又直接导致教育伦理学的研究在经历了一定的发展阶段后难以再有新的突破，从而难以通过卓有成效的研究成果来应对时代发展提出的挑战。而要改变目前的研究现状，教育伦理学学科体系要进一步完善，要最大程度实现学科的功能价值，还需要联系实际进行新的探索和发展。基于教育伦理学研究中存在的这些缺憾和空白，糜海波同志运用理论与实践相结合的方法，对我国教育伦理建设问题作了系统而深入地研究和探讨。他的这一研究成果，在一定意义上既填补了国内在教育伦理研究上的不足和空缺，又有助于推动我国教育伦理建设和教育者道德建设，因而具有十分重要的理论意义和应用价值。

本书从价值、规范、范畴、功能、视域、机制等基本层面，深度阐释了教育伦理的精神内涵，系统全面地阐述了教育伦理建设的内容、方法和路径，对教育伦理学的理论与实践作出了富有新意和时代气息的探求和思索。全书主题鲜明，观点明确，结构完整，逻辑严谨，广证博引，分析深入透彻，语言规范，文字表述流畅，功力可见，可谓十年磨一剑。多年来，糜海波同志潜心研究，扎实稳健，花费心力，成此著作。字里行间透显出作者对教育的忧患意识，对教育至善的求索，对教育伦理学学术研究的执着和热忱。没有对事业和生活的珍爱和热爱，没有一种伟大感情的投入，没有足够的学识、才思和才情，难以奉献出如此内涵丰富、思想深邃的精品。

我相信，本书的问世，定能为广大教育伦理学研究者和教育工作者提供思考和解决实际问题的理论基础，并从中汲取营养。希望海波同志在教育伦理学领域继续探索，以取得更多更优秀的学术研究成果。

钱焕琦

2014 年 9 月于南京师范大学

目　　录

第一章

绪　论

教育伦理学作为应用伦理学的一个分支，是在教育科学与伦理科学之间产生的一门交叉学科，又是伦理学在教育领域得以研究和运用的实践科学。教育伦理学既要研究教育中道德问题，论证和阐述教育道德的生成、本质及其发展规律，培育教育者的道德品质，促进教育道德进步，也要探讨教育伦理的价值目标、规范建设、功能向度、作用视阈、实现机制，构建教育伦理的理论体系和实践方法。教育伦理作为教育行为之应然，是教育道德的依据及其精神规定，是解释和调节教育人际关系的准则及其道理，更为关注教育善的标准及其实现问题。为了对教育伦理问题展开系统深入研究，本章首先就教育伦理学的学科依据和研究主题进行探讨，并对传统教育伦理思想的演进以及我国教育伦理学研究的现状作一概述。

一　教育伦理学的学科依据

教育伦理学是从伦理学的视角对教育活动进行道德省察、价值分析和行为导向，它要研究和探讨的根本问题是：什么样的教育才是好的、善的教育，一种合道德性的教育应该是怎样的，教育道德之实然如何才能转变为应然。那么，教育与伦理是什么关系？教育学与伦理学有何联系？教育伦理学作为学科存在的依据是什么？对教育伦理学这些元问题的追问和探究，不仅有利于教育伦理学学科建设的顺利开展，而且在教育现代化建设中将会更好地发挥其理论指引作用。

（一）伦理实体：教育的人文本性

从伦理学角度说，教育是帮助人们提升和完善人格的一种对象化活动，但这种以改善人性、塑造人格和追求自由为指归的教育本身也必须合乎伦理、止于至善。教育作为人类特有的一种文化活动，既影响人的思想，也指导人的行为。一方面，教育是影响人的身心发展的一种对象化活动；另一方面，为了实现人的自由和社会进步，教育本身必须是良性的、有意义的，从而使受到教育影响的人们能够积极地去适应和改造社会。在现实生活中，教育又是由教育者、被教育者和与之相关的其他要素所形成的教育关系的实体。教育实体与一般社会实体不同的是，它是在一定的伦理关系基础上结合而成的教育共同体。与血缘的、地缘的、经济的、政治的共同体相比，教育共同体是具有人文本性和人文精神的伦理实体，以伦理价值、伦理原理作为其合理性根据。所以，伦理是教育共同体的人文本质和核心价值精神。这就意味着，教育、教育主体及其教育对象之间的关系应当也必须是伦理性、道德性的关系，这是教育共同体作为伦理实体的最为重要的合理性基础。

教育关系包含师生之间的伦理关系、法律关系、管理关系、心理关系、人际关系等，但居于最高层次的是伦理关系，因为教育具有示范性、人文性和向善性，是伦理精神的文化传承及其实践形式。因而教育关系的实质就是伦理关系，调节师生之间的伦理关系当然需要一种具有个体行为引导意义的教育伦理体系。例如中国传统伦理在教育共同体的建立方面，其伦理实体的文化特性是非常明显的，诸如"养不教、父之过；教不严、师之惰"，"事师如事父"，便是中国传统教育伦理关系的最好写照。这种具有世俗性、人情味的教育伦理关系强调的是教师身份、角色的特殊性，要求教师合乎伦理地对待学生，不能任意逾越这种教育伦理关系的道德界阈。但是，这种教育伦理关系并不是意味着教师就是道德上的权威，可以对学生进行道德教育和道德评判，而不允许学生有自己的道德主张和道德判断，这将造成教师在知识和道德方面的垄断和专制，从而扼杀教育的民主、平等、人本等时代精神，压抑学生道德个性的成长以及对真理和自由的探索和追求。恰恰相反，对教育者行为进行教育伦理规制，是教育主体取得教育实践成功的必要条件，同时，它也应成为教育人文精神向前发展的推动力量。教育作为一个伦理实体，要求把教育伦理转化为教育者之德性，这是体现教育人文本性的内在逻辑。但社会的教育伦理观念及其教育道德评价也需与时俱进。

在教育共同体中，教育活动和教育关系是以道德价值为基础的伦理性存在，其基本特点就是非功利性、非强制性以及教育文化所要求的神圣性。这种神圣性即教育关系的纯洁性，既要获得社会的认同，也要在教育实践活动中得以体现。在教育活动中，教育者的行为并不是一种个人行为，而是一种社会性行为。教育者的身份由其职业角色所规定，代表国家、民族、社会来培养合格的公民和文化继承者。所以，中国传统社会的教师被赋予特别的使命，享有尊严、崇高和神圣，并形成天、地、君、师、亲五位一体的具有终极意义的价值人格序列。一旦失去尊严、崇高和神圣，教师和教育的伦理特性就会面临危机。教师作为知识和思想的传播者，既是教育伦理的人格化，又是引领学生成长成才的"经师"和"人师"。作为被教育者，他们对教师的品格和学识有着特定的内在要求，教师对学生的影响并不是外在的而是内在的，并不是暂时的、瞬间的而是会延伸至学生的一生，成为他们享有不尽的精神家园。教育活动的这种特殊的价值特点，要求教育者必须具有良好的教育伦理和教育德性，才能使教育工作收到应有的社会效果。

教育共同体和教育活动作为社会生活的有机组成部分，是一个开放的结构，社会的世俗性和功利性也会在教育实体和教育关系中得到体现。然而，无论社会如何开放，学校都应当是文明的实验室，引导学生实践道德、探求真理的场所，而不应过度的世俗化。事实上，每一所学校的围墙绝不只是具有建筑学的意义，更重要的是一种文化象征。它表征着把学校与社会相对隔离而又不完全脱离，就是要在文化的实验条件下培养学生，使教育共同体具有不同于社会的人文特性，不至于受到社会负面因素过度的干扰和侵蚀，从而保持其由伦理性而导致的神圣性。当然，作为社会的重要元素，教育本身是一种组织化的产物，它也具有一定的经济和政治的内涵，并具有经济意义和政治功能。但是，教育并不是一个经济实体，教育关系不是利益关系，教育生产的不只是追求物质利益的"工具产品"，而是懂得如何处理利益关系的健康主体。教育关系也不是法权关系，教育的政治属性不是指它是为少数统治者服务的工具，而是致力于培养具有一定阶级意识、政治觉悟和担负道义的社会政治人。

因此，从根本上说，教育的伦理使命是培育具有健全人格的文化人。在整个文明体系和历史发展中，教育履行和完成的是一种文化使命和文化任务，因而人文本性才是教育共同体的实质所在。教育的这种人文本性和内在规定指向的是伦理，是以"成人"作为其中心的教育伦理精神。教育活动内含着非常丰富的教育人文精神和人文品格。它既承担着一种系统性的文化教化的重任，又将这种教化转变为推动社会经济进步和人自身发展的"人文力"。教育的文化使命，就是通过教育人文力来实现"人之人化"的文化理念，它遵循的最根本的原型结构就是人之"得—德"相通的内在统一关系。

（二）教育伦理学：教育与伦理的融合

教育伦理学包含了教师伦理学及其至善之道，即"尊德性而道学问，致广大而尽精微，极高明而道中庸"。但又超越了教师伦理学的狭隘视野，是对教育行为之"应然"包括"规范"、"德性"和"善行"的全面探求，并从整体上对教育活动进行人学关照和价值合理性评判，因而是教育与伦理的内在融合、有机渗透，是对教育自由和教育善的反思和构建。作为事实科学和价值科学的统一，教育伦理学肩负着揭示规律、说明事实和确立价值、指导行为的双重使命。

教育是培养人的活动，但它造就的不是单向度的人，而是丰满的健全的人，是有知识、有能力、有理想、有道德的社会人。所以，教育历来以善自居，它既是求真的活动，又是道义的事业。有人说："教育是人类一项杰出的道德事业。"[①] 就是因为教育以教人求真向善为指向，是彰显道德意义、道德生命和道德境界的活动。这就是说，从教育思想到教育制度、从教育目标到教育过程，都应合乎先进的道德规范，都应内在地体现先进的伦理精神和道德理想。我国儒家经典《大学》中也曾说："大学之道，在明明德，在亲民，在止于至善。"教育的存在本

---

① J. Childs, *Education and Morals*：*An Experimentalist Philosophy of Education*，New York：Appleton-Century-Crofts, Inc, 1950，p. 20.

身就是对道德的自觉和追求，离开了伦理学规导，教育活动就可能偏离其至善的轨道，教育乃至于教育科学都会失去它的合法性。从这个意义上说，教育伦理实际上就是教育的实践理性，伦理既是教育的母体，又是教育终极的精神旨归。所以，在中西方民族的文化认同中，教师不只是一个职业，更重要的是一个事业，一个崇高而神圣的事业，因而对教师有着特殊的伦理要求。在教育中，道德不仅在一般意义上成为人的条件，而且成为教育实践活动的品质前提。在中国历史文化中，教师是伦理精神的象征，是一定伦理的实践者、体现者和示范者。

教育是伦理的教育，教育学也是伦理学的教育学，教育伦理学不是伦理学和教育学的简单相加，而是二者的融合。伦理总是浸润渗透于教育之中，教育又始终蕴涵体现着伦理。从发生学角度看，传统教育学是从伦理生活中派生出来的，是应社会道德生活和道德发展的需要而产生的。中国传统教育以德育为先导，并把"修身"、"养性"、"慎独"、"至善"作为其育人理念。传统文化中培养人才的理念，充满了社会责任、道德情操、精神素养、伦理关怀、理想信念等人文气息。虽然随着社会和教育自身的发展，教育的目标、内容和手段得到了丰富和更新，融科学与人文为一体成为教育的基本取向，但坚守"性善"的育人信念和"以善律教"的教育伦理一直为人们所传承和弘扬。所以，伦理本是教育的题中应有之义，教育本质上是一个伦理实体，教育学应当也必然是伦理学的教育学。教育伦理学作为教育学的理论基础，不只是外在的人为嫁接，而是有着内在的学术亲缘关系。教育与伦理本来就是合为一体的，把"教育"和"伦理"两者分开，完全是后代人为图方便而已，是教育在社会生活中相对独立的结果。

事实上，教育学与伦理学是始终纠缠在一起的，无法将它们完全分离。根据我国教育学学者的考证，在教育发展史上对于教育学与伦理学的关系的认识经历了三个阶段："阶段一，全部的教育问题就是伦理问题，教育学就是伦理学；阶段二，伦理学原则应该是教育学的基础，教育学具有伦理学性；阶段三，伦理学的辩护理论应该是教育学的基础。"① 它表明，教育伦理学不仅是伦理学在教育领域的应用和实践，

① 唐莹：《元教育学》，人民教育出版社2002年版，第146页。

而且为教育学提供了一个有力的解释框架，教育学离不开伦理学的理论支撑和价值评判。德国学者在《教育伦理学》一书中指出："一般伦理学与哲学人类学相对于教育学，具有一种批判的功能。伦理学并不侵犯教育学作为科学的自律，但是伦理学必须在教育学陷入乌托邦前提出警告，教育能够成功，因为它能够受到法则艺术和方法艺术的支持，伦理学将永远保留它对于教育价值意识的功能；教育价值有效性的问题需要一般伦理学，教育学是无法回答这些问题的。因此，教育价值的发现是伦理学作为整合科学的问题。教育科学需要教育伦理学以理性建立和确定教育中的价值；教育伦理学作为单一科学的伦理学能够超越其他科学的观点，以引导教育的行动，并且建构伦理的正确点，承担教育实际科学的合法性。"①

教育伦理学作为一门求索教育善的真谛及其实现的学问，不是侧重于一般教育学的实证性研究，而是侧重于对教育实践的价值性探讨，是为教育者的教育行为选择提供合理性根据及理论支撑。正如日本学者村井实所说："我们只有把'善'和'使之善'重新摆在教育学研究的中心位置，教育学才能从'自己放弃学术研究'的道路上解救出来，才能切实地获得独立的学术自主性，教育学也才能对个人、社会、国家乃至全人类的命运发挥不可缺少的作用。"②

（三）追寻道德：教育的伦理意蕴

从起源上说，教育是人类的公共产品，是人们不断完善和发展自身的必需品，这是教育存在的普世价值。教育为了人而存在，因为有生命的人的存在是现实的世界生成的首要前提，是社会发展的决定性因素。教育在未来的意义上为社会培养人，也为实现人的本质力量创造精神条件，因此教育是求善的活动，是自觉实践道德的领域。教育在本质上是指向于善的，其原本就是富有伦理意蕴的教化，是承载责任、追求理想、充盈道德的生活。在本性上教育即道德，伦理是教育最为根本的属性。

人的存在是从一个自然人到文明人、社会人的成长和演变过程，这

---

① Benning, A. Ethik der Erziehung, Freiburg: Herder Verlag, 1980, 19—20.
② ［日］大河内一男等:《教育学的理论问题》，教育科学出版社1984年版，第322页。

一过程是借助于教育来实现的。教育在现象上是传授知识和道德，但它的本质是"解放人"，或者更确切地说是人的伦理的解放。黑格尔在《法哲学原理》中对教育的本质进行论述时指出："教育的绝对规定就是解放以及达到更高解放的工作。这就是说，教育是推移到伦理的无限主观的实体性的绝对交叉点，这种伦理的实体性不再是直接的、自然的，而是精神的，同时也是提高到普遍性的形态的。"① 教育的人文使命就是把人从自然的质朴性中解放出来，把人从本能的自然欲望中解放出来，使人成为伦理性的社会化的现实的存在物。只有通过教育才能培育人的普遍的伦理理性，在此意义上，教育伦理也通过对受教育者的伦理教育体现出来。教育解放的结果是造就"有教养的人"，使一个纯粹的生物学意义的人成为富有伦理特质的道德人。教育的这种人文使命、伦理使命为教育伦理学的存在提供了可能性和必然性。

由此可以说，教育是对道德的一种自觉追求，教育的解放很重要的一点就是对人的道德解放。因为人虽然是道德的存在，但并不是每个人都能意识到这一点进而实现这一点。教育的首要任务就是唤醒人的道德意识，使之认识到道德之于人的意义。教育在使人得到道德成长的同时，也通过它所培养出来的具有道德意识的人来引导社会的健康和谐发展。从根本上讲，无论对于人还是社会，教育都是面向未来、面向可能的。从社会的角度说，教育是社会进步最基本、最有效的工具之一。它不仅继承传统道德精华，而且还创造和弘扬社会新道德，并以先进的伦理理念构建和推进社会的精神文明。正如杜威所言："教育是达到分享社会意识的过程中的一种调节作用，而以这种社会意识为基础的个人活动的适应是社会改造的唯一可靠的方法。"② 所以，人与社会的和谐是通过教育并依靠道德来整合的。作为存在的两重面向，人与社会是统一的，马克思将"每个人的自由发展是一切人的自由发展的条件"规定为未来理想社会的内在特征，而教育则是这一理想实现的重要条件。教育以社会进步为目标而培养人，这一道德理性构成了教育伦理学的重要理论依据。

然而，尽管教育本质上是善的，教育原本就是一个道德的概念，但

---

① ［德］黑格尔：《法哲学原理》，王哲等译，商务印书馆1996年版，第202页。
② ［美］杜威：《学校与社会》，赵祥麟等译，人民教育出版社1994年版，第16页。

这并不意味着教育领域没有善恶矛盾和价值冲突。事实上，教育实践在目的和手段、内容和形式上，无不存在善与恶的冲突和抉择。在教育领域，违背教育善之本质的思想和行为不仅依然存在，而且表现多样，有的甚至直接侵害了受教育者的身心健康，使得人们对教育的道德属性产生了怀疑，发出了"教育就是善的吗"这样的诘问。也正因为如此，走向一种好的、善的教育不是靠教育自身就能自然达成的。而教育伦理学的重要任务就是运用道德评价武器，不断地去纠正教育中的恶的因素，恢复、揭示和维护教育的善的本质。麦克莱伦说过："没有道德性的教是教的赝品，有道德性的教才是教的真品。"① 只有教育行为本身在道德上是善的，它才能成为善的教育。作为一种培养人的特殊的实践活动，教育要真正实现"至善"的价值目标，就必须从人性的理念出发，对教育活动的主体即教育者的德性和行为进行伦理的审视和反思。因为，在一定的意义上，人格是由人格来塑造的，德性是通过德性加以培养的。被教育者素质的提升离不开教育者潜移默化的影响，教育者高尚的人格和美好的德性是被教育者素质养成的前提。教育伦理存在的价值就在于成就和实现教育之善，从而使"有教育意义的过程同道德的过程完全一致"。正如赫尔巴特所言："道德普遍地被认为是人类的最高目的，因此也是教育的最高目的。"② 正因为教育是对道德的自觉实践和自觉追求，所以，教育才需要亦能够不断提升自身的精神境界。就此而言，教育与伦理是合二为一的。杜威说："教育即生活。"生活总是要呈现人与人之间的伦理关系、伦理规范、伦理秩序。这就是说，教育伦理是教育生活的内在律令，教育道德生活为教育伦理学的构建提供了历史根据和现实"土壤"。

　　总之，作为一种实践伦理学的教育伦理学，是从"实践—精神"的角度把握教育运行过程与伦理道德的关系，阐明教育伦理的意义、本质、作用及依据等。教育既是人类的特殊实践活动，也是人类的道德实践形式。伦理道德不只是一种善的观念和社会意识，而且与人的行为是否具有正当性和正义性是密不可分的，它是教育的重要前提和内容，应

---

　　① 冯建军：《主体道德教育与生活》，《教育研究》2002 年第 5 期。
　　② 赫尔巴特：《论世界的美的启示为教育的主要工作》《西方资产级教育论著选》，人民教育出版社 1979 年版，第 260 页。

该且事实上乃是蕴涵在教育活动中的一个本体性要素。所以，教育的伦理旨在实现伦理的教育。

二 教育伦理学的研究主题

20世纪80年代以来，教育伦理学作为道德科学的应用学科之一，在我国教育学和伦理学学者的共同努力下已逐渐得以形成和发展。但是，对于教育伦理学的研究对象或研究主题又一直存在不同的理解和解释，这在一定程度上也影响着教育伦理学的研究范围以及其功能作用的充分发挥。例如，有的认为教育伦理学是关于道德教育的理论，有的认为教育伦理学是探讨教师职业道德的科学，还有的认为教育伦理学应研究整个教育领域善恶矛盾运动规律等。

在笔者看来，上述对教育伦理学研究对象的认识存在着知识片面性或值得商榷之处。其一，教育伦理是关于教育的道德哲学和伦理学理论，道德教育仅仅是教育的一个部分，无法涵盖教育体系和教育关系的整体，因此把教育伦理等同于伦理教育的理解思路是不确切的，虽然二者之间是有联系的，但显然不是一回事。其二，教师是从事教育工作的主体，教育伦理学在实践层面可以说主要是指向教师伦理学，教育的道德境界如何很大程度上取决于教师，但是广义的教育包含着学校教育、家庭教育和社会教育。这样，教育主体事实上就是一个多元性的范畴，因此把教育伦理学简单地归结于教师伦理学是非常狭隘的，而且教育本身就是一个复杂的系统，涉及众多因素和要素，比如教育思想、教育制度、教育政策、教育价值、教育评价等诸多方面，这些都是教师伦理学所不能完全涵盖的，也限制了教育伦理学的研究范围、关照视野、学科发展和价值实现。这就是说，教育伦理学不等于就是教师伦理学。其三，教育领域是社会领域的一个方面，道德的善恶矛盾在教育领域自然是存在的，但是仅仅是研究教育领域善恶矛盾运动及其规律依然是不够的，这只是教育伦理问题的一个方面。虽然科学地论证和阐述教育道德的本质和发展规律，是教育伦理学的重要任务之一，但教育伦理学还要阐明和揭示教育的道德关系、道德蕴含和道德意义，构建教育行为的道德原则、道德规范和道德范畴体系，并对教育活动中存在的各种道德问题加以审视、分析和评价，等等。因此，从学科的角度看，作为一门探索何为教育善、如何实现教育善的价值科学，教育伦理学的研究主题应突出以下几个重要方面：

1. 探讨教育伦理建设的基本路径。教育伦理作为社会所设定的教育者行为之应然，是教育主体把握教育活动的一种实践理性，是一定社会道德在教育领域的特殊反映。教育伦理建设旨在通过对教育行为具有应然意义的规定，引导教育行为主体不断超越"现有"而趋向"应有"。因此，教育伦理建设在规则层面包含了教育规范伦理建设，在实践层面又包含了教育德性伦理建设。教育伦理是教育规范伦理与教育德性伦理的有机统一，二者构成了教育伦理建设的两个基本向度。然而，在传统社会，教育伦理研究较为注重对教育者个体美德的濡养，缺少了具有普适意义的教育规范伦理建设研究；在现代社会，教育伦理研究注重具有普遍约束力的教育规范伦理探讨，但教育主体的德性伦理思考却显得相对薄弱。因此，追求教育善的当代教育伦理研究和建设要显示完整的意义与功能，必须从教育规范和教育德性两个向度上作出努力，只有这样，才能将教育伦理的现实性与超越性、他律性与自律性、规范性与主体性统一起来。

所谓教育规范伦理指的是教育者应当遵行的最起码的教育伦理规范，它具有广泛的可行性、可接受性甚至某种必须性，是教育人际关系和谐、教育活动良序开展最基本的伦理需要。教育规范伦理关注的中心是作为一个教育者，"我应当做什么"的问题，即什么样的教育行为是合乎教育伦理精神的，是合乎教育善的。所谓教育德性伦理指的是教育者对待教育伦理规范的态度、立场和观点，以及教育者的道德意识、道德情感、道德意志、道德信念和道德行为等主观层面的道德水平和道德素质。正如第斯多惠所说：教育者"不仅应当教育自己，使自己达到理想的境地，而且还应当教育别人，他选择了培养和教育的事业作为自己一生的使命"。"正如没有人能把自己没有的东西给予别人一样，谁要是自己还没有发展、培养和教育好，他就不能发展、培养和教育别人。"①

---

① 檀传宝：《教师的道德人格及其修养》，《江苏高教》2001 年第 3 期。

　　在西方，受理性主义思想传统的影响，人们在教育道德问题上更注重从社会层面，对教育道德规则和规范的思考和确立。在中国，受德性主义思想传统的影响，人们在教育道德问题上更为注重个体的道德修养、道德品质的养成和美德的造就。然而，作为教育伦理建设的两个向度，教育规范与教育德性是相互依存、相互支撑的。在文化多样化、利益主体多元化的社会背景下，教育伦理建设需要将这两个向度有机结合。教育规范与教育德性之间并非简单的非此即彼的对立关系，而是构成教育道德存在的两个基本因素，它们在推动人类教育道德进步中承担着各自独特的功能，满足着教育实践活动的不同需要。教育规范和教育德性都是教育道德的载体，二者不过是教育善的不同存在状态。其中，教育规范作为社会公共价值的文化符号、表达文本，引导教育德性的方向；教育德性作为人之道德的主体性力量，不仅认知和践行教育伦理规范，而且反思和建构社会教育规范。教育规范是约束人们教育行为的指示系统，教育德性是呈现教育伦理精神的控制系统。教育伦理研究和建设之向度的两重区分，为有效地实现教育善提供了基本的思路，作为实现教育善必要路径的教育伦理建设，应从教育规范和教育德性两个向度协同并行。

　　2. 挖掘教育的伦理内涵和伦理精神。教育总是人的教育，是指向人且为了人的教育，任何教育影响都必须通过人并进入人才能成为真正的教育。从最终意义上说，教育伦理研究也应该指向人。因此只有从人的特性出发，才能真正理解和把握教育的伦理内涵和精神实质。教育之目的在于"人性的完美展现"，因此教育是一种体现着人性理念的人之生长逻辑。人类教育的历史深刻地表明，只有以人的方式对待人类的教育问题，教育才是一种真正体现着人性之内在要求的人的生长，这样的教育才是一种"好"教育。对人性实施扭曲的传统教育，对人的个性肆意扼杀的棍棒教育，以及因单纯追求分数而忽视人格健康的应试教育，都不能说是合乎伦理精神的教育，只会导致受教育者的片面和畸形发展。教育必须尊重人、关怀人、平等地对待一切人，着眼于人的未定性或人的世界的开放性和未来性，面对一切人，又同时为了人的一切。从人的未定性和生成性来关照教育的伦理内涵，教育实际上就是使人从"是其所是"驶向"是其所应是"的过程。在教育活动中，把对被教育者进行知识的传授、能力的培养和人格、情感、意志、责任、人生智慧、生活境界等结合在一起，形成一种教育伦理生态将是现代教育发展的必然趋势。教育活动对人之成长有着多种可能性存在。在这种"动态成长"中，教育者和受教育者都投入到了教育生活的大熔炉中来锤炼自己，以使自己上升到一种更高的人生境界。教育是一项育人的工作，教育者的职责不仅是育才，而且是育德。所以，大学不仅是知识的"大"，而且是道德的"大"。它从根本上"否定了那种把人当作机器而不断学习知识的教育理念，肯定了道义、职责和行善的优先价值，认为只有真正的人才是教育面对的一切。因此，教育最终要完成自身的任务，就必须滋养其伦理精神"。①

教育的求知取向需要它具有科学精神，教育的育人取向需要它具有人文精神，教育是融合了科学精神和人文精神的实践活动。伦理精神是教育的基本人文条件，缺乏伦理精神，不仅教育关系难以成为伦理实体，而且教育就会模糊甚至丧失自己的人文使命从而使教育失去自身，就会动摇教育至善的根本信念，甚至使教育成为不可能和不必要。这种伦理精神，既是教育存在必须坚持的道德前提，又是作为教育实施者教师的基本人格条件。在中西方民族的文化认同中，教师不只是一个职业，更重要的是一项事业，一项崇高而神圣的事业，因而对教师有着特殊的伦理要求。在教育中，道德不仅在一般意义上成为人的条件，而且成为教育实践活动的品质前提。在中国历史文化中，教师是伦理精神的象征，是一定伦理的实践者、体现者和示范者。我国儒家文化把性善作为道德升华的内在根据，认为人是可以通过教育"成人"的，所谓"玉不琢，不成器；人不学，不知道"。由此可见，教育的人文精神发端于性善的信念，动摇了性善的信念也就从根本上动摇了教育的人文精神的基础。教育的人文精神的真谛，不在于对"恶"的无知和漠视，而在于对"善"的执着和追求。它在信念上认同善，在现实中扬弃恶，实践善。性善及其对善的求索，既是教育人文精神的逻辑起点，也是实现教育伦理精神的基础。

3. 系统建构教育伦理学的理论基础。无论何种学科，都有其特定

---

① 樊浩、田海平：《教育伦理》，南京大学出版社 2000 年版，第 237 页。

的研究对象和研究领域，而且，它也必须根据本学科的内在要求和特点任务构建自身的理论体系，确立学科的独立地位，以奠定理论基石，发挥其对实践的指引作用。教育伦理学也不例外。作为一门教育学与伦理学的交叉学科，教育伦理学是从伦理学视角对各种教育活动进行道德观察、价值分析、行为导向和思想引领，而我们首先要思考的问题是教育伦理何以可能，科学教育伦理的价值合理性依据是什么，何为教育善、教育何以致善，教育道德形成和发展的规律是什么，教育伦理学的基本原理有哪些等。也就是说，我们必须建构教育伦理学自身的理论基础和理论范式，这是这一学科获得稳定发展的基本条件。教育伦理学的理论范式实质上就是教育伦理的科学基础，是本学科研究中形成的一种理论共识。没有这种相对一致的理论共识，教育伦理的研究与实践就会面临冲突和两难，其自身也难以成熟起来，因此，构建教育伦理学的基本原理、基本立场、基本观点、基本方法，对于教育伦理学的独立发展是至关重要的。例如，揭示教育与伦理的关系，阐释教育道德发展的动力体系，关注教育在社会生活中的作用，分析教育伦理现象与其他社会现象的辩证关系，评价教育是否为道德的基本原则、科学方法等，都是形成教育伦理学原理的基本主题。当然，教育活动是丰富多样的，对教育进行伦理审视的角度亦表现为多种形态。在研究和构建教育伦理学一般原理的基础上，还应根据家庭教育、学校教育和社会教育等不同的教育领域研究其特殊的价值原则、伦理规范和评价标准，但它也必须在教育伦理学一般原理的指导下来进行。

　　就目前我国教育伦理学的研究现状而言，其自身独特的理论范式和理论基础还没有得到相对稳定地构建，学科个性和学术影响还没有得到应有的彰显。一方面，其所构建的理论框架几乎是伦理学理论框架的"整体位移"，对应伦理学界习惯上将伦理学理论体系分为道德意识、道德规范和道德实践三大部分，教育伦理学在理论框架的设定上则表现为教育道德意识、教育道德规范和教育道德实践三部分。其伦理学的理论基础得到了重视，但学科自身的理论个性和理论张力不够明显突出，学科的针对性、现实性和实效性有待增强。这就要求教育伦理学学科体系的建构不应从现成的伦理学体系出发，而应根据教育者的教育活动特点进行理论研究，构建符合教育本质和教育道德发展规律的理论基础。

只有在马克思主义伦理学和教育学一般理论的指导下，从中国教育改革的现实对教育和教育者的德性要求出发，立足于教育和教育者的德性现状以及社会和被教育者对教育和教育者的价值期待，才能确立充满个性又适应时代进步要求的教育伦理学体系。

作为实践伦理学分支的教育伦理学，应该是从"实践—精神"的角度上把握教育运行过程与伦理道德的关联，以及教育伦理的意义、本质、作用、规则和理念等。教育是人的特殊实践活动，也是人的道德实践形式。教育中的伦理关系也是社会道德关系的有机构成部分，伦理道德没有自己独立的感性活动场域，它总是渗透于人的社会行为和教育行为之中，它应该而且事实上是教育活动所组成要素的重要内涵。因此，教育伦理学首先应该从哲学的高度审视教育系统、教育制度、教育关系、教育活动和教育行为的伦理道德蕴涵，真正从十分贴切的理论高度说明，教育规则、教育活动、教育行为是宏观意义上的道德规范、道德行为、道德活动。研究教育伦理学需要分析教育与社会、教育与文化、教育与人的存在和发展之间的本质联系，从具体的教育现象和教育行为入手，揭示伦理道德与教育活动的动力点、耦合点和目标与理想的一致点。教育既是人类理性认知的集中体现，又是一个复杂的社会系统工程，在今天越来越受到经济因素的影响和挑战。

教育是推动社会持续快速发展的动力机和驱动器，教育在现代社会以及国际竞争中的地位和作用已经达到前所未有的程度，最大限度地促进社会和人的和谐发展成为教育伦理学首先要考量的问题，任何无助于人类自由存在、社会整体进步和人的全面发展的教育，在教育伦理学的视野里一定不是"好"的教育。教育伦理问题的多维性和复杂性，要求我们必须从人类学和社会学的高度把握教育活动的立体结构，在此基础上把握教育伦理观念及其基本样式；同时从微观上需要认识和思虑各种教育活动的出发点和基本目的及其行为特质之间的逻辑关联，弄清教育伦理观念的形成过程和规律，进而构建教育道德的合法性和合理性基础。

4. 探索中外教育伦理思想发展的主要轨迹。人类的教育实践活动历史悠久，在教育实践基础上产生的道德认知及学者们创立的教育伦理思想源远流长、丰富多彩，探索古今中外教育伦理思想形成和发展的历史脉络及其主要轨迹，发现和梳理教育伦理的运行规律，对于丰富我国教育伦理学理论体系，以及推进教育道德的时代性发展，更好地指导教育伦理实践具有十分重要的学术价值和现实意义。教育是一种社会文化活动，又是一个善恶矛盾的世界，教育道德也是在善恶斗争中不断形成和发展的。教育的善恶斗争，存在着一定的规律性，这些规律性的内容也构成了教育伦理规律。揭示和把握教育伦理规律，把教育的合目的性与合规律性结合起来，是促进教育成为求真的活动、道义的事业的重要思想基础。教育实践的历史也是教育伦理思想的历史，历史是逻辑的根基，逻辑是历史的反映，逻辑与历史具有统一性。要把握教育伦理思想的本质特征和基本内容，就得研究教育伦理的认识史和思想史。恩格斯说："世界不是一成不变的事物的集合体，而是过程的集合体。"① 列宁从方法论角度强调了历史考察的重要性："不要忘记基本的历史联系，考察每个问题都要看某种现象在历史上怎样产生，在发展过程中经过了哪些阶段，并根据它的这种发展去考察这一事物的现在是怎样的。"② 教育伦理与其他社会现象一样，不是纯粹的思辨或抽象的存在，而是基于实践的教育道德经验的理论沉淀和思想升华，又是指引教育活动的实践精神和实践理性。因此，教育伦理思想不仅蕴含着教育实践的道德智慧和道德知识，也显现着教育伦理思想产生和发展的规律。

在我国教育史上，一些教育家和思想家在教育实践活动中创造的极富道德价值的教育思想和教育观念，构成了我国教育伦理思想发展的根基，对这些优秀的传统教育文化进行继承和创新，是教育伦理学研究的重要任务之一。这些教育伦理思想，诸如德教为先、修身为本、有教无类、为人师表、爱岗敬业、教学相长、学而不厌、诲人不倦、自强不息、厚德载物等，既反映了社会大众对教育工作的道德期待，也体现了教育活动本身的内在规律，对于我们认识教育道德的特点和价值取向，有着深刻的启发和借鉴作用。同样，在外国教育史上，也有许多的教育家、哲学家和伦理学家，他们的著作、言论和实践活动中都包含着有价值的教育伦理思想以及对教育行为的伦理思考，对于这些人类学的历史

---

① 《马克思恩格斯选集》（第 4 卷），人民出版社 1972 年版，第 240 页。
② 《列宁选集》（第 4 卷），人民出版社 1972 年版，第 43 页。

文化遗产进行考察、挖掘、研究、借鉴、改造，并批判地加以吸收，"吸取其精华、剔除其糟粕"，可以达到"他山之石，可以攻玉"的效果，使之为发展和完善我国的教育道德理论与实践服务，也是教育伦理学研究的一项重要工作。

当然，研究中外教育伦理思想发展脉络之目的在于"古为今用、洋为中用"。根据这一思路，当代中国的教育伦理构建，一方面，要剔除由于时代发展和社会价值观的变迁而失效的教育伦理，代之以与现代生活相适应的新型教育伦理。这也就是重建教育者的精神家园、再塑教育者的价值理想的问题。另一方面，要基于社会伦理原则和教育的时代精神，研究和确立处理教育活动中人伦关系的具体准则，解决在社会变迁中人们所遇到的新的教育伦理问题。教育伦理学要针对社会生活中出现的新问题、新矛盾，提供人们采取行动或对策的伦理依据，确定人们行为的界限。

5. 对现实教育中的道德问题进行伦理审视。应该说教育的伦理道德价值就在于满足社会和人的发展需要。它从道义上为提高社会道德水平和培养人的理想人格提供了可靠保证，从而保证了人类社会发展的速度和方向。因而，学校在历史上曾被称作"首善之区"。从本质上来说，教育确实是善的。但是，教育的这种本质善必须通过教育从业人员的合乎这一善的本质的教育思想与行为才能得以实现。凡是违背这一善的本质的教育思想和行为，它就不可能体现教育的善，反而体现了恶。而这些恶的因素直接侵害了受教育者的身心健康，继而影响了构成综合国力的基础——民众素质的质量。因而，运用道德评价的武器，不断地去纠正教育中的恶的因素，恢复、揭示和维护教育的善的本质，就成为教育伦理学的重要任务。从终极意义上说，教育是崇善的事业。教育本质上是引导人、解放人和发展人的活动，也正因此，在许多人看来，凡是教育都是好的、善的，人们对教育本身没有太多的怀疑。社会道德不良、人们道德水平不高，原因总是归于社会风气不好、社会环境影响，而很少对教育产生疑问，唯独不怀疑是否是教育起了坏的作用。事实上，教育并不是完全独立自主的，教育总是与一个社会的经济、政治以及文化有着密切的联系，教育中人为因素的存在使得教育并不都是好的、善的。20 世纪 60—70 年代，日本学者提出"教育病"的概念——

一种"源自教育的病，以及产生病的教育"。① 它指的是学校里出现"差生增多，少年犯罪的低龄化和校内暴力的连续不断"等教育问题。换言之，"教育病"就是由教育道德失范导致的恶以及恶的教育。

在现实生活中，违背教育善的本质的思想和行为的表现是多样化的。有的表现得十分直露，如教育中的种族歧视问题，男女不平等的问题，体罚问题，分数主义与学生负担过重的问题，等等；有的表现得比较隐晦，如教育中教师和学生的权益保障问题，不同地区和阶层的公民受教育权利的平等问题，教育管理中的主观主义、形式主义、假集体主义的危害问题等等；有的表现得十分复杂，如教育目的的应有和实有问题，教育动机与效果、教育公平与效率的关系问题，等等。我国著名的教育家叶圣陶先生曾经就升学教育对学生的全面性损害，提出了有力的批评。他认为片面追求智力的知识教育以及"唯分数论"的应试教育，导致的是"以智害德"、"以智害体"、"以题害智"。可以说，在升学目标指导下的应试教育中，学生们的学习成绩是以牺牲身心健康的双重代价换来的，教育在培养人的招牌下却在摧残人，扼杀了人的个性发展和兴趣培养。这些说明，并非在教育这块净土上发生的一切教育行为都是善的，要使善的教育行为成为主导性行为，使教育回归善的本质，就需教育伦理学对教育存在道德问题进行反思、评价和规导。

康德在《教育论》中指出，教育不能只为了当前的利益，它更应当是"为将来人可能改了的一种境界"。我国正处在社会转型时期，随着社会主义市场经济体制的确立，传统教育受到了市场经济所带来的价值观念的严重挑战。在一些适应时代发展要求的教育伦理观念被提出的同时，教育的基本伦理特性也面临着各种市场因素的干扰和挑战。社会的变革、经济的转型，使得我国教育领域也出现了道德上的困惑，如教育不公平、教育机会不均等、教育暴力、教育专制、教育腐败等问题客观存在，教育形式主义、实用主义、唯知主义和功利主义等教育道德问题也冥顽不化。这引起了人们对教育的伦理反思和道德追问，教育何以健康发展？教育的健康发展不仅需要教育科学的指导，教育法规的治理，

---

① ［日］筑波大学教育学研究会编：《现代教育学基础》，钟启泉译，上海教育出版社1986年版，第228页。

而且需要教育伦理的引领。教育伦理学旨在提高教育扬善抑恶的意识和能力，促进教育道德进步，实现教育善的本质。教育改革与发展的现实，要求教育伦理学必须积极应对挑战，主动寻求发展。

三 教育伦理学研究的历史回眸

（一）国外教育伦理学研究管窥

20 世纪以来，世界各国特别是一些发达国家，日益认识到教育事业对社会发展的巨大影响，在高度重视发展教育事业的同时，十分重视教育职业伦理建设，努力提高教师职业道德水平，并把研究和提高教师的职业伦理道德修养作为一项重要任务，提出了一些具有借鉴和启发意义的教育伦理观点。

1. 加强教育职业伦理和教师素养研究

自 20 世纪初开始，以美国为代表的西方国家开启了对教育职业伦理较为系统和规范性的研究，一些学者运用实证经验的研究方法，比较系统地分析了教师的品质人格，以及教师职业品质特征与教育成功之间的相关度。在对成功教师进行访谈、跟踪研究后，概括了优秀教师应具有的职业品质和行为特征。在《我们时代的教师》报告中，教育界对教师应当具有的职业道德提出了如下方面的内容：教师要自重重人；要富于社会意识；要能够理智地处理一切事务；要善于与人合作；要能在专业素养中培养其一般的优良特质；要在继续教育中不断地求知；要熟悉和掌握传授知识的技术；要了解、尊重和爱护学生，与学生友善相处；要适应社会并积极参与社会活动；要成为学校和社会的优秀分子；要对本身及学生的成绩具有正确的评价能力；要具有专业精神和专业的信心等。美国教育委员会师范教育委员会的这份研究报告，对教师的职业品质的研究和职业道德教育，产生了较大的影响。[①] 在对理想教师的职业素养和品质构成进行系统的研究之后，其又进一步对从事教育职业人员的态度、兴趣、价值观、动机、教师的个性差异等进行了深入研

---

① 王正平：《教育伦理学》，上海人民出版社 1988 年版，第 31—32 页。

究，进而结合社会实际对教育职业生活中的利益冲突、伦理矛盾、伦理规范、道德调节的必要性和可行性进行了专门研究，由此认识到一种可行的伦理行为准则，也许是一种职业生存下去的最好根据。1966 年，国际劳工组织和联合国教科文组织发布的《关于教师地位的建议》，进一步推动了教育职业伦理向教师专业伦理的迈进。

1987 年，《美国教授职业伦理声明》指出："教授应深信以进步知识的尊严和价值为指南，应认识自己肩负的特殊责任，他对于所教授和研究的学科的主要责任是如实寻求和阐明真理。"① 1996 年，美国制定了《优秀教师行为准则》，对教师提出了专业伦理方面的要求，诸如教师应真诚对待学生，富有幽默感，力争公道；要言而有信，一以贯之；不要与学生过分亲热或过分随便等。教师专业伦理作为教师职业伦理准则，更加符合教师专业和工作的特点，其目标是"保护公众利益"和"职业集团利益"。在对教师提出专业伦理的要求中，他们又尤其强调教师的责任感在教师伦理中的重要性。教师责任主要包括对学生、社会、专业和专业雇佣实践的责任。它认为教育伦理研究不仅要着眼于设立教师行为约束层面的职业道德规范，而且要关注和提升教师作为特殊专业人员的专业责任和专业精神等内在的伦理品性。这里，教育伦理品性的核心就是强调教师对教育工作和学生的责任感和责任心。它要求教师实践知识分子的诚实品质。尽管教育工作者会追求其所属的利益，但是这些利益必须不得严重妨碍或放弃他对科学真理的探索自由。作为一个教师，他在学生面前保持最好的学者纪律风范，尊重每个学生，坚持作为知识向导和顾问的角色。作为一个同事，教师负有源于所在学术团体普遍成员的义务，他尊重同事的自由询问，并为之辩护。作为学校的一个成员，教师的无上追求是当一名有效的教师和学者。

教育伦理包含了教育伦理理论、教育伦理规范、教育伦理实践等方面。其中，教育伦理规范是教育者的行为尺度和道德要求，良好的教育伦理秩序的形成需要教师自觉遵循教育职业伦理准则。为此，教育伦理研究者在其制定的教育伦理规范中，强调了教师在教育职业活动中恪守

---

① ［美］斯坦尼：《高等教育中的伦理原则和道德问题》，托尔斯出版社 1983 年版，第 245 页。

职业伦理准则的重要性，以及教师肩负的教书育人的道德责任。美国教育伦理准则的基本原则就是强调"献身职业"和"献身学生"两个方面。其基本理念是，教育要面向全体学生，教育者要相信每一个人的价值和尊严，在教育工作中追求真理、栽培人才、养育民主精神，做到保护学习和教学自由，保证对所有人教育机会均等。教育职业伦理准则既反映了教育工作者的愿望和目标，也为他们的行为提供了判断标准。它不仅是一种教育行为规范，而且是一种教育伦理价值导向。比如，提出教育要尊重学生的个性自由，鼓励学生的创新精神；要提高教师的教育劳动社会责任心，反对教师的职业利己行为等具体的道德要求，它既体现了现代教育伦理的内涵，又符合教育专业自身的特性。这对于我们加强教育伦理规范建设，增强教育伦理规范的适宜性和可操作性、针对性和实效性，发挥其对教育行为更为具体的指导作用，使教育职业伦理与教师专业伦理有机融合，都具有十分重要的理论启示意义。

2. 强调教师职业道德品质的培养和教育

从世界范围看，教育伦理学在 20 世纪 60 年代以后作为一门学科从独立逐步走向成熟，在不同的国家都出现了这一领域的专门研究。在日本，"教师职业伦理研究日益受到重视，先后出版了许多关于教师道德和教师职业伦理的专著和教材"。[1] 在苏联，以研究教师职业道德为主要内容的"教育伦理学在科学中已形成一种相对独立的倾向"。[2] 在英、美等国家，先后出现了对教育伦理问题的多方面研究，有研究教师职业道德的，有研究教育中的公平、正义、人道、自由、民主等政治伦理原则的，有研究教育的各种活动中的具体道德问题的，也有一般的教育伦理理论的研究。[3] 从教育伦理学研究对象的发展来看，如果说传统的教育伦理学研究主要是侧重于教师伦理和教育职业道德领域的研究，那么，现代教育伦理学则开始以整体的教育为考察对象进行了更为广泛、全面和深入的学科研究。教育伦理学的研究视域大大超出了教师职业道德问题的研究范围。自 20 世纪六七十年代以来，在一些发达国家，教育伦理学的研究受到了学术界的重视，并形成了政治和社会的教育伦理

---

① 王正平：《教育伦理学》，上海人民出版社 1988 年版，第 35 页。
② 同上书，第 37 页。
③ 王本陆：《英美教育伦理学发展概观》，《现代教育论丛》1995 年第 6 期。

学、部门和活动的教育伦理学、理论的教育伦理学等不同的研究类型。关于教育伦理学研究的兴起，美国学者在《教育职业伦理学》一书中做了两点分析：一是包括教育在内的绝大多数职业领域，都存在着不道德的行为。这种种职业上不道德的丑闻，日益为公众所关注。二是由于社会产业的变化，职业人员的社会重要性提高了，职业的伦理要求也变得更重要和突出了。① 所以，社会对教师职业道德的关注和重视，使得教育伦理学将教师职业伦理的修养问题作为一个重要的层面进行研究。

教育伦理包含了教师伦理，而且在一定意义上又是通过教师的伦理道德得以体现的。实践教育伦理需要教师具有相应的职业素养，要求加强教师职业品质的培育。这也是 20 世纪国外教育伦理学研究的一个重要内容，这里以日本为代表作一阐述。日本对现代教育伦理的研究，从探讨"现代教师形象"开始，其道德特征是："严于律己，高洁至诚谨严；举止沉毅，一言一行也不苟。对他人则宽厚为怀，亲切温情。通贯自幼修炼而得古时武士之魂魄，兼备刚正不阿之气概，洋溢着高尚气质与端庄态度之奕奕风采。"这种保持了日本武士道精神的所谓"师魂通士魂"的风度，已是日本教育界的传统。

二战结束，日本军国主义国家体制崩溃解体，教师们从政府发动侵略战争、人民饱尝镇压和压制的现实中逐渐觉醒，并力图追求民主主义的"现代教师形象"。而随着经济和教育事业的高速发展，学术界对教师职业伦理的研究日益重视。在一些学者编写的《道德教育之研究》一书中，专门分析了教师职业道德品质的培养问题。认为从事教育工作的教师应具有优秀的人格，虽然教师也是人，受社会大环境的影响，现实生活中的教师也不可能是具备完美人格的人，但作为一名教师，他不能以现实性而替自己的弱点辩护。人是现实性与理想性的统一体，不仅仅是现实的，还是跨越现实的、创造未来的存在体。因此只有意识到现实性并想超越它，不断地努力于真实的自我创造的人，才是真正的人，才是教师。教师是承载着一定教育伦理精神的人，是教育道德人格的化身。当代著名教育家小原国方在《师道》一书中，对师道的本质、内

---

① Please see：J. M. Rich, *Professional Ethics in Education*, Charles & Thomas publish, Illinois, 1984, p. 24.

容和发展的条件等做了探讨，认为教师的工作不能仅仅是单纯地传授知识，必须具有坚韧的伟大信念，教师应当热爱自己的教育工作，如果一个教师没有教育理想和教育信念，要想培养出伟大的人物来是难以想象的。教师应当有独立、自尊、自敬、自信等"精神品质"，力求成为"完人式的理想教师"——努力在真、善、美、劳动、体育等方面全面完善自己。为此，有学者分析了提高教师职业伦理素养的必要性。认为教师职业的专业性与它的伦理性具有深刻的关系。从教师发掘自身个性价值的可能性意义上讲，教师具有重大的道德责任，关系到教育的性质和前途。所以，教师应具有热爱学生、献身教育的师德品质。有的还强调教师不仅是学生的引导者，而且是学生人格的示范者。教师以身作则、遵守职业道德、成为道德楷模，这对于学生的道德教育起到决定性影响和至关重要的作用。因此，教师职业伦理教育和教师伦理修养是日本师范生的必修课。

3. 对教育伦理问题展开具体和总体的探讨

随着现代社会的快速发展以及现代教育自身的改革和发展，教育活动中出现的一些具体道德问题以及教育自身的道德完善和进步受到重视和研究。近些年来，国外对教育伦理学的研究，已明显突破了教师职业伦理的框架，对教育目的、教育制度、教育管理等各方面是否道德的问题给予了关注。一是重在研究教育的某个具体方面的伦理问题，产生了一些具体领域的研究成果，如教学伦理学、教育管理伦理学、教育行政伦理学、教育科研伦理学、高等教育伦理学、成人教育伦理学、民族教育伦理学、课程伦理学、教育评价伦理学、社会教育伦理学等分支学科。二是从总体上讨论教育伦理问题，研究教育自身的伦理性问题，探讨教育伦理思想观念的实现问题，尤其是从社会学的视野将主题集中于教育的人权、自由、平等、公平以及教育与人的发展等更为宏观的问题。从寻求正义、道德和教育的道德含义出发，力求在教育伦理哲学的高度"为独立的道德判断提供一个伦理学基础，为解释教育中的不正义、不道德现象（如教育机会上的不平等）提供一个理性的基础"。①

---

① Les Brown：Justise, *Morality and Education*, The Macmillan Press L. td, I. ondob, 1985, Preface Pix.

在现代科技进步的条件下，教育活动的具体内容更为丰富多样，教师的劳动变得复杂了，在调整人与人的关系中，道德因素的作用也增强了。为使教师恰当地处理教育活动中的各种关系和矛盾，苏联学者在教育伦理学研究中，提出了"教育分寸"的概念。认为教育分寸作为教师的道德创造，是发挥教育道德职能的重要形式，是寻找解决矛盾的最合适的方法。它也是对学生的体贴和关心，是在任何情势下建立友好师生关系和解决冲突的最好办法。教师有分寸的对待学生，这意味着解决在教学过程中发生的矛盾时，要预测到行为的道德效果，避免引发新的矛盾。教育分寸不是教师行为中一些个别的事情，它应成为教师行为的风格和涵养。教育分寸蕴涵着教育的道德智慧和伦理情感，它的实践能够使学生相信并感受到教师的友好、善良和体贴。

这实际上也是强调教育过程中教师的主导作用与尊重学生人格相统一。教育是对学生良好个性的塑造，应当使每个学生体验教育的幸福，并在集体中发展其个性，允许学生在思想、感情以及行为中的独立性。教师对待学生要严格要求，严格要求是尊重的表现，但也要把对学生的爱和明智的严厉性结合起来。这种人文主义的教育伦理思想体现了教育的道德关怀，并强调了教育的社会性以及教育伦理的阶级性。他们公开表明苏联的教育伦理是保证苏联教育的社会主义方向的工具，是为了培养"共产主义者"服务的。对于教育伦理的阶级性，以往的教育思想家们往往采取否定的态度，宣传教育伦理是"超阶级的"的思想。苏联的教育伦理思想家针对这一问题进行了批评，明确指出在阶级社会里教育都是为一定的阶级服务的，是为了培养这一阶级所需要的"人才"。教育伦理就是为了保证这一任务得以完成，因而它具有鲜明的阶级性。

国外教育伦理学研究不仅注重对教育实践中存在的具体问题进行道德思考，而且从总体角度对教育的伦理性问题作出了富有时代意蕴的探索。比如世界著名教育家池田大作，在教育活动中通过不断思考和总结，挖掘出了教育的向善性特质，提出了独具特色的教育伦理思想。认为只有善的教育才能真正创造价值，良好教育的出发点和归宿都应当是为了人的发展，其本质是为了生命的发展，因此要尊重人和人的生命尊严、尊重学生的个性，努力完善人的人格，建立相互依存的一体化师生关系。池田大作致力于教育事业几十年，取得了巨大成就，影响力与日俱增，在此过程中，他对如何举办教育有着深刻的体会和理解。他认为现实中存在善的教育，也存在恶的教育。例如，日本在二战时期推行的军国主义教育就是一种恶的教育，因为它给个人、社会和民族都带来了极大危害。我们都应懂得教育的初志是为了化育人，教育的一切都要从人出发，一切为了人的发展。在教育过程中，要真正培养人，热爱学生，把学生真正当作有着无限发展潜力的人，这样的教育才是正确的，符合教育的道德要求。教育者要使学生明白一个道理：接受良好的教育既是为了自己的发展，也是为了他人的福利和社会的繁荣，自己和他人的共同幸福才是教育的归宿。教育的伦理性也表现为促使学生形成崇高的人生境界。

总之，国外教育伦理思想把教育的目标视为改造和提升人性，以促进人的发展和社会的进步。但教育作为一项极为复杂的社会工程，需要有正确的教育理论来指导，也需要教育伦理来"以善律教"，这才能确保教育向善的方向性，避免教育向恶的方面发展。

（二）中国传统教育伦理思想述要

我国的传统教育伦理思想可谓历史悠久、源远流长，它伴随着教育学和伦理学思想的产生和发展而存在和发展。这些教育伦理思想既是教育实践和教育思想与伦理思想相互交融的结晶，也构成了中国传统优秀文化的重要组成部分，其对今天的教育伦理学学科的丰富和创新提供了深厚的历史根基，对今日的教育实践活动也具有重要的借鉴和承续作用。限于篇幅，这里撷取其中的一些要点进行概括和阐释。

1. 推崇"师德、师表"的教育伦理思想

教育当以育人为本，而办好教育又必须以教师为本，有优秀的教师方能有优秀的教育。重视教师在教育中的特殊地位和作用，是我国传统教育所认识到的，而对教师道德的重视和推崇又是传统教育伦理思想所关注的。古代教育家王通首先肯定教师在教育活动中的重要作用，提出了"学必有师"的思想，认为学习必须有老师，这是一个人求得知识和增长才干所必需的条件。他反对生而知之的先验论，认为知识来自于后天的学习和实践，只要"道之所存"则"师之所存"。但"学无常

师"，"常师之有，惟道所存"，只要符合"道"这个标准的人，人们就可以拜他为师。一个教师品德高尚、学识渊博，这本身就具有良好的师范效应。这也就是我们常讲的"学高为师，身正为范"。

中国有句俗语："经师好遇，人师难求。"从教育伦理的视域看，"经师"是指知识论、认识论层面的理论和知识的传授，在指向上注重工具理性、技术理性意义上的学问之"器"，"人师"不仅注重知识传授，而且重价值理性、目的理性意义上的学问之"道"，注重伦理学和道德教化，并看重学与德、知与行的有机统一，在教育实践中致力于言传和身教的合一，化理论为德性，化知识为人格。因此，教师理应是"经师"，同时也应是"人师"，不仅要探索真理、具有学识，而且要敬畏师道、具备师德，并做到敬业、精业、勤业、乐业。在中国传统社会崇奉"天地君亲师"，教师的地位可谓无比崇高、非同一般。所谓师者，乃是人之模范，其应该厚乎德行、辩乎言谈、博乎道术，深信资之深，则取之左右逢其源。而"志不强者智不达"，教师必定信奉道德和人格的力量，恪守"言必行、行必果"的教育原则，这样的师者方可为"人师"。"人师"者大多为严师也，"凡学之道，严师为难。师严，然后道尊；道尊，然后民知敬学"（《礼记·学记》）。可以说，我国古代先贤非常重视师德和师德修养，把有无"道"视为"师"的根本标准。从孟子提出"教者必以正"到荀子的"天地君亲师"；从韩愈主张"道之所存、师之所存也"，至朱熹的"立志、主敬、存养、省察"，再至王夫之的"质以忠信为美、德以好学为极"；从蔡元培提出教师要"砥砺德行，束身自爱"，到陶行知的"捧着一颗心来，不带半根草去"，再到徐特立倡导教师之"经师"和"人师"的合一，都能够看出中国传统教育伦理对师德的颂扬。

中国传统教育伦理不仅强调了师德在教育活动中的重要性，而且还强调教师要以身作则、为人师表，在引导学生成长过程中能够起到表率作用。在道德教育中，身教重于言教，教师必须身体力行，要求学生做到的自己首先做到，只有时时处处起模范表率作用，才能给学生产生积极有效的影响。所以传统教育伦理倡导教师应以身教为先、身教重于言教为原则。被后人称为"万世师表"的孔子，对自己"学而不厌、好学不倦"，对学生"循循善诱、诲人不倦"，他以伟大人格做榜样以感化学生，在教育上产生了巨大力量。荀子则明确提出，作为教师必须"身为正仪"，起典范作用。王夫之也认为，教者和学者的关系是一种道义的结合。这就是说，"为人师表"作为教师职业道德的概括，不仅是教育的重要手段和途径，而且是陶冶学生的重要教育资源。事实上，以身作则不仅是对学校教育工作者的要求，而且是对家庭教育的要求。在人的一生中，父母是孩子的第一任老师，家长应以其言行风范为子女做好榜样，使其乐于接受教育，这样的教育也才能收到好的效果。在儿童道德教育方面，父母重要的不在于烦琐说教，较为有效的还是长辈示范，这种成人道德榜样发挥的影响即是"风化"。《颜氏家训·治家》载："夫风化者，自上而行于下者也，自先而施于后者也。"父母的一言一行对于子女成长有着潜移默化的影响。因此"师表"是一切教育都需要的道德。

2. 重视"德教、修身"的教育伦理思想

道德教育和道德修养即"德教"和"修身"，是社会造就其成员的道德品质、道德情操，铸造健康的道德人格，实现理想的道德境界的两大基本途径，从而也是传统教育伦理学探讨的一个重要内容。道德教育与道德修养是相辅相成、相互作用的，社会的道德教育只有同个人的道德自觉和道德修养紧密结合起来，才能实现社会道德的个体化，个体的道德修养只有与社会的道德教育和道德观念相契合，才能实现个体道德的社会化。因此，在我国传统教育伦理思想中，对德育和修身的问题格外重视和关注，甚至把道德教育理论和道德修养理论作为其整个道德理论体系的归宿。

在教育问题上，我国儒家提出了"德教为先"的思想。一些思想家认为，治理国家有德教和法治两种基本的手段，但两者相比，德教优于法治。社会成员若没有良好的道德素质，社会若无良好的道德风气，再好的法律也难以奏效。也就是说，社会的法治要以德教为基础和根本，一个法治社会首先要是一个讲道德的社会。正如孔子所言："道之以政，齐之以刑，民免而无耻；道之以德，齐之以礼，有耻且格。"孟子进一步提出了善政不如善教的思想："善政，不如善政之得民也。善政民畏之，善教民爱之；善政得民财，善教得民心。"同时，道德教化也是促成人性向善的重要措施。在中国历史上，无论是性善论者还是性恶论者或是性有善有恶论者，都主张通过道德教化成就人的现实的善性，培养人的善良品格，以德教来使人仁善。如董仲舒在《春秋繁露·实性》中所言："性者，天质之朴也；善者，王教之化也。"王充也指出："蓬生麻间，不扶自直。"他们不仅强调了道德教育之作用和魅力，也隐含了对后天道德环境之重要的强调。

　　一个人道德的形成和发展既要靠道德教化的影响，同时也需要依靠自身加强道德修养，敦促自己成为具有理想人格、人文品位的实践主体。道德修养是人的自我反思、自我超越，但其用心却又是关系到对世界的态度和意向。对此，儒家提出要想"齐家、治国、平天下"，首先要"以修身为本"，使自己成为富有美好德性的人。尤其是社会的管理者必须首先端正自己的思想和行为，然后才谈得上管理好他人。就是说，正人先要正己，为官者重要的不是以权压人，而是以德服人。在道德修养的方法上，儒家特别强调要从自我做起，然后推己及人。一是要"存养"，是指积极地培养自己心中的善，即扬善；二是要"克治"，是指努力克服和消除自己心中的恶，即祛恶。孔子提出"克己复礼"、"内省"、"过则不惮改"的思想，就是要人们经常反省自己的思想和行为是否遵循了道德原则，一旦有了过错就要敢于改正。孟子则提出"存心养性"的思想，人之本性向善，所以修身就是要保存和发扬人性固有的善端，而不致使其为外物引诱而丧失人的善性。虽然儒家的修身养性学说是建立在唯心论基础上的，但它强调了通过德育使人至善是合乎人的需要的，关键还要靠道德主体加强自律，才能自强不息，立"自修之志"。在一定意义上说，道德教育实际上是帮助学生逐步克服和纠正缺点、错误，不断发扬优点、长处的过程。教师正确对待学生的缺点、错误和过失，并教育学生正确对待自己的缺点、错误和过失，是道德教育中的一个重要问题。中国古代教育家将改过迁善作为处理这一问题的基本原则。王守仁对改过迁善最为重视，认为无论何人，缺点、过失、错误是难免的，贵在知错而改。

　　中国传统教育伦理思想把"德教"、"修身"喻做"致良知"、"自我唤醒"、"自责自讼"，就是强调个人在道德上要见贤思齐，见不贤而内自省，不断提高对道德准则和规范的自我省察和自我克制的水平，做一个受人景仰的"君子"、"贤士"、"圣人"，进而达到随心所欲不逾矩的"慎独"境界。但是，古代教育家却很少反思人们所生活的社会本身在道德上是否存在问题，社会对人们的道德要求是否合理合情，这是它的一个重要缺陷。但是，儒家强调道德教育应当把外部的教育学习与内心世界的修养相结合，有于内而资于外，注重内在统一，求得"人而能化"，方能真正"自得"，这的确是辩证而富有启示意义的教育思想。

3. 主张"平等、人本"的教育伦理思想

从延续和维护社会存在的角度看，教育对于现实的人而言总是具有强制性和外在性，即每个人都必须要接受教育，都必定要践行一些基本的社会生存法则，这是人的一项教育义务。所有的人尽管其社会地位、身份有所不同，但都必须接受社会对他的道德规训、文明洗礼和经验传授，这是相同的。每个人尽管接受教育的程度、方式会有所不同，但都必然会受到教育文化和传统因素的影响，都必然要在教育和生活中认识自己和社会，处理人与世界的关系，这是社会人的共同遭遇，否则一个人要想适应社会就很困难，社会的合作与和谐也就难以想象。就此而言，在教育面前人人平等。而从个体的角度说，教育平等是指所有人都应平等地享有受教育权利，因为人人都需要教育，教育是人生的必需品。每一个个体在教育中都应得到平等的对待，他不应因为教育以外的一些因素受到歧视或者不公正的待遇，尤其是被教育者在教育中不仅是被当作学习者看待，而且首先是被当作一个人看待。以人的方式对待人的教育，这是教育伦理的应有之意，因为伦理实质上是一种应然的交往关系、秩序。在我国传统教育伦理思想中，主张"平等、人本"的教育是蕴涵其中的，它也为教育伦理学理论和实践的发展提供了重要资源。

众所周知，在教育对象问题上，中国古代教育素有"学在官府，礼不下庶人"之说，各个朝代对入学的资格以及各种学校的招生对象有严格的限制。由于一般的平民被剥夺了受教育的权利，教育活动在那些贵族中沿着血缘流动，这既是为了维护政治统治的需要，也是"阶级特权"在教育中的反映，所以古代的书香门第和官宦之家往往是相对应的。与贵族官学的办学方针相对立，作为私学的办学方针，儒家伦理思想的代表孔子提出并实践了"有教无类"的教育原则。认为在教育权利方面，教育要摆脱阶级、种族、民族等因素的限制，使每个人都拥有平等的受教育机会，不因"类"的差别而将之排除在教育之外。就是说，不分贵族与平民、不分华夏和华夷诸族，人人都可以入学受教育。孔子"有教无类"的教育方针体现了其教育伦理思想的大众性、平等性、进步性，满足了平民入学受教育的愿望，适应了社会发展的需要。"有教无类"是顺应历史发展潮流的进步教育思想，它打破了贵族对学校教育的垄断，把教育对象下移于平民，扩大了教育的社会基础，开发了人才的来源，变等级社会的有教有类为有教无类，这在教育发展史上具有划时代的进步意义，有利于推进教育伦理的发展。

至近代，我国"讲平等、重民权"的传统教育伦理思想得到了进一步的继承和发展。它也显示了教育要体现"以人为本"的伦理精神，强调了教育对发展人的个性、能力和兴趣等方面的重要影响。这里，以启蒙思想家、教育家梁启超为例简述之。在教育上，他的一大贡献是宣扬新民思想，创立了"新民说"。主张教育要为推动社会政治进步服务，要培养出能够移旧俗、兴民权的崭新的国民，并按照人的身心成长规律塑造"经世致用"的优秀人才。认为国家为国民所有，国家要为国民所治，国民要成为国家的主人，这就要通过教育，以教化的作用来新民德、开民智、健民力，塑造以国家前途为己任的国民。在谈及教育应用的道德公准时，他强调道德的目的在于发展个性和群性，教育的伦理道德旨趣就是让受教育者和教育者在个性上都能够得到自由充分的发展。与此同时，在集体观念上、公众观念上得到同样的加强，以使得自我和他人取得共同而协调的发展。提倡教育要把"读书"与"穷理"结合起来，在德智体各个方面促进学生的发展，在实践中结合自己所学知识来认识事物，解决问题，有鉴别地吸收各个方面的知识。为此，教师应该有诲人不倦的精神，不得体罚学生，或施行违背学生身心发展规律的教学方法。"教学无法，贵在得法"，教师的教育教学方法对于受教育者的作用是很重要的，一些学生厌学畏学的原因在于为师之人"导之不以道，抚之不以术"。

因此，教育者对受教育者在态度上应诚恳相待，在教学方法上也应师生相长，在生活上应主动关心帮助学生，成为学生良师益友。教育既是为了人的发展服务的，也是为人们更好地从事社会实践服务的，要提倡"活读书"、"读活书"的教育，使受教育者的知识增长与道德提高相统一，并力求按学生个人的不同特点和禀赋爱好，因材施教，以充满趣味性的教学来培养学生好学务实的习惯、实事求是的精神等。上述中国传统的教育伦理思想对于今天教育方式的改进和完善具有重要的现实启发意义。

四　我国教育伦理学研究现状综述

教育伦理学作为一门从伦理道德的视角对教育活动进行价值分析和行为导向的交叉学科，是在教育科学和伦理科学之间产生的一门新兴的边缘科学。随着伦理科学由理论伦理学向应用伦理学的发展，以及社会对教育道德的自觉和重视，教育伦理学已成为应用伦理学领域中的重要分支学科之一。在西方，教育伦理学的研究起步于 20 世纪五六十年代，在我国，教育伦理学的研究可以追溯到民国时期的丘景尼，但作为一门独立的学科存在则是从 20 世纪 80 年代后期开始的。20 年多来，我国教育伦理学研究取得了长足的进展，问世了许多有影响的学术成果，在社会生活中发挥越来越重要的作用。以下将对二十多年来我国教育伦理学研究成果进行梳理和总结，以不断推动教育伦理学研究在新的社会历史条件下向更高更深的层次发展。

（一）教育伦理学研究视阈的拓展

对教育伦理学的研究对象或者研究视域，学界一直尚有论争，或从狭义的视角进行界定，或从广义的视角进行确定，总体上看，教育伦理学的研究视域经历了由狭义到广义的发展。概括起来主要有以下几种不同观点。

1. 教育伦理学是探讨教师职业道德的科学

传统的观点认为，教育伦理学应当研究教师职业道德的原则、规范和范畴等，因而教育伦理学就是教师职业伦理学。如认为"教育伦理学是研究教师职业劳动领域的道德意识、道德关系和道德活动的科学"，"它是研究教师职业道德的学问，是教师道德理论学说，教师道德规范学说和教师道德实践学说的有机统一"。① 有学者认为"教育伦理学是

---

① 王正平：《教育伦理学》，上海人民出版社 1988 年版，第 10 页。

以教育过程中所出现的全部教师道德现象为其研究对象的"①。教育伦理学"主要以教育过程参加者的道德关系为研究对象，并且具体研究作为道德关系的反映和表现的教师道德现象"。② 虽然各家表述略有不同，但基本精神是相同的，即都把教育伦理学定位于研究教师职业道德上。但把教育伦理学仅仅视为教师职业道德的科学，这囊括不了教育领域所牵涉的所有道德问题和伦理问题，也不适应时代发展的要求，束缚了教育伦理学的发展。

2. 教育伦理学是探索德育规律的学问

有学者认为，"教育伦理学是研究教育过程中的一切伦理道德现象，探索完善人格过程中的道德规律的一门学问"。③ 强调教育目的在于人格的完善，教育伦理学要围绕这一中心来探索教育道德的规律，不仅要对教育者进行伦理行为调节，而且要对受教育者行为进行伦理调节，教育伦理学是促进人格完善的学问。以此为中心，有学者把教育伦理学解释为：研究道德教育和管理道德教育的方法，研究道德教育的指导思想、基本内容以及组织形式，研究影响个人和集体的道德教育的方法，研究职业和职业道德教育活动的规范——价值尺度等。认为教育伦理学重在研究道德教育，以及道德人格养成的问题。其实质是把教育伦理学与德育原理和方法等同起来。

3. 教育伦理学是研究教育领域善恶矛盾的科学

根据伦理学是从善恶矛盾角度来审视和规约事物的，善恶矛盾是伦理道德的基本矛盾，因此伦理学就是善恶之学，对人类社会的善恶省察和规约乃伦理学的基本使命。有学者主张教育伦理学是一种具体领域的伦理学（亦即应用伦理学），它的基本问题同样是善恶矛盾，它的视角同样是善恶视角。教育伦理学就是善恶之学。教育伦理学的研究视域是相当宽泛的，不仅要讨论教育总体上的道德性质、道德价值、道德规范，而且还将具体涉及教育的各个局部和各种要素的伦理矛盾。它既要关注教育道德意识领域，又要关注教育道德规范和关系领域，还要关注教育道德实践领域。一切与教育有关的人和事，教育中的一切人和事，

---

① 施修华：《教育伦理学》，上海科学普及出版社1989年版，第3页。
② 李春秋：《教育伦理学概论》，北京师范大学出版社1993年版，第7页。
③ 陈旭光：《教育伦理学》，天津出版社1990年版，第3页。

都应在教育伦理学的视野之内。有研究者认为教育善恶矛盾，不仅存在学校教育中，而且还存在于家庭教育和社会教育中，"教育伦理学是研究包括学校教育、家庭教育和社会教育在内的教育教学过程中的道德关系的一门学科"。① 教育的善恶矛盾渗透在道德关系之中，就学校教育教学过程中表现出来的道德关系有三种形式，即以人际形式出现的道德关系、以制度形式出现的道德关系和以精神形态出现的道德关系。道德关系的实质是一种利益关系，教育善恶矛盾的解决在于教育活动中正当利益的满足和维护，教育伦理学要扬善抑恶，实行教育善的价值目标。

以上是教育伦理学研究问题域上的主要观点，教育伦理学研究的边界随着时代发展而在不断拓宽，教师伦理学不等于就是教育伦理学，教育伦理学可以包含教师伦理学，而教师伦理学则不能包括教育伦理学。教育伦理学应以教育与整个社会发展为对象，公平、正义、平等是其核心范畴。教育伦理绝不是一般意义上的教师职业伦理，而是教育的伦理，教育共同体的伦理，当然也包括作为教育共同体的基本构成的教育者和教育对象的伦理。有学者还提出，教育伦理学至少可以在以下三个方面有所作为：一是关注自身理论的建构，加强教育伦理学基本原理的研究；二是探索中外教育伦理思想的发展根基和历史的逻辑联系；三是关注现实教育中的各种矛盾变化，作出道德的评价和引导。② 这意味着教育伦理学要由理论走向实践，为进一步研究我国教育改革开辟一个更加广阔的理论视野。有学者认为教育伦理学的研究范围将触及整个教育领域，它将涉及教师职业道德，但它还将为教育行政与管理者，教育科研工作者建立职业道德，也要为家长和社会各部乃至所有社会成员建立教育道德。还有学者提出教育伦理学研究应该指向人，"教育伦理学是一门研究教育与人的生存和发展的合理性、价值性的关系的学科"。③

总之，教育伦理学学科发展正从狭义的教育伦理学走向广义的教育伦理学，教育主体的多样性，决定了教育伦理学研究视域的广泛性，这是构建广义教育伦理学的现实基础。

---

① 钱焕琦、刘云林：《中国教育伦理学》，中国矿业大学出版社 2000 年版，第 5 页。
② 钱焕琦：《试论教育伦理学的研究领域》，《江苏社会科学》1998 年第 4 期。
③ 彭湃：《教育伦理学若干基本问题探析》，《教育理论与实践》2004 年第 3 期。

（二）教育伦理学价值目标的定位

确立价值体系，明确价值目标是教育伦理学的重要使命。价值目标在构建教育伦理学理论体系中具有核心的地位和意义，它是确立一种教育的善恶标准和伦理规范的依据。对教育进行善恶评价，就是确定教育的道德价值或道德性质，即区分教育是善的还是恶的。

1. 教育伦理价值的终极目标

有学者认为，无论从功能还是责任两方面看，现代教育都必须自觉地把促进个人全面发展进而推动人类解放和社会进步作为自己的价值理想，努力使现代教育成为人的解放的有力促进力量，成为人不断完善和发展的良好实践形式。认为人的全面发展作为现代教育最根本的价值追求，是坚持马克思主义关于社会发展三形态理论的必然要求，是遵循现代教育内在规律的主要表现。因此，"是否自觉追求促进个人全面发展，这是决定现代教育自身道德价值的性质和大小的主要因素，是判断现代教育的道德价值的基本依据"。① 这是从整体上来规定教育善的价值指向，主张教育是一种促进人的解放的事业，应该成为人的解放的促进力量。并认为教育促进人的解放，主要表现在教育要尽可能发展受教育者的潜能，提高他的价值，增强他的能力，从而帮助他改善社会生活条件，同时教育要积极参与社会变革，促进社会政治、经济、文化的进步，使更多的人的社会生活条件得到改善。

2. 教育伦理价值的直接目标

有学者认为，就价值指向而言（学界普遍的共识是教育伦理追求的最高价值目标是教育善），教育善作为教育伦理学的核心范畴和教育活动追求的最高目标，反映了社会对教育者具有"应然"意义的价值期待。要使得这一价值取向得以有效实现，必须在教育伦理和教育道德这两个维度上进行卓有成效的建设。并认为教育者的美德与善行是教育伦理价值取向的两个维度。将教育者的美德作为教育伦理价值取向就是要通过教育伦理建设使教育者形成一种为社会称道的教育人格，从而为教育者的行为契合社会的价值期待提供内在的保证。将教育者的善行规定

---

① 王本陆：《教育崇善论》，广东人民出版社2001年版，第99页。

为教育伦理价值取向，就是要通过教育者善行这一中介或载体来实现教育伦理价值取向由"应然"到"实然"的转换。① 教育善的这两个价值取向——美德与善行主要是就教育伦理对教育者的价值期待而言，这是教育伦理价值的直接目标。研究者还认为教育伦理的价值目标应坚持一元价值导向与多元价值取向的结合。之所以将一元价值导向和多元价值取向的有机统一作为衡量伦理目标科学性的重要标准，原因在于唯有这种设定能较好地体现中国社会的特点，符合时代发展对教育伦理的内在要求。因而，教育伦理研究要实现从传统到现代的转变，必须使所设定的目标既坚持社会主义主导道德的一元性，又反映由于教育者德性水平的不一致而产生多元价值取向的事实。

3. 教学伦理价值的内外向度

教学伦理价值问题是教育伦理价值研究的一个重要方面，也是教学伦理研究的一个重要问题。有学者认为教学伦理价值有两个基本向度即外生道德与内生道德。外生道德是指人类教学活动所体现的人类特定的社会伦理价值。这是指教学道德的社会性，它是把既定的教学活动放在社会伦理道德文化的背景中而引申出的伦理道德原则和要求。教学的外生道德是社会道德在教学中投射的结果，主要体现在教学人道、教学平等和教学自由。教学内生道德是指教学作为人类文明的一项创造和发明而必然体现的人类道德精神或伦理要求，是保证教学活动得以存在的道德合理性基础。它是教学这一活动方式的内在性要求。教学的内生道德的价值表征是发展、自主和合作。② 这三个方面共同表征着教学的内在伦理品性。教学道德的这两个价值向度相互联系，不可分离，是当今教学进行道德反省和道德追寻的基本标尺和方向。

4. 教育伦理价值的未来向度

教育伦理旨在正确引领人们的教育思想，规范主体的教育行为，对教育现象进行价值分析，对教育活动给予道德评价，使教育获得理想的发展。因此，教育过程没有伦理道德因素的参与，就不能成为真正的教育过程。就总体而言，教育的价值可以从两个方面去理解它的内涵：一

---

① 刘云林：《教育伦理价值取向的两个维度》，《现代教育论丛》2004 年第 5 期。
② 周建平：《教学伦理价值探析》，《现代教育论丛》2004 年第 5 期。

是教育对社会存在和发展需要的满足；二是教育对人的生存和自身发展需要的满足。教育的价值目标应构成教育伦理的本质目标，它是教育目的实现的内在保证。还有研究者认为教育的伦理前提首先表现为教育的价值前提。教育的总体价值导向是一种不断地开创未来的价值导向，这是教育伦理价值遵循的基本原则：教育伦理价值的未来向度在于尊重人的生命完善和发展的基本原则。[1] 教育伦理价值是以人的生命的本质为前提的。我们认为，教育的中心是人的发展，所以"教育伦理学的价值目标根本上在于使教育本身的原价值得以最大效度地发挥，使人类对教育的需要得到更好的满足，使人的生命本质在教育中及其在教育影响后得以真正展开和提升"。[2]

（三）教育伦理学规范体系的建构

教育伦理学的规范体系主要由教育伦理原则、教育伦理规范和教育伦理范畴三部分构成。它是教育行为实践的准绳和依据，是促成教育善的前提，在教育伦理建设中具有优先性，学者们在这方面作了积极有益的探索。

1. 教育的伦理原则

教育伦理原则是观察、处理教育伦理问题的法则，或者是观察、处理教育问题的道德标准。有学者认为教育伦理的集体主义原则、人道主义原则和个性发展原则这三者共同构成了教育伦理原则的结构模式。有学者认为教育伦理学的基本原则应当是社会主义国家对教育者行为要求之应然，是教育活动与过程中所有道德规范的灵魂与价值方向，因此，在我国，集体主义是教育伦理学的基本原则，教育人道主义是教育伦理学的重要原则。也有学者则主张，教育伦理的基本原则有两个，一是教书育人、培养社会主义新人原则；二是教育人道主义原则。其中前者居于较高层次，后者居于较低层次。有研究者认为，现代教育伦理原则系统可以或应该有三个层次的原则系统组成。现代教育伦理原则是教育崇善原则；第二层次是一般伦理原则，主要是教育公正和教育人道主义原

① 樊浩、田海平：《教育伦理》，南京大学出版社 2000 年版，第 44 页。
② 刘云林、糜海波：《科学教育伦理的价值预设及其合理性依据》，《江西社会科学》2005 年第 2 期。

则；第三层次是现代教育各领域的各部分的伦理原则。认为全面发展原则、教育崇善观念是教育伦理规范体系的灵魂。强调教育的道德自觉性，教育应体现自身的本质规定性，追求和促进全体学生全面发展，追求并促进社会的全面进步。还有学者认为教育伦理基本原则必须反映教育过程的特点，必须体现对教育者行为的根本指导作用，必须在教师职业伦理体系中居于主导地位，由此，应把热爱教育的原则，教书育人原则，为人师表原则和教育人道主义原则作为教育伦理的基本原则。

2. 教育的伦理规范

教育的伦理规范是教育者在教育活动中必须遵循的具有道德意义的规矩，也是我们对教育者的教育行为作出伦理评价的依据。有学者提出现代教育应重视自身的道德规范，以善律教是以真律教的动力、归宿和保障，重视教育道德规范是现实的客观要求。认为最近几十年教育中真的追求和约束与善的追求和约束的失衡更演化为教育的唯科学主义倾向。主张在教育崇善的总纲下确立教育的道德规范体系。

有学者指出教育伦理规范作为社会设定的教育者行为的应有模式，其现实转换的要件之一在于本身的合理性。这种合理性包括实质合理性和形式合理性两个方面。就形式合理性而言，主要是指教育伦理规范从形式上必须符合社会对教育者的价值期待，体系必须完整和谐，能全面完成对教育活动的道德调控，所蕴含的应然植根于客观存在之实然，必须真实地反映教育伦理规范研究者的价值取向。这构成了教育伦理规范形式合理性的四个要件。① 研究者们提出教育伦理体系建构不应从现成的伦理体系出发，而应根据教育者的教育活动特点进行理论研究，构建学科体系的框架，要领悟时代的发展和教育改革的现实对教育者提出的德性要求，从而准确表述这种要求。学界认为教育伦理学尤其要关注教育伦理规范的合理性研究，要向教育者阐明所设定的教育之应然的内在依据，并探寻教育者对这种内在依据的接受机制，这是传统教育伦理学向现代教育伦理学转变的重要标志。

3. 教育的伦理范畴

教育道德范畴是反映教育道德关系和行为调节方向的一些最本质的

① 刘云林：《教育伦理规范形式合理性探析》，《道德与文明》2003 年第 1 期。

概念，也是教育道德原则和教育道德规范发挥作用的必要条件。众多学者认为教育道德范畴主要有教育义务、教育公正和教育荣誉所构成。有学者以专题的形式对教育伦理学范畴做了比较深入的理论探讨，把教育幸福作为教育伦理范畴系统建构的起点，相继对教师的公正、教师的仁慈、教师的良心、教师的义务、教师的人格等范畴作了详尽的论述。目前教育公平问题受到研究者的普遍关注，成为学者讨论的热点问题之一。

许多文章如：《教育平等理念》、《择校失控与公平效率》、《中国教育的公平与效率初探》、《教育公平辨析》、《教育公平：中国教育追求的政策目标》、《对教育公平问题的理论思考》、《教育公平的主客观标准》等都对教育公平这一教育伦理范畴作了富有时代性、具有针对性的理论探讨。可以从广义和狭义的角度将教育公正分为"教育作为社会事业的公正问题"和"教育活动的公正问题"两个方面。前者是指每个人、每个阶层都有平等的受教育权，后者是指教师在教育实践活动中客观公正地处理各种关系，尤其是要合情合理地对待和评价每个学生和全体教育合作者。教育公平问题包含了社会教育制度公正和教育者行为公平两个维度。有学者指出"教师公正是教育公正的核心内容，而教育的公正包含更多的教育制度内涵"。[①] 有学者认为"公平合理的对待和评价所有学生，是教师道德公正最基本的要求"。[②] 随着教育民主化进程的加快，许多学者还对教育权威问题进行了热烈的探讨，认为传统教育权威的失效、现实教育权威的失范和理想教育权威的失落是民主化进程中教育权威失序的表现。但失序和危机不是后退，而是教育伦理在民主化进程中进一步发展和完善的契机。教育理性权威是当前教育伦理建设中一个亟待解决的课题。

有学者对社会转型时期教育良心问题作了新的论述，指出教师的职业良心就是教育良心，它指的是在教育实践中对社会提出的道德义务的高度自觉意识和情感体认，自觉履行各种教育职责的使命感、责任感和对自己的教育行为进行道德调控和评价的能力等。教育良心包括恪尽职

---

① 檀传宝：《教育伦理范畴研究》，北京师范大学出版社 2000 年版，第 66 页。
② 朱法贞：《教师伦理学》，浙江大学出版社 2001 年版，第 105 页。

守、自觉工作、爱护学生、团结执教四个方面。具有层次性高、教育性强的特点。其形成受社会生活和群体的影响，也受自身修养的制约。①笔者在对教育良心论题研究的文章中提出，在当今的市场经济背景下，随着教育社会化进程的发展，教育良心似乎存在一种缺失或沦丧的危机，其外在的主要表现是：教育思想上的重智轻德，教育管理上的形式主义和主观主义，教育态度上的得过且过，教育方法上的简单粗暴，以及教育行为上的功利主义倾向等。"教育良心作为教育伦理的一个重要范畴，是教育道德的灵魂，也是整个教育事业良性持续发展的潜在动力和内在机制。必须在新的历史背景下探求教育良心的内涵、道德价值及形成机制。"②

（四）教育伦理学精神内涵的探析

教育发展的历史昭示我们，先进的教育是以先进的伦理为内在基础的，教育伦理学研究必须挖掘教育伦理精神的真正蕴涵。近些年来学界对当代教育伦理的内在品质作了探究，主要有以下几个方面。

1. 教育的伦理特性

有学者认为教育的伦理特性是在教育历史发展历程中共同存在的体现教育本性的道义假设和伦理精神。文化共享和育人成才是人类教育活动不可或缺的两个道德基石。③ 文化共享和文化私有、文化独占相对立，强调把文化财富传递和传播给他人，让大家共同享有文化进步的成果。文化共享的一般要求是，努力丰富文化共享的资源，扩大文化共享的人群。可以说让人分享人类的智慧和道德财富，这是教育的本质特征，也是教育的社会职责和社会功能。文化共享是教育得以存在的基本道德前提，它是根植于教育本性的东西，更是人类自我生存和发展的要求。文化共享是教育的重要道德特性。育人成才体现着教育的基本宗旨，强调对人发展的关爱和对人成长的促进。在现代社会，育人成才的追求，体现为质与量两个不同侧面的要求，从质的方面说，就是提升人

---

① 檀传宝：《论教师的良心》，《教育理论与实践》2000 年第 10 期。

② 糜海波：《教育良心的道德价值及其形成机制新论》，《当代教育论坛》2004 年第 11 期。

③ 王本陆：《论教育的伦理特性》，《教育研究》2003 年第 1 期。

的身心素质，发展人的主体性，提高人的能力。从量的方面说，就是扩大教育对象，有教无类，关爱全体受教育者的成长。教育是育人的事业，育人成才是教育的基本伦理特性。

2. 教育的伦理本性

面对全球化，市场体制和知识经济的背景，有学者提出在现代化进程中，教育应保持自己作为特殊文明形态的人文本性，不致因过度世俗化而丧失自身。认为教育的伦理本性核心是人文精神，教育共同体是一个伦理实体，伦理实体具有三大文化特征：一是它以一种民族认同的基本的或具有终极意义的关系为教育关系的范型；二是它以道德价值为教育关系的基础；三是教育关系的基本原理是伦理原理，伦理原理的基本特点是非功利性、非强制性。因而人文本性才是教育共同体的根本所在，伦理实体是教育作为一种共同体的人文本性的实质。① 而教育的人文精神的逻辑起点又是性善的理念。教育的基本合理性与基本现实性是基于对教育的可能性和教育力量的信任。教育的人文基础是对人性的信任，教育的文化支撑是对人性的信心，教育的精神意向是对人性之善的执着追求。因此，道德的真诚，伦理的热忱，性善的理念就是教育所需要的伦理精神前提，也是教育所必须建构的伦理精神的基本结构。

3. 教育的伦理德性

教育德性是教育的伦理精神的现实化，教育德性一方面是一般的道德理性、道德意志、道德情感在教育实践过程中地具体体现；另一方面它是在教育活动过程中生成的德性，具有其自身的特殊性。教育德性可以广义的理解为教育个体或教育共同体在社会环境和教育环境中形成的品质，这种品质的拥有和践行从教育内部对教育施加影响，引导和支持教育发展。有学者认为，教育德性的特殊内核表现为依次发展、逐级上升的七种境界：教育良知、断然选择、定位教育、宁静致远、安身立命、居安思危、止于至善。教育德性上升机理是德得相通。教育之"德"与教育之"得"的矛盾，教育之个体"德、得"与教育之社会"德、得"的矛盾，是推动教育德性境界不断上升的根本动力。教育德

---

① 樊浩：《教育的伦理本性与伦理精神前提》，《教育研究》2001 年第 1 期。

性是教育力的核心要素。教育德性如何决定教育善的存在实际样态。①

（五）教育伦理学实践机制的研究

为了全面促进现代教育的道德进步，需要系统地研究教育崇善的实践机制，即分析探讨现代教育道德进步的内外条件和行动措施。学者们主要从外在保证机制和内在动力机制两个方面作了探求。有学者认为，营造环境、学科建设、自身改革是教育崇善的一般机制。首先，认为在社会背景中，市场经济发展为教育崇善提供了重要的社会物质基础，同时也要辩证地看待市场经济影响的双重性。大力发展和完善市场经济，探讨教育伦理体系主动适应社会主义市场经济的问题，是促进我国教育道德完善的重要策略。教育是先进文化的追随者和促进者，而先进正确的社会政治是教育崇善的促进者，营造教育崇善的社会政治环境，关键是要争取先进的社会政治因素的支持，避免落后的社会政治因素的干扰。要通过健全教育体制，加强教育执法的力度来为教育伦理建设提供法律上的支持。要加强精神文明建设，为教育崇善提供优良的思想文化背景，强化建设意识，净化文化市场，加强舆论监督与舆论导向，形成促进教育崇善的精神氛围。

其次，学者们认为教育伦理学是现代教育道德实践的理论武器和理性指导，加强教育伦理学学科建设必须学习和借鉴国外的研究成果，推进理论体系的丰富，完善和创新，主张在师范院校开设教育伦理学课程，其主要内容应包括四个方面，即教育的伦理性质和伦理规律，教育伦理思想、善恶标准和伦理规范，教育道德实践机制以及教师职业道德。在深化教育伦理学研究的同时，应加强教育伦理哲学的研究。教育伦理哲学是以探讨教育伦理最一般问题的教育伦理学分支领域。它主要探究教育的伦理基础，教育的道德理想与规范，教育善恶矛盾运动的规律性，教育道德系统的结构与功能，教育道德主体性和教育道德进步等问题。认为"在当前教育改革和发展的大背景下，加强教育伦理哲学问题的探索，具有重要的理论和实践意义"。② 有学者认为完善教育伦理

---

① 吴海燕：《论教育德性的境界》，《江苏社会科学》2001 年第 2 期。

② 王本陆：《教育伦理哲学刍议》，《高教探索》2002 年第 4 期。

的学科体系，教育伦理学必须努力彰显自身的学科个性。主张教育伦理学的体系建构应以伦理学作为自身理论基础，同时，从当今中国社会现实对教育者的德性要求出发，立足于教育者德性现状以及被教育者对教育者的价值期待，只有这样，才能确立充满个性的教育伦理学体系，从而推进教育伦理学学科的建设。

再次，有学者认为教育系统是教育崇善的主体，是决定教育崇善理想变成现实的内在力量。教育系统道德标准的提高，不仅取决于社会性结构的优化，而且要求个体具有健全的道德世界。提高教育者的道德水平，是教育道德系统建设的重要工程。提高教育者的道德主体性，主要途径是通过教育道德建设，培养教育者教育道德理性，形成教育者高尚的教育道德情感，提高教育者自主选择科学的教育伦理的能力。教育系统自觉的扬善抑恶，不仅依靠教育者的道德主体性的发挥，而且需要弘扬教育的主体性。教育致善是发挥教育主体性的结果。突出教育的道德主体性在于提高教育善恶斗争的理性自觉性，增强教育系统把握教育善恶矛盾的主体能力。它强调教育的独立性，处理好教育与社会政治、经济、文化的关系，消解外在的消极因素对教育伦理建设的负面影响，保持教育道德的自主性、纯洁性和高尚性。有学者认为教育作为传承文明的事业，需要有道德自律和道德追求，必须在教育中重视道德力量的作用，教育系统应努力扬善惩恶，对教育腐败现象，不能放任自流，要动用各种力量自觉地进行斗争，从而不断净化教育环境，提升教育道德水平。

有学者提出教育伦理学应该注重对激励机制的研究，教育伦理学对不同的人，发生作用的状况也不尽相同，对于那些德性层次较低的教育者具有规范、纠偏功能，对于那些处于较高德性层次德教育者则更应激励其向更高的善追求。[①] 这种道德的激励机制可以包含两方面内容，一是主体的自我激励；二是客观的外在的社会激励。这种激励可以是精神激励，也可以是物质激励，可以使他们拥有一定社会地位，也可以为他们创造一种有利的机会。

有学者认为教育现代化内在地包含教育道德境界的提升，重视教育

---

① 刘云林：《我国教育伦理学研究之应然》，《道德与文明》2001 年第 5 期。

伦理建设是我国社会发展和教育发展的现实需要。教育伦理建设既要在思想上高度重视，又要加强教育伦理基础的研究。提出教育伦理实践机制的研究应重视教育伦理制度化建设。一方面，应关注制度安排的伦理特征，努力提高教育制度的伦理境界，使教育制度公正合理，富有成效。另一方面，应当努力创建教育伦理制度，不把教育伦理思想体现到教育的制度化安排中，而靠个人的自觉和良心，将难以取得全面的效果。

　　针对目前我国教育道德的社会现实，学者们就教育社会公正和教育民主化的实现机制作了较深入的探讨。有学者认为教育机会民主化的实践中应坚持系统论观点，从实践的整体性、综合性出发，把握系统各层次的动态结构，在实践中协调教育机会民主化与社会生产力发展、经济制度改革、民主政治制度建设以及文化发展等各个层次之间的关系，保证整个实践进程顺利进行；还必须加强教育权利立法，动员社会广泛参与，同时需要在教育机会民主化内部的子系统中，不断优化各个薄弱因素，以保证系统的整体功能发挥。①

---

① 吴德刚：《建立推动我国教育机会民主化实践机制的探讨》，《教育评论》1996 年第3 期。

第二章

教育伦理的价值追求

教育伦理是对教育活动之应然的理性把握，其最高价值目标是实现教育善。教育要实现其个体之善和社会之善，这一目标可以说也是教育伦理的价值追求。教育伦理旨在对教育进行一种道德规约和价值导向，从而使"教育成为其所是"。教育是培养人的特殊的实践活动，其价值的实现不仅依赖于作为教育活动主体的教育者，而且直接关系到作为教育对象的受教育者。教育伦理对教育的道德关切，即教育伦理的价值追求拟从价值前提、价值取向和价值关怀三个层面进行探讨。

一 教育伦理的价值前提

教育总是有价值的，但其价值的实现也必须是有前提的，即教育活动首先要合乎时代的伦理精神，具有伦理基础。教育的价值前提，从根本上说，其实就是教育伦理的价值前提，或合乎伦理的教育的价值前提。教育是以人的生命的存在为条件的，其宗旨也是为了满足生命对精神的需求，以及最大限度地实现生命的价值。所以，教育伦理的价值前提首先就体现为对生命的尊重、关怀和热爱。

（一）尊重生命的教育

尊重人，尊重人生命的成长，尊重每一个生命完善自己、发展自己的内在需求，尊重个人的自由、独立和每个个体生命的差异，尊重并善于发掘每个人的生命潜能，这是教育伦理价值由其未来向度展开的尊重人的生命完善和发展的基本原则，也是人类教育赖以生存和发展的前提条件。教育伦理价值是以人的生命的本质为前提的。正是在教育中，人的生命特性才以一种超越性追求展开自身。教育的对象是人，而人是有生命的实践性存在，面向人的教育意味着首先必须面向生命，尊重生命的需要，完善生命的发展，提升生命的意义。生命对于人而言，不是单一的，而是双重的，是自然生命和超自然生命的统一。人的生命具有自主性、开放性和不确定性。人的生活道路只能由人自己去筹划、去选择、去确定，人正是通过自主自立的活动，促成了生命的自我发展。所以，人的生命是自为的，是自己创造的，因而也是自由自觉的。任何压抑生命自主和自由的行为，必然违背生命的特性，是对生命的摧残。生命具有独特性。每个人因为其后天的生活经历、环境、教育和实践活动的不同，形成了具有不同个性特征的生命体。教育应尊重生命的多样性、差异性和丰富性，尊重人的个性特征，满足人的发展的个性化需要，同时也要引导人的个性健康地成长和发展，但不是随意地扼杀个性的存在及其生命的独特性。生命也具有超越性。人的生命是有限的，但人又是不断地在追求着无限，把有限的生命融入无限的价值追求中，从而彰显出人的生命特有的社会性、能动性和精神性对生命的自然性、受动性和现实性的超越本质。教育对生命的尊重，就是在提升教育者自我生命价值的同时，也为他者寻求生命完善的机会和条件，通过文化、教养、知识和能力的提升使生命存在超越自然性和物质性的限制，为着生命自身的美好追求，而超越个体性生命关怀，使生命价值在人类的生命层面上绽放出来。

尊重生命意味着珍爱生命，应把热爱生命作为教育的首要伦理任务提出来。每个人都要认识到生命具有有限性、不可重复性、独一无二性。对于世界上的任何生物而言，生命都只有一次，生命中的每一天都值得去珍惜和拥有。教育的生命伦理意义不仅是要使受教育者认识到生命的本质和特征，而且要在教育生活中体验生命的特点和和谐。只有珍惜生命的存在，才能使我们能够去学习、工作、交往和享受人生的喜悦。所以，必须增强保护生命的伦理意识，不仅要保护和珍爱肉体的生命，而且要保护人的心灵不受伤害，给心灵更多自由和想象的空间。珍爱生命就必须怀有对生命的敬畏之心。"敬畏生命"应当成为教育活动开展的伦理前提。正如法国思想家史怀泽所说："善的本质是，保持生命，促进生命，使生命达到其最高的发展。恶的本质是，毁灭生命，损害生命，阻碍生命的发展。"①

在教育中，教人体悟生命的意义，是尊重和热爱生命的进一步升华。只有体悟到生命意义的人，才会真正地热爱生命、珍惜生命、体验生命的美好，才能在与困难和逆境做斗争的过程中，成为一个独立的、有尊严的、自由的价值主体；也才能教人超越自我、超越世俗功利、超越灵魂与肉体的分裂，达到与自身、与他人、与社会、与自然的和谐境界。也就是说，一个珍视生命的人，"只有把自己的命运同他人、社会、人类的命运联系起来的人，才会真正找到生命价值的根本。一个人只有在关心他人、服务社会、为改善人类的命运而努力的过程中才能真正体验生命的丰满和心灵的充实"。② 教育本是生命共同体的需要，因此也应该是富有生命伦理精神的教育。然而，在现实中，教育实际上一直在偏离生命伦理的轨道，尤其是在主张"知识经济"、"人力资源"、"工具理性"的教育背景下，以生命伦理为前提的教育已经蜕变为一种"知识的教育"、"社会的教育"、"产品的生产"、"工具的锻造"等等，但却不是真正以人为中心，以提升生命意义、生命质量为目的的"人的教育"、"体现生命伦理的教育"。所以，针对教育中还存在的对生命的无视和糟蹋，强化教育的生命伦理意识和生命伦理前提，是教育伦理价值追求的一个基本内涵。

体现生命伦理的教育必须把人当成人。这就是说，在教育过程中要依据生命的特性，尊重生命发展的内在逻辑和规律，创造适合生命发展需要的环境，提供生命成长的养分和能量。生命的特性是教育行动的伦理依据。关注生命的教育，就是要促进生命完整和谐发展的教育，它包括自然生命的教育、精神生命的教育和社会生命的教育。③ 反观传统的教育，受整体观念的影响以及社会本位的主导，更为注重人的社会生命，生命存在对社会的意义和价值，而人的自然生命的保存和精神生命的开掘受到漠视，个体生命被高度的政治和道德化。结果，教育只见社会，不见个体，把生命的生活意蕴降低到了生存的边

---

① ［法］史怀泽：《敬畏生命》，陈泽环译，上海社会科学出版社 1992 年版，第 18 页。
② 王东莉：《生命教育与人文关怀》，两岸"生命教育与管理"学术研讨会交流论文。
③ 冯建军：《生命教育论纲》，《湖南师范大学教育科学版》2004 年第 5 期。

缘，教育培养的不是具有生命关怀和生命观念的健全的主体，而是社会需要的政治工具。甚至在生命与政治相抵触时，可以牺牲那些没有政治价值的生命，或者只是关注生命对社会的政治价值。在这种教育伦理的价值视域中，没有给人的生命留下应有的位置，相反生命不是作为目的而存在，而是实现生命以外价值的工具和手段而已，这是教育伦理价值追求的一种缺失。

从源头上说，教育本应该是直面人的生命，通过人的生命的积极完整塑造，提升人的生命质量的活动，这是一种对生命的人文关怀。具有生命伦理前提的教育，生命才能更加充盈、发展和完善，教育才可能成为生命赖以成长的根基。然而，现实中的一些教育不但没有呵护生命，涵养生命的性灵，反而与生命存在的内在需求背道而驰。日本学者针对现代社会教育存在的伦理问题提出了要对"教育病"进行诊断。一些社会学家和教育家也同时对学校教育发表了几乎是异口同声的看法，学校已不再是一个"育人"的机构，不再是一个生命发展的"家园"。受市场经济和利益角逐的驱动，学校已成为社会政治、经济的工具，教育致力于发展的不是生命本身，而是迎合社会的需要的"个体的社会化"，为满足人力资本、文化资本、经济资本需要而服务的工具。事实上，偏远生命伦理前提的教育，将个体塑造成社会的必需品时，也就是在造就"经济的工具"、"政治的工具"，而不是"真正的人"，这意味着学校"忘记了"它的对象。① 教育的对象是人，教育伦理的价值前提是尊重、关怀和热爱人之生命及其意义。

总之，尊重生命的教育是教育伦理的价值前提。教育的根本任务就在于发现学生的潜能，发展学生的个性，使一个人成为真正的人，成为他自己，成为一个不可替代的独特的生命。但基于生命伦理的教育中的人，不是抽象意义上的人，而是具有需要、理性、情感和个性的具体的人。关爱生命的教育要求教育者真正做到"生命至上"、"心中有人"，尊重每个生命个体的发展。生命是连续的生成过程，这种生成性不是被动的外在塑造，而是主动的自我生成。自我的创造是生命本质力量和意志的反映，具有自主性、自由性和超越性。教育当是以生命发展为本的

---

① 陈桂生：《教育原理》，华东师范大学出版社 2000 年版，第 243 页。

活动，必须遵循生命发展的规律，唤醒学生的生命意识，发掘学生的生命潜能，引导学生生命发展的方向，这是教育应有的人文关怀和伦理责任。

（二）回归生活的教育

生命以生活为本原和载体。"现实生活是人的生命存在的根基，也是教育最真实、最坚实的基础。"[①] 尊重和关注生命的教育，也必须贯彻生活化的伦理原则。回归生活的教育，是对人的回归，对生命的呼唤。这种呼唤不仅是引起对生命的关注，而且也是通过回归生活，重新回归到教育的原点，回到涵养生命、改善生活的教育伦理学立场，这是教育伦理的又一价值基础。

生活化的民主教育，应该是一项促进生命发展和生活完善的价值创造活动。教育作为人类的一个特殊的知性活动领域，不仅是将历史上积累的知识和经验传授给受教育者，使其能够适应社会生活、不断提升认识和改造世界的能力，而且教育作为一种高尚的精神交往和微妙的心灵接触，其本身就是一种生活方式或者说是生活的一部分，这正如美国教育家杜威所言："教育即生活。"从生活的本来意义上来理解和看待教育正是教育内蕴人文精神和人文品格的体现，也即是要通过教育这一特殊的生活方式来寻求生命的价值、意义，体悟人生的丰盈、幸福，从而使教育真正成为解放人、完善人和发展人的事业。

自西方启蒙运动以来，由于对科学技术的过度崇拜造成了科学世界与生活世界人为的分离，甚至人们在科学世界与生活世界的断裂中忘却了人的真正生命之根——现实生活世界。生活世界（life-world）即"我们的生活体验世界，既是现象学研究的来源，又是现象学研究的对象"。[②] 然而，科学世界并不外在于生活世界，"科学世界和包含在它之中具有科学的真理性的东西，正如一切以某种目标为划分范围的世界一样，本身也属于生活世界"。[③] 教育以追求真理作为其首要目标，又以

---

① 刘济良：《生命教育论》，中国社会科学出版社 2004 年版，第 270 页。

② ［美］马克斯·范梅南：《生活体验研究——人文科学视野中的教育学》，宋广文等译，教育科学出版社 2003 年版，第 65 页。

③ ［德］胡塞尔：《胡塞尔选集》，倪梁康选编，上海三联书店 1997 年版，第 1087 页。

"止于至善"作为其内在规定，因而教育不仅是探求科学世界，而且植根于人的生活世界，并成为人的整个生活的一个环节。20 世纪许多思想家在对人类科学世界和生活世界两个生长家园进行审思后指出："理性（科学）向生活世界的回归是人类精神的重要发展趋向。"①

在科学世界里，人在理智方面可以获得长足的发展，而对人在情感、意志、直觉、审美等非理性方面的发展，科学世界本身无所作为，关于人生的意义、存在和存在者的终极追问，科学更是一言未发。在这里，科学似乎发生了最深刻的危机——它跟具体的主体生活的分裂。因此，在现代人的两个生长家园中，科学世界只是我们的一个营地，而生活世界才是我们真正的"家"。而且可以说，人类的自我发展，是人的生活活动及其所创造的人的生活世界的全部意义。但是，由于对科学理性的盲目极端的顶礼膜拜，现代人把派生的科学世界当作全部的教育理想所在，认为科学世界的教育就是人的全部教育，而那更为根本的生活世界的教育却不知不觉被遗忘了。对此，日本学者池田大作指出："现代教育过于偏重知识教育，忘记了作为一个人的基本生活态度和对待事物方法的教育。"② 这使我们看到了教育给现代人类社会带来一系列相关而人们不愿看到的现象，诸如诚信缺失、信仰危机、价值扭曲、道德困惑、人情冷漠、心理失衡和一个人存在状态的原子化等。

究其终极意义而言，教育不仅是一种传递历史文化的活动，而且还是一种唤醒人的生命意识、启迪人的精神世界、建构人的生活方式，以实现人的自由和价值创造活动。因此，生活和教育有着内在的关联，人们熟知的"教育即生活"和"生活即教育"的教育哲学命题就是从不同的层面揭示了教育与生活之间的一种整体性、系统性和贯通性，因而只有从人的生活出发才能真正领悟教育存在的真谛，教育对人类生活本有的独特"诗性"。教育不仅要渗透进日常生活，使生活本身成为一种教育的环境和土壤，让人们在过一种善的生活中感悟自我，获得自我意识的社会化发展，而且也要使生活渗透进教育，

---

① 衣俊卿：《理性向生活世界的回归》，《中国社会科学》1994 年第 2 期。
② ［日］迟田大作：《二十一世纪的警钟》，卞立强译，中国国际广播出版社 1998 年版，第 512 页。

使教育不是脱离人的生活世界，而是作为一种有意义、有灵性的精神生活，给受教育者以生命的另一种营养和滋补，使其在追求自我价值的最大实现中走向人生的完满。由此可以说，生活是教育的本体和根据，教育与生活须臾不可分离，教育作为一项杰出的道德事业是为了人的美好生活而存在。

其一，生活是教育的内在需要。生活不仅对教育的产生和发展提出了需要，还为教育的产生和发展提出了客观要求。教育因人的生存和发展而产生，因人类社会生活的变迁而变迁，不同的历史生活为教育提供不同的精神源头和思想元素，也造就不同价值意义的人格范型。没有了人的生活，教育就成为无本之木、无源之水，也就没有了所谓人的教育。离开人的生活需要，教育就失去其存在的合理性。生活永恒，教育就永恒，生活变迁，教育便变迁。从而生活成为教育的本源性依据，成为教育的首要需要。生活观念、生存方式、生存状态的变化，直接引起对教育需要的变化，教育必须服务于人的生活之目的，使人学会生活、懂得并发现生活的应然意义。

其二，生活是教育的动力源泉。人的生活是人类社会一切实践活动的根基。教育以人为对象，意味着以人的生活为根基，从而满足个体和社会发展的需要，由此也就决定了生活是教育的动力源泉——生活制约着教育对可能生活方式、生存状态的追求，即既有的生活是教育建构的基础和依据，生活中的物质文化、精神文化为教育奠定了物质和精神基础。生活的空间即是教育的生长空间，人的现实生活空间为教育提供了极为生动的范例，教育向生活的回归便是对人的当下生存状态的价值关切，更是以一种更高的姿态、更积极的态度对现存生活的超越。

因此，从生活对教育的动力源泉作用来看，教育只有回到人的生活世界，才有可能建构起理想的新的人生生活。教育如果缺乏对学生完满生活的建构，那就不能通过对人的影响来浸润学生生活的过程，甚至如哈贝马斯所说的"生活世界的殖民化"。"生活世界的殖民化"是货币和权力媒介向生活世界核心领域的侵蚀和渗透，导致技术理性和价值理性相脱节、个性化和社会化相冲突以及社会的物化和危机。其实，教育作为人类的一种生存方式，是属于生活世界的，它的功能不仅仅在于进行一种"文化知识的复制"，而且还在于为确立优良社会秩序和正确价值理念提供明晰的指导和帮助，并通过合理的交往建构学生具有社会意义的多种角色，体现出社会责任和规范意识，从而推动着人的价值生命的实现。

生活世界是我们最根本的生长家园，生活是每个人作为人所必须接受的最基本的原点。因此，在倡导教育"以人为本"的现时代，教育要想很好地完成自己的道德使命，使人感受教育生活的不同境界和优雅品格，促使人过上美好的理想生活，就必须让教育回到生活的立场上来，重返人的生活世界。教育要塑造人的精神观念和优良品性，不能远离实践，教育必须建立在人的生活世界之上。教育要想更好地引导学生健康成长，就必须走进生活。教育回归生活是以生活为起点，在生活中反观自照，追求美好的善的生活，进而使学校教育成为生活进步的先导，走在社会生活的前列。因为生活教育是生活所原有、生活所自营、生活所必需的教育，教育的根本意义是生活之变化。生活无时不变，而生活又无时不含有教育的意义。可以说人类之所以能够反省自身、创造文化、展现意义，其基础资料来源就是生活世界。生活世界是"人生存在的共同场所和基本视域，先于任何认识和反省的存在，即不管你是大科学家还是大哲学家，你都先要有生活，从生活中去看一切，而对世界有一视域，以这视域为本去构造意义的世界，形成各种文化活动"。①所以，走进生活是教育获得生命力的根本出路。

教育也要体验情感。人是情感的存在物，情感是个体生命中最富有人性的一个方面，脱离了情感的生活世界是空虚的，往往使人沦为非人的状态。在师生交往中，教育者只有产生了积极的道德情感，才能见诸行动真心而持久地服膺于教育应当，对学生富有教育爱心，具有"爱生如子"的高尚情怀，这种教育情感对学生教育具有非常有效的感化作用。这就需要把教育过程当作一种生活过程，从而在建设性的师生对话与沟通中获得道德的情感体验。因为教育只有本身是道德的，它才能成为一种善的教育，它所教化的人才可能真正臻达至善的境界。体验情感就是每个人都真诚付出、热情关爱，从中获得心灵的质感、精神的慰

---

① 王元化、杜维明：《崩离与整合——当代智者对话》，东方出版社 1999 年版，第32 页。

藉，这是任何一个作为社会人的道德需要，也是建构一个温情脉脉的人性化的生活世界的过程。实践证明，教育越是能走进学生的生活世界，也就越能显现出它为了人而存在的亲和力和感召力，它越是远离人的生活世界，就越没有说服力和可信性，而使人感到心灵的虚伪、压抑和窒息。生活的教育既是知识和能力的传承，也在于美德和智慧的养成，它不能与世隔绝、自我封闭，健康的人性只有在生活中、在伦理共同体中才能得到良好的塑造。

（三）增进自由的教育

自有人类以来，人类对事物发展规律认识的范围就在不断扩大，程度也在不断加深，因此人的自由度也在不断提高。虽然受主客观条件的制约，人对必然的认识永远是有限的，人永远只能在自由和不自由的交织中发展，但人非但没有放弃反而在不断加强对必然的认识，更加重视发展教育和科学，重视变革教育目的、内容和方式，提高教育质量及其普及水平，这说明教育对人类认识必然和提高人的自由度有着重要作用。由此可以说，追求自由、以自由的方式进行教育实践，是教育的伦理基础和伦理特质。因为人是在教育中展开其本质，从而获得自由、走近自由的。自由是人类固有的权利和永恒的追求。人的本质力量正是在对自由的不懈追逐中得以逐步显现与验证的，人对自由的希求深深植根于人的本性之中。

从哲学的角度说，自由是人类对事物必然性的认识及其实践。人是自由的存在，而这种自由存在的实现必须通过教育实践来不断地提升和发展人的主体性、能动性和创造性。也就是说，教育是人不断认识自由、实现自由、享受自由的一个最为重要的文化和精神条件。在本质上，教育即伦理——促进人的解放和自由，如果教育变得不再自由，如果教育不再能够促进人的自由存在，如果人在教育中没有平等的自由权利，那么这种教育一定是失去了伦理的教育。所以，增进和守护教育自由，是教育伦理的价值基础和价值前提。教育是把消极自由转变为积极自由的过程，消除人自我创造的内外在障碍，增强和确认自我创造的价值和能力。教育的过程既是对人的自然的质朴性和直接性的扬弃，也是使人从野蛮的无教养状态向文明理性状态的飞跃与提升。人只有通过教育才能成为一个人，"人，只有人，才必须接受教育"。① 因此，教育是联系自然人与自由人的纽带，教育伦理的核心指向是使教育成为培养与塑造自由人的活动。

　　基于教育伦理的自由教育，要求作为教育活动主体的教育者以及受教育者都具有自由。只有教育者本身有自由，学生才可能得到自由的教育。而在奴化制度束缚下的教育者不可能有自由的教育思想，也不可能教育出具有自由思想的学生。教育者的自由包括教育思想的自由和教育行动的自由。教育思想的自由是指教育者精神上要独立，思想要自由，把追求真善美作为唯一的标准，不受任何外在因素的束缚。教育者应有自己的教育思想和教育理念，有自己独立的判断能力和思辨能力，不盲从世俗的偏见，不被任何非理性因素左右，自主自觉地确定教育的目的。教育者行动的自由是指教育者要自主地开展教育教学活动，具有教育的选择权、实施权和评价权，以及对学生的自由管理权，以合理的方式对学生进行教育和管理。自由不是外在赋予的，而应该是教育中每个人都必须享有的，它既是教育行动的机会，也要求教育行动的能力。这就是说，自由不仅是一种权利，更是一种能力。教育者要充分享受教育自由的权利，就必须加强自身的道德修养、素质提升和能力建设，进而不断地提升自己的交往能力、道德能力、表达能力、认识能力、思维能力和实践能力等。教育应是充满自由的教育，教师应该是享有自由的教师，这是教育伦理的精神前提。因此，只有自由的教师，才能进行自由的教育，才能实现学生真正的自由。对于一个受教育者而言，他有学习自由、思想表达自由、教育选择自由等多方面的教育自由。教育不仅是要给学生享有这些自由的机会，更主要的是培养学生使用自由的能力。虽然学生享有某些自由，但是由于自身能力的原因而无法拥有这种自由、使用这种自由的时候，这种自由对他们来说也是没有价值的。只有当他们拥有真实选择的能力，即"实质自由"，这种自由才有意义。② 所以，自由的教育需要教师培养学生的自由意识和自由精神，培养学生

---

① E. F. Buchner, *The Educational Theory of ImmanuelKant*, New York：AMS Press INC, 1971, p. 101.

② ［美］阿玛蒂亚·森：《以自由看待发展》，任颐、于真译，中国人民大学出版社 2002 年版，第 292 页。

学会在道德自律下获得自由的能力，并为此创造宽容的、鼓励性的、有助于教育自由的环境。

自由是人后天习得的自觉、主动的行为特征，它不仅是人的价值追求，而且反映人的本质特征。教育可能是以自由、民主方式进行的提高人的自由、自主等主体性的教育，也可能是以专制和强制的方式进行的教人墨守成规、随波逐流、默认专制的教育。自由的教育在于它能够依据教育自身的内在逻辑和发展规律来开展教育活动，其在目标、手段、内容和形式上都不应该受到外在的利益、权力或政治因素的任意干扰而改变其初衷和本质。所以，真正自由的教育是追求善的教育，它为了人类的和平、繁荣和美好而存在，这是教育伦理的价值基础。教育一旦失去了自由的条件和前提，教育也就无法实现其对社会和人应当具有的价值。一种伦理的教育也应当是一种自由的教育，即发扬教育道德主体性的教育。

当前，在效率与公平发生冲突的历史条件下，自由的教育必须基于教育伦理的考量建立平等和效率相互促进、和谐统一的公平教育。从整体上说，自由教育和教育自由都不是某些人的自由和另一些人的不自由，而是全体国民的自由，是平等和民主的自由。平等和民主的自由既不是损害发展和效率的自由，也不是平等贫困的自由，而是物质和精神共同丰富的自由。因此，"自由教育必须是既保证平等又提高效率的教育，是教育平等和教育效率相互促进、和谐共生的教育，是全体国民德智体等素质的全面发展，在基本平等水平不断提高基础上的有差异的共同发展，是与时代相适应的普及教育和英才教育的结合，互利和仁爱结合的共利的教育"。[①] 自由教育应该是具有主动、平等、自主、自觉和民主精神的教育。这里，主动表明教育中的个人有履行权利和承担义务的愿望和积极性；平等表明社会为每个受教育者都提供了履行权利和承担义务的制度保证，自主和自觉则表明教育后的个人具有自我生存、自主发展和参与社会活动的能力。因此，自由的教育也应该是促进社会公平和平等，公平地给予一切社会成员增强科学技术素质、发展生产、经济能力的教育机会。

---

① 郝文武：《平等与效率相互促进的教育公平论》，《教育研究》2007 年第 11 期。

　　教育伦理的价值合理性基础是自由。自由的教育是塑造行为主体人格精神的教育。人是精神的存在，自由之对精神犹如重力之对物质。精神的本性是自由的，自由既是人类精神的本然状态，又是精神发展的自然趋向。人只有在自由奔放的状态之中，精神才存在不断攀升和跃迁的可能，才能不断迈向富足和充实。因此，自由之于精神具有不可让渡的绝对价值。塑造人的精神世界从来都是教育的基本任务，教育是人们心灵之间的微妙接触，是最深切的人与人之间精神交往的过程。雅斯贝尔斯说："教育过程首先是一个精神成长过程，然后才成为科学获知过程的一部分。"① 只有始终与个体精神的自由发展保持和谐一致，才是符合人性的、善的教育。在这里，个体是其精神发展的"最高主权者"，每一个人都应当成为"他自己的思想的主人"，"他能够用自己的眼睛去看，用他自己的心去想"。② 每一个人都可以自由平等地表达自己独特的意见或看法，而不必担心因为见解的不完善性甚至离经叛道的"荒诞性"而受到任何肉体或精神上的惩罚。只有在这种平等、自由的精神交往中，才能激发个体积极探索真理的热情和敢于言说的勇气，这样的教育才能不断开拓创新之路，才能以新的实践方式创造新的人类文明。

　　总而言之，自由是教育的道德诉求。致力于提升人类获取自由的能力，塑造自由的精神，培育自由的人格应当成为不同历史时期、不同形式的善的教育所必须要遵循的"恒久而真实的原理"。③ 教育应当成为人的自由的肯定性存在，且其本身就应当是自由的。自由与教育的天然的内在统一性并不仅是形而上的理念或美好的憧憬，它必须在具体的教育实践中得到真实的体现，必须由纯粹的思想变为活的定在。教育必须给教育者和受教育者提供更大的自主活动空间，更加宽松的学术氛围，更多的独立思考和大胆质疑的机会，更加丰富多样和更具开放性的教育内容、教育形式和教育方法。唯其如此，人的自由才会由应有的权利变为"活生生的自由本身"。④ 教育的目的是为人类的自由而变革世界，

---

　　① ［德］雅斯贝尔斯：《什么是教育》，邹进译，生活·读书·新知三联书店 1991 年版，第 30 页。

　　② ［法］卢梭：《爱弥儿》（下），李平沤译，商务印书馆 1978 年版，第 360 页。

　　③ ［德］黑格尔：《法哲学原理》，王哲等译，商务印书馆 1982 年版，第 7 页。

　　④ ［德］黑格尔：《精神现象学》（上卷），先刚译，商务印书馆 1979 年版，第 135 页。

因此自由亦是教育伦理的德性之基。

二　教育伦理的价值取向

　　教育伦理作为社会所设定的关于教育活动之应然的价值体系和规范体系，其价值取向既包含了对教育本身的伦理要求，也包含了对教育活动主体的道德规定。因此，教育伦理价值取向有两个基本的展开向度，一是规范取向的作为教育伦理最高价值目标的教育善；二是主体取向的作为教育伦理基本价值追求的教育道德。无论历史如何变迁、教育目标发生怎样的变化，对教育善的追求都是教育伦理最为根本的价值取向和价值目标。无论教育者因个体道德素质的差异在价值取向上呈现出何种多元性和丰富性，教育者良好德性的培养和对教育伦理规范的自觉遵循乃是教育伦理的基本价值追求。因而，对于教育主体而言，教育伦理的价值取向也就表现为教育者的德性和善行。

（一）　最高价值目标：教育善

　　伦理是善的理念和精神，教育伦理是教育至善理念与行动的统一，追求教育善是教育伦理的本质规定和应然目标。教育历来以教人为善自居，教育因为崇善而成为具有伦理意义和道德价值的事业。人们一般都把教育的本质归结为使人向善的实践。可以说，"使之善"是中国教育的"一贯之道"。至善是教育伦理的核心价值。在人类历史长河中，教育自古以来对善的追求作为教育不可推卸的人文使命一直延续保存至今。正如有学者所说："善作为永远无上的价值，而且作为有伦理意义的价值，对于其他任何价值的应有样态来说，都理应独自被视为本原的伦理价值本身，或者被视为伦理价值的基础。"[①] 因此，对教育善的向往与追求就成了教育伦理所要实现的根本价值目标。虽然因为民族和时代的殊异，我们不可能对何谓教育善作出一个非常详细的描述，但作为一种绝对的价值理念，"教育善"总是体现于教育伦理的价值体系和道

---

　　① ［日］小仓志祥：《伦理学概论》，吴潜涛译，中国社会科学出版社1990年版，第19页。

德规范之中。所以，一种具有历史必然性和现实合理性的教育伦理价值体系和规范体系，就成为教育善的实践载体。而不管其具体内容如何不同，但其本质都是反映了社会的价值期待，并呈现历史标准与道德标准的统一。如我们所提出的以培养完满人性、以对人的尊重为基础的人性化的教育；以发展人的独特性为基础的个性化的教育；以自由自觉的活动来展示人类特性的创造性的教育；以民主平等、教育资源共享为原则的民主性的教育，等等。根据这些价值目标，我们又制定了教书育人、热爱学生、为人师表等一系列的教育伦理原则和规范。可以说，教育处处体现着"以人为本"的价值理念，渗透着对善的追求与向往。

善原本是价值范畴，是价值概念的分类，因此善是客体有利于满足主体需要，实现主体欲望，符合主体目的的属性。孟子用"可欲之谓善"，来表述善是主体一切活动和行为所追求的目标。罗素将善定义为一种愿望的实现，"善的定义必须出自愿望。我认为，当一个事物满足了愿望时，它就是善的。或者更确切些说，我们可以把善定义为愿望的满足。"① 由此可见，我们对教育善的规定，应该体现人们对教育应有的需要和追求，应体现时代的伦理精神。教育善对增进社会福祉和个人的发展都应当是具有积极意义的。教育只有发挥了对种群自我保护和维持以及人类的自由存在的促进作用，才能说它是善的，否则它就是与善无缘，就要被抛弃。因此，一切导致社会和人异化发展的非正义的教育制度安排和不道德的教育主张应予以批评和否定。例如，批评教育中的种族隔离制度，反对教育机会不公平现象，制止各种为了提高成绩而牺牲受教育者身心健康的行为，纠正教育为某些利益集团制造"产品"的工具化倾向等。在教育的各种价值中，教育的伦理价值即符合社会历史发展方向的教育举动应当居于首位，教育善是功利价值与道德价值的历史的具体的统一。应当克服教育的极端功利主义行为，这种教育价值观只是把教育看成是个体谋生的手段，人们关注教育是为了追求个体价值的实现，是为了满足物质欲望、感官享受，但却忽视了教育对社会的普遍伦理意义。致使教育不再是具有社会善的单子化行为，从而分裂了

---

① ［美］罗素：《伦理学和政治学中的人类社会》，肖巍译，中国社会科学出版社1996年版，第66页。

教育的个体善与社会善的价值共享。这种功利性的教育已成为人们谋取名利、攀登高枝的工具。善的教育是充满伦理责任和道德追求的教育，它不完全是为了个体化的目的而存在，而且是为了社会的和谐共生而存在；它既向受教育者传授生存的知识与技能，同时又使人认识到作为社会人生存的意义与价值，既建构教育自身的价值世界，又使人建构自己的意义世界。

教育伦理追求的最高价值目标是教育善，这种教育善的一般含义是指教育活动在目的、手段和结果上都应合乎社会的价值期待，具有正当性、规范性、道德性。我们知道，在一个确定的社会历史时代，凡是符合当时社会普遍公认的价值标准和社会规范的行为活动及其结果，就被社会公认为是合理的、正当的，因而是善的；反之，则被认为是失范的、缺德的，因而是恶的。如此观之，所谓教育善也就是指教育活动既要遵循真理的尺度，也要按照价值的尺度进行教育实践。前者是指教育要具有合规律性，后者是指教育要具有合目的性。教育善主要指的是一种合乎社会发展需要和人的发展需要的教育。教育的伦理价值总是蕴涵并体现于一定的教育伦理规范之中。因此，追求教育善也就是遵循周围他人、群体、社会乃至整个人类所普遍公认的价值信念和规范准则，按照他人、社会的共同利益去进行教育活动。

这样，要实现教育善的伦理价值目标，就要树立教育崇善的观念，并致力于完善教育伦理规范体系，进而形成科学、先进的教育善恶观念和伦理规范，这是教育致善的基础性工作。伦理学研究表明，道德是人们自我肯定、自我发展和自我实现的具体社会形式，具有命令、规约、教育、认识、调节和激励等多种多样的功能。对于教育善的实现而言，伦理规范是教育事业自我发展和完善的重要力量；提高教育道德境界，促进教育成为善的事业，是其最根本的功能。简言之，教育伦理旨在促进和维护教育善。完善教育伦理规范体系，是教育道德境界提升的重要外在标志，也是提升教育道德水准的内在保障之一。同时，实现教育善既要依靠社会力量的支持、社会环境的优化和社会政治的保障，但更为根本的还是教育自身主体性的发挥，这是教育道德发展的内因。教育从善而行是教育系统善恶自觉、扬善抑恶的过程，既是教育主体性提高的重要标志，又是教育主体性充分发挥的具体结果。因而，弘扬教育主体性，是促进教育善理想实现的必然抉择。教育是一种特殊的主体对象性活动，即教育系统作为集团主体在认识教育系统自身的伦理性质、伦理矛盾和伦理规律的基础上不断改造教育系统，创造合乎先进道德标准的教育伦理世界的过程。在这一过程中，教育系统是主体，具有主体性。也就是说，教育善是在教育伦理基础上发挥教育主体性的结果。

因此，为了促进教育善的价值目标，要在教育伦理建设中大力弘扬教育主体性，这是教育至善的重要思路。要发挥教育的主体力量，就要牢固树立教育主体性思想，增强教育的主体意识。确立教育主体观念，必须批判教育非主体论思想。教育非主体论强调教育的外部决定性，忽视或否定教育系统具有的自我发展和完善的力量，表现出随波逐流、无所作为的思想倾向。教育工作在非主体论观念的影响下，教育系统缺乏自主性、自信心，这就不利于教育善的自我构建。全面的发挥教育主体力量，促进教育道德水准的提升，必须自觉地抵制教育恶的发生。教育者的观念和行为直接影响着教育善恶；教育善恶斗争总要通过教育者的具体教育实践来体现。在历史上，众多的教育家积极追求先进的教育理想，抵制消极的教育现象，变革不合理的教育现实，探索新的教育模式，对推进教育善恶斗争的进程发挥了积极作用。而且，现代教育具有一种组织化、制度化的教育模式，教育的制度善直接影响着教育善的最终实现，因而也是实现教育善的社会条件。在实际工作中，人们一般都重视教育制度的内容，而忽视教育制度的伦理基础。一些教育制度、措施，往往是在没有进行深入伦理论证的条件下制定和推出的。这样，就难免出现教育制度伦理基础不明确的问题。在教育制度深入改革过程中，需要提高对制度伦理基础的敏感性和关注度，从而确保制度善与教育善在教育伦理价值指向上的整体协调性。

总之，教育善是教育伦理最根本的价值诉求，只有善的教育，才能真正教人为善和促进社会向善；只有向善的教育，才是真正产生好的价值的教育。使教育成为善的事业，弘扬、壮大教育善，消除、阻抑教育恶，是提高教育价值的根本途径，也是教育伦理追求的最具普遍意义的价值精神。

（二）基本价值追求：教育者德性和善行

作为一门求索教育善的真谛以及实现的学问，教育伦理学需将教育活动中各类人际关系和谐和教育者的德性完善作为学科研究的主要任务之一。所以，传统教育伦理学在某种意义上就是从教育主体的角度探讨教育者的道德问题，为教育者设定教育行为之应然。因为，没有教育主体的道德实践，教育善的实现就失去了现实的载体和依托。教育伦理实践的行为主体是教育者，提高教育者的道德素质和道德水平乃是教育伦理所期许的基本价值目标。而教育行为主体的道德素质既表现为内在的德性品质，又表现为外在的良好道德行为。因此，提升教育者的德性以及彰显教育者的善行就构成教育伦理的两大基本价值追求。

首先，教育者的德性与善行是相互依存、互为条件的。作为教育伦理内在价值指向的教育者德性，是内隐于教育者的观念和人格之中的，它只有通过教育者的具体行为方能得以显现。一种教育者的良好德性，如不见诸具体的道德行为，就只能停留在自我欣赏、自我欣慰的阶段，没有实际的价值可言。教育者良好的德性水平并非与生俱来，它是在教育道德实践中自觉养成的，是长期教育善行累积和积淀的产物。亚里士多德把德性分为理智德性和伦理德性，认为前者是通过教化而生成，而后者则是由习惯而形成。① 这就表明，德性是源于人的道德生活，教育者美好的德性必须以实践为根基，是知与行的统一，只有转化为具体的善行才会产生实际的伦理效应。另一方面，教育者要使自身的行为具有善的意义，形成自觉的合乎教育伦理规范的行为习惯，也必须以教育者的内在德性为保证。没有高尚的德性保证，教育者的善行将会是偶尔的举动，难以持之以恒而形成一种良好的习惯。如果说，教育者的良好行为可以导致外在的良好秩序，那么教育者的德性则是一种内在心灵的秩序，它更为根本，反映主体的精神世界。麦金太尔在《德性之后》一书中认为："德性就是去做公认的秩序要求做的事情。"② 德性使人的内心有序，它是道德的内化，但内化的道德也必须外化，才能使德性转化为善行，道德的使命才真正完成和实现。因此，心灵之秩序只有外化为现实秩序，教育行为主体良好的德性才能得到确证和发扬光大。

---

① ［古希腊］亚里士多德：《尼可马科伦理学》，中国社会科学出版社1999年版，第35页。

② ［美］麦金太尔：《德性之后》，龚群等译，中国社会科学出版社1995年版，第169页。

其次，提升教育者的德性和彰显教育者的善行也是实现教育善的主体保证。教育善的实现离不开教育主体的内在德性和外在善行。教育者的德性是教育者对教育伦理的理性自觉和情感认同，也是对教育崇善的精神信仰。伦理道德作为一种价值追求，具有一种精神价值，它需要内化为人的一种德性，成为生命的一部分；道德作为一种行为规范，它需要人们在具体活动中自觉遵行，这两个方面都是实现道德价值所不可或缺的要素。如果说教育者的德性，是实现教育善的内在保证，那么，教育者的善行则是实现教育善的外在条件。提升教育者的德性就是培育其向善的优良品质，它使教育善的实现获得一种超越现实的人格力量。彰显教育者的善行，就是要把教育者内在的德性付诸行动，并在生活世界得到实施。教育伦理的价值取向不仅是要求教育行为主体具有崇善的意识和道德观念，而且要求将这种观念的善转化为现实的"活的善"。没有教育者的德性保证，教育善就失去了动力，没有教育者的善行呈现，教育善的实现只能是一种美好的愿望。所以对于教育主体而言，教育伦理的基本价值取向就应集中在这两个主题上。

再次，教育伦理是以"实践精神"的方式把握教育的现实世界，教育伦理的基本功能就在于规范教育者行为和提升教育者德性。教育伦理既是教育者应当遵行的道德路标，对其行为选择具有规范制约性，同时，它也是教育者不断超越道德实然而趋向道德应然的动力机制，对其德性提升具有激励性。进一步说，教育伦理不仅是对教育行为具有他律意义的规范力量，而且还表现为教育行为主体的道德自律和精神境界。因此，将教育伦理的价值取向规定为教育者的美德和善行这两个维度，并以此作为教育者的价值追求，是缘于道德在本然意义上是划分为不同维度的。按照当代美国著名法学家富勒的观点，道德应当划分为"义务的道德"和"愿望的道德"两个方面。义务的道德指的是一个有秩序的社会所必不可少的一些基本原则。愿望的道德意味着人的"至善"的某种概念，即一种良好的德性或美德。由于这两类道德对行为主体的要求不同，人们因为履行义务的道德而体现出善行，人们因为履行了愿望的道德而显现出美德，所以善行和德性是道德应当的两个不同的层次，二者相互作用、相互促进，构成了一个完整的道德系统。对于社会而言，教育伦理建设既应规定教育者具体的行为模式和前行路径，又应激励教育者努力塑造自身美好的德性，使之不断地超越现实。而对于教育者个人而言，既应有一种高于现实的理想追求，寻觅和确认自身美好的精神家园并努力追求之，又应自觉依循社会所规定的伦理路径，化德性为善行。

教育伦理追求的最高价值目标是教育善，教育的伦理道德价值在于满足社会和人的发展需要。它从道义上为提高社会道德水平和培养人的理想人格提供了可靠的保证，从而保证了人类社会发展的方向和速度。但是，教育的这种本质善必须通过教育活动主体的合乎善之本质的思想和行为才能得以实现。因而，教育善的实现离不开教育者自身的德性和善行的有力支撑。作为一种培养人的社会活动，教育活动的主体和客体都是人——教育者与被教育者。任何教育活动都是基于被教育者道德素质之实然提出其应然的价值要求。被教育者素质的提升离不开教育者潜移默化的影响。因为，教育对人的教化是以伦理为导向的，而人格是由人格来塑造的，德性是通过德性来加以培养的。教育者人格和德性的培养是被教育者素质养成的前提。从这种意义上说，教育劳动的特点决定了教育者应该拥有比其他职业劳动者更高的德性。只有当教育者自身成为道德上的善者，教育活动本身符合教育伦理的精神时，才能对被教育者良好德性的养成起到重要影响，才可能培养出具有德性的被教育者，才可能引领被教育者不断实现对现实的超越。

犹如马克思所说，宗教是人类精神的他律，但道德是人类精神的自律，它是规范性与主体性的统一，缺失主体性的道德终究是没有活力的僵死的条文，也无法在现实生活中转化为"活的善"。如何说作为教育伦理价值取向的教育者善行，是对教育伦理规范的自觉认同和自愿遵行，回答了作为一个教育者"我应该做什么"的问题，那么教育者德性就是对善行的自我肯定、自我发展和自我超越，它是以追求更善人生价值、更美人生境界为指向的优良品质，回答了作为一个教育者"我应该成为什么样的人"的问题。当然，从最终意义上说，教育者德性不仅是指教育者具有良好的道德修养，而且包含教育主体对教育良知的坚守以及对教育善行的追寻。正如麦金泰尔所言："一种品质能够被称为德性品质，是因为在具体的实践过程中，这种品质能够获得成功。德性是一种获得性人类品质，这种德性的拥有和践行，使我们能够获得实践的内在利益，缺乏这种德性，就无从获得这些利益。"① 教育者德性并非天然生成，而是在长期的教育实践中逐步形成的。它是提高教育伦理认同、熏陶教育伦理情感、培养教育伦理信念、锤炼教育伦理品质、实践教育伦理行为的一个复杂而又漫长的过程。教育者善行的付出及其累积对于教育者个人人格的塑造、德性的磨炼具有基础意义。所谓积善成德，德性由善行造就，善行由德性来引领，这是一个相互调适的过程。正因为此，德性的提升与善行的养成对教育伦理价值的实现都具有十分重要的地位。教育者不仅要塑造内在的教育人格，且应当培养道德践履能力，将内在的人格转化为外在的良好道德行为，从而实现教育者德性和善行的和谐统一。

（三）一元价值导向与多元价值取向

从教育活动主体的角度说，教育善的实现很大程度上取决于教育者的道德水准即教育者的德性和善行。也就是说，教育善的实现过程其实就是教育者努力追求教育伦理设定的教育伦理目标的过程，是教育者将自觉遵守教育伦理原则和规范作为自己道德义务的逻辑结果。作为一门求索教育善的真谛及其实现的学问，教育伦理的宗旨也就在于自身所设定的伦理目标成为教育者行为的自觉追求。教育者对这一伦理目标的认同和追求状况，关乎教育伦理功能的实现程度；这一伦理目标是否科学合理，则决定了教育者对其追求的程度。只有当一种教育伦理目标具有了科学合理性，它才可能有效地把握教育者，教育者对其追求的程度，直接影响着教育伦理的实现效益。而要使我们所设定的教育伦理目标具有科学性和合理性，关键在于坚持一元价值导向与多元价值取向的有机统一。

教育伦理为教育者设定的教育伦理目标，实质上是研究者根据社会的要求从教育者现实的道德状况即"实然"出发，设定一系列人们应该追求的"应然"，即价值体系和行为准则，并使这种行为准则及价值目标发生作用的实际状况和结果符合社会的道德要求，从而达到事先设

---

① ［美］麦金泰尔：《德性之后》，龚群等译，中国社会科学出版社1995年版，第141页。

定的伦理目标。因此，教育伦理所设定的教育伦理目标应当从教育者的德性现状出发，并领悟时代发展和教育改革的现实对教育者提出的德性要求，从而准确表述这种要求。对此，马克思关于立法论的论述对于教育伦理目标的确立颇有启迪意义。马克思在谈到立法活动时要求"立法者应该把自己看成是一个自然科学家，他不是在创造法律，不是在发明法律，而仅仅是在表述法律，是把精神关系的内在规律，表现在有意识的现行法律之中"。① 教育伦理为教育者所设定的教育伦理目标亦应立足于教育者的道德现实。这就是说，要使得教育伦理目标真正具有科学性，就是要在全面把握教育者道德素质的基础上设定其行为之应然。

由于教育者的道德素质作为一种客观存在，是他们在一定的道德价值观的支配下具有伦理意义的观念和行为的整体反映，所以，考察教育者的道德素质主要应把握他们的道德价值取向状况以及其实际的德性现状。就市场经济条件下社会道德价值取向的现状而言，用"多样性"一词来概括其特点应该说是非常贴切的。这种社会道德价值取向的多样性特点反映在教育者的道德生活中，就体现为不同的价值等级都不乏一定的追求者。这种教育者价值取向的多样性和德性水平的多层次性，乃是我们在设定教育伦理目标时所必须面对的一种客观存在。针对教育者价值取向的多样性和德性水平多层次性的事实，教育伦理在设定教育伦理目标时，应注意一元价值导向和多元价值取向的的有机统一，在道德内容安排上注意到层次性。即教育伦理要以社会主义核心价值观和社会主义主导道德作为一元的价值导向，同时又从教育者整体的德性状况出发设定不同价值等级的教育伦理目标，从而使教育伦理对不同道德层次的教育者都能产生实际的导向和约束作用。教育伦理作为社会伦理一般的特殊，不是抽象不变的，而是具体历史的，并随着时代和教育本身的变迁而变迁，所以它既要尊重其发展规律，也要体现其规律。教育伦理在价值追求上是应然和实然的统一，是理想性与现实性的统一，是一元导向与多元取向的统一，教育伦理建设必须在生活与意识之间保持一定的张力，从而使其成为一种具有历史必然性的价值真理。

从教育职业的特殊性来看，一般而言，教育伦理具有层次性高及教

① 《马克思恩格斯全集》（第 1 卷），人民出版社 1972 年版，第 132 页。

育性强的特点，这是由教育劳动的特点以及教育在社会发展中的特殊地位决定的，故而我们可以而且应然要求教育者比其他职业劳动者具有更高的德性。然而，就教育者自身这一整体而言，其成员的道德水准呈现出不同的层次又是一个不争的事实。例如在教育工作中，既具有无私奉献精神，忠于人民教育事业的教育工作者，也有仅将自己所从事的职业作为谋生手段的教育者，还有的教育者的教育行为不仅有悖教育职业道德，甚至违反了法律。根据上述教师德性水平不一致的现状，教育伦理既要大力倡导为了人民的教育事业而无私奉献的精神，也要肯定坚持最起码教育良心的积极意义，甚至还应将遵纪守法作为对教师道德的基本要求。[①] 上述各类教育者由于价值追求上的不一而存有的道德水平的差异是我们无法回避的客观现实，是社会成员道德水准不一致性在教育领域的具体反映。既然教育者的实际道德水准存在差异性，教育伦理所设定的伦理目标体系就应该体现层次性，能够满足反映不同教育者的多元价值取向。

　　将一元价值导向和多元价值取向的有机统一视为教育伦理目标科学性的标准，也是时代发展对教育伦理现实要求，体现了当今中国社会的特点。由于我国正处在社会主义市场经济体制的全面建构和不断完善之中，市场经济的社会主义性质，使得作为社会意识形态之一的教育伦理目标的设定必须体现社会主义这一本质规定，即彰显社会主义主导道德的一元性。同时，市场经济条件下由于利益主体的多元化所带来的多元价值取向客观存在的事实，使多元道德存在又具有了现实依据。道德的基础是利益的原理告诉我们，教育伦理设定的价值目标应考虑社会成员多元价值取向之"实然"，承认教育者多元道德价值取向存在的现实合理性，并在教育伦理目标体系中给予应有的地位。因此，教育伦理学要实现传统到现代的转变，必须从实际出发，贴近现实生活，使所设定的伦理目标既坚持社会主义主导道德的一元价值导向，又尊重和承认不同教育者的教育伦理多元价值取向。当然，需要强调的是，教育伦理的价值导向与多元价值取向不是对立的而是统一的，无伦教育者的价值取向如何多元，其都不应背离一元价值导向，而必须与一元价值观相契合，

---

① 刘云林：《教育善的求索：实然与应然》，《教育理论与实践》2003 年第 5 期。

否则，教育活动就会因为教育者的道德失范面临伦理风险。

　　社会发展的客观现实及其教育者德性之现状，为教育伦理的一元价值导向与多元价值取向相结合提供了现实的依据。然而，现有的教育伦理所设定的伦理价值目标并没有呈现应有的层次性，仅仅是从一般意义上对教育者的行为提出一系列要求，这不仅使得教育伦理的价值目标缺乏应有的针对性，从而使得处于不同德性层次的教育者缺乏明确的行为目标，而且导致了教育伦理学科效益的低下。而坚持一元价值导向与多元价值取向的结合，既包含了对教育者高层次的道德要求，有利于提升它们的道德境界，也内蕴了对教育者的基本道德要求，甚至规定了教育伦理的底线要求。这一系列要求是一个由低到高的序列，在这一序列中，无论是处于何种道德层次的要求，都有其发挥自身功能的特定范围，即对特定的人群都具有一定的行为导向意义。如果忽视了教育者道德之"实然"以及社会总体道德现状之事实，设定的教育伦理目标过于单一，将不利于教育伦理功能价值的实现。目标过低，对德性层次较高的教育者就失去了导向意义；目标太高，对德性层次较低的教育者而言就是一种空想。在教育伦理所设定的一元与多元相结合的价值目标体系中，社会主义主导道德位居最高层次，对全体教育者的行为起着导航功能，而较低层次的道德要求由于是教育者所能企及，也具有伦理规约的作用。在这一教育伦理目标体系感召下，中国社会的教育伦理建设将既能坚持社会主义方向和马克思主义意识形态的主导地位和引领作用，又能充分调动和激励广大教育者投身于教育伦理建设的热情和积极性；这样，教育伦理就能最大限度地实现自身的功能价值，教育道德建设也将会由于科学的价值目标的引领而取得理想的道德效益。

　　这种多元道德价值取向的合理性还在于历史正在向更为多元的方向发展，而多元的意义就是理解教育者之间的差异，在教育道德"实然"和"应然"之间形成一种必要的张力与和谐。正如德勒兹所言："没有差别的世界是一个孤寂的世界，没有差异的人只是一尊尊丧失个性的木偶。"① 尊重个体差异，教育伦理设立的伦理目标才会既有理想的感召力又有现实的生命力。总之，一元价值导向与多元价值取向有机结合的

————————

① 王治河：《当代西方哲学中的非哲学》，《社会科学战线》1993 年第 2 期。

教育伦理目标体系，体现了现代社会的时代精神，它弘扬人的主体性、能动性、创造性，提高人的尊严和地位，内含着社会的理性精神、平等观念和民主意识，以及责任担当、权利诉求、自主自律、科学态度和宽容友爱等体现与现代教育实践相适应的文化理念。它将先进性与广泛性结合起来，有利于教育伦理把握教育者教育行为的总方向，激励行为主体对教育善的追求并实现其生命的价值，同时也有利于培养教育主体的道德个性，以多样化的方式开拓教育善的现实道路和有效途径，最大限度地实现教育伦理学科的价值和效益。

三　教育伦理的价值关怀

教育总归是人的教育，人既是教育的对象，也是教育存在的目的和旨归。一切好的、善的教育从最终意义上说都应该"以人为本"，把人的自由全面发展作为教育活动的出发点和归宿，所以说，教育伦理从目的性上应是指向于人的。人的自由全面发展不仅是教育的根本目的，而且也是教育伦理的价值关怀。教育伦理的意义就在于省察教育是否与人的发展的需要相一致，是否有利于调动主体的积极性、主动性、创造性，是否有利于人的个性解放，是否有利于培养和提高人的素质。教育伦理的实质就是要揭示和分析教育与人的生存和发展的合理性和价值性的关系，就是要对整个教育以及各种具体的教育现象进行人学关照。

（一）教育实践中"人"的问题

教育作为人类特有的社会实践活动，与人类其他实践活动一样，具有目的性、自觉性和能动性。教育最大的特点在于其具有目标性。关于我国教育的目标问题，《中国大百科全书（教育卷）》有这样的规定："中华人民共和国的学校教育制度，其宗旨是培养德智体全面发展的各种建设人才，以满足社会主义现代化建设不断发展的需要，维护和发展社会主义制度，逐步提高人民的物质生活和文化生活水平。"《中华人民共和国教育法》则以法律的形式明确规定："教育必须为社会主义现代化建设服务，必须与生产劳动相结合，培养德智体等方面全面发展的社会主义事业的建设者和接班人。"这就是我国当前的教育目标。显然，我国当前的教育目标是符合现代教育的伦理精神和道德理想要求的,因为它以马克思主义关于人的全面发展理论作为其理论依据,也是建立在历史唯物主义科学理论基础上的。然而,现实中由于我国教育资源尤其是优质教育资源的稀缺性,考试成为选拔学生的重要手段。在应试模式的冲击下,以促进人的全面发展为应然目标的教育转而成为以分数和升学为实然目标的教育。在这样的教育目标指导下,教育过程中教师面向少数学生,冷落大多数学生;重智育、轻德育;重应试能力训练,轻素质养成等直接影响学生健康成长的片面的教育观点和教育行为油然而生。于是,学生像麻袋一样被装满了"知识",而这些知识被人称为"无活力的概念",即那些仅仅被吸收而没有被利用、检验或重新组合的概念。① 在这种情况下,学生不但抑制了创造力和想象力的发展,而且也失去了学习的兴趣。

我们认为,教育存在的价值合理性与合法性根据在于,教育能够依据人与社会发展的自身规律,促进人的全面自由发展以及培育特定社会所需要的适用人才。教育活动的这两个基本目标是教育具有合道德性的内在规定,也是马克思主义教育科学理论的价值指向。前者体现了教育以人为本的精神,后者体现了教育以社会为本的原则,究竟谁构成现代教育的本质和使命,不同的人会产生不同见解。笔者认为,教育在其伦理意义上必须在两者之间找到一个相互协调的平衡点,因为教育的特殊使命在于育人成才,育人就是促进人的解放和发展,成才就是满足社会的需求。但是,如果教育阉割了"全面发展"的应然目标,一味迎合社会的需要,这样教育培养的人才可能就是残缺的、单一的、无活力的。受教育者在这种教育氛围下失去的是自身兴趣和潜能的挖掘,他们也许仅仅成为商品化的产品,被教育这个特殊机器所生产。我国有学者指出,"许多学生都反映过这种教育的无聊与缺乏生气"。② 学习因此成为学生的一种负担、一种人生最大的压力。著名教育家叶圣陶先生曾经就升学教育对学生的全面性损害提出过严厉的批评。他认为,学生在应

---

① ［英］怀特海:《教育的目的》,徐汝舟译,桂冠图书股份有限公司 1994 年版,第 13 页。

② 钱民辉:《教育处在危机中,变革势在必行》,《教育学》(人大复印资料)2001 年第 4 期。

试和灌输教育中体验的是"以智害德"、"以智害体"、"以题害智"。教育在培养人的招牌下却在摧残人、扭曲人性，教育的伦理生态在生存哲学的理路上呈现出的是不和谐图景，受教育者的知识与智慧、人格与能力、理性与感性发生了偏离。教育伦理生态蕴涵的张力由此失衡。我国教育道德的理想追求与现实表现之间的这种脱节，可以从以下几个方面略窥一斑：

首先，功利主义教育甚嚣尘上。所谓功利主义教育是指一种以眼前利益的获取为价值取向的教育理念。其典型表现是把人作为工具来培养，完全无视教育在提升人性方面的价值，以至于认为如果教育不能让人发挥立竿见影的功效，不能使国家强大，这种教育又有何用？大众教育时常面临这种尴尬的质疑。教育进而成为获利的手段而不是体验幸福和自由的存在方式。对此诺贝尔奖得主艾略特这样评价现代教育："个人要求更高的教育不是为了智慧，而是为了维持下去；国家要求更多的教育，是为了要胜过其他国家；一个阶层要求更多的教育，是为了要胜过其他阶层，或者至少不被其他阶层所胜过。因此，教育一方面同技术效力相联系，另一方面同国家地位的提高相联系。要不是教育意味着更多的金钱，或更大的支配人的权利，或更多的社会地位，或至少一份体面的工作，那么费心获得教育的人便会寥寥无几了。"[①] 可见，市场经济条件下功利主义教育思想的蔓延与渗透，带来的是教育的表面繁荣，教育伦理特性的丧失，它不能使教育善、教育德性和教育的完整意义得以理想地实现和展开。

其次，精英主义教育依然盛行。精英主义教育是一种认为教育主要应以培养少数英才为唯一目的的教育理念，它其实是通过学校教育的分层进而导致社会分层的一个重要的源头。回顾西方教育史，从古希腊时代起，培养贵族化的人才就一直是教育的主要方向。而中国的传统教育则从来就是一种精英教育，这种教育体制的出现主要是源于圣人统治说。在高等教育迈向大众化的今天，我国教育中的精英主义色彩并没有随着社会的变迁从人们的心里淡出。目前，我国的一切优质教育资源和教育机会在很大程度上是为精英和社会富裕阶层准备的。只有成为精英

---

① 金生鈜：《理解与教育》，教育科学出版社 1997 年版，第 25 页。

才能享受本该属于每个学生的资源。显然，精英主义教育体现了一种教育的不平等、不公平，它使优者更优、弱者更弱，由于只关注少数可能成为"精英"的学生，而冷落了大多数学生，使后者处于发展的不利地位。固然，社会的发展和进步需要大批精英，但培养精英人才不能以牺牲多数人的利益为代价。对教育伦理实践效益的关注有利于整个民族素质的提高，而不应仅仅是聚焦专家群体的形成。

再次，人文主义教育渐趋式微。教育的人文主义以人的和谐发展为目标，希望人的本性、尊严、价值和潜能在教育影响后得到最大的实现和发展。然而，源自古希腊、文艺复兴时期的人文精神，到今天不是发展了而是断裂落伍了。特别是 19 世纪英国教育家斯宾塞提出著名的"什么知识最有价值？一致的答案是科学"命题以后，科学主义教育便横扫教育的各个领域，而近代以来科技革命的成功则使人们更加推崇科学知识和科学方法。当前这种状况随着知识经济的端倪在我国表现得淋漓尽致，整个教育明显存在着重智育轻德育、重实用轻思维、重知识传授轻人格培养的倾向，教育的运行过程普遍染上了实用唯学、急用先学、急功近利、热蒸现卖的通病，这就使以完善人性、净化心灵、提升人格为目的的人文教育遭到了空前冷落。事实上，人文与科学是确证生命本质力量的两翼，它们一旦失调，社会和人类都会失衡。所以犹太人才会将有知识而没有智慧尤其是缺少道德智慧的人视为"背着很多书的驴子"。科学知识以及教育的价值实际上都不只是为了获得财富，而是为了人的自由存在和美好生活。

显然，教育因人而存在，没有了对人的价值关怀，教育便不再是真正的教育。由于经济形态的转型、教育者自身素质乏善、负面教育伦理传统的影响，以及教育自身相对独立性的缺失，教育中"人"的问题非但没有消失，而是更加突出：人的灵性泯灭了，个性萎缩了，创造性消失了，人们越来越严重地背离教育的本位价值，用功利价值代替人本价值，用单一价值取代多元价值，全面发展的事业沦为制造物质的工具，学生成了填充知识的容器，在教育中感受不到意义的充盈和生活的完满，而是学习的负担和竞争的压力。因此，对当代中国教育伦理实践效益的反思，不仅是对教育者教育行为进行价值导向和道德规约的实际考量，它更需要引起全社会对教育改革走向的道德省察和伦理检思。在教育迈向市场化、社会化和全球化的今天，我们确实需要避免西方国家走过的因步入工业主义和现代主义的泥沼而使教育人文性与科学性相分离的歧途。教育需要减少市场经济发展过程中功利主义、精英主义和科学主义倾向的冲击，使教育真正成为全面发展的事业而不是沦为制造物质的工具，使受教育者在教育中感受到意义的充盈和生活的完满，而不是成为填充知识的容器和失去创造性思维的机器。

（二）教育当"以育人为中心"

黑格尔在《法哲学原理中》曾经指出："伦理是自由的观念，它是活的善，这活的善，在自我意识中具有它的知识和意志，通过自我意识的行动而达到它的现实性，另一方面，自我意识在伦理性存在中具有它的绝对基础和起推动作用的目的。因此，伦理就是成为现存世界和自我意识本性的那种自由的概念。"① 由此，教育伦理作为一种特殊领域的伦理，也蕴含着善的理念和善的精神，它是教育运行在道义上和人性上处于一种理想的生存状态的条件和精神前提，在价值形式上，它体现为教育者及其被教育者在教育劳动中"应该"如何的价值体系和规范体系。对于教育主客体与教育劳动有关的认识活动和教育实践活动，对于教育劳动中社会关系的调节，进而对整个社会风气的改善都具有积极意义。

然而，教育伦理不仅体现为教育的道德规范和教育者得到的自觉理性。在其现实性上，教育伦理指称的应是教育的合道德性，是伦理教育的现实表现，是教育的一种理想的道德生态。它意味着这样的教育不仅是科学的，而且是人文的，不仅是生活的，而且是处于一种生命运动的和谐之中。教育伦理的价值功能首先就在于它使教育本身的原价值得以最大效度地发挥，使人类对教育的需要得到更好的满足。教育的价值取决于教育的价值取向。关于教育的价值的观点，西方教育思想史上归结为教育的内在价值和教育的外在价值。前者以个人的发展为出发点，主张教育价值集中体现在促使主体的全面自由发展，尤其是促进个体在人格、审美和精神生活领域里的自我实现、自我改造和自我超越。后者则

---

① ［德］黑格尔：《法哲学原理》，王哲等译，商务印书馆 1979 年版，第 164 页。

以教育的社会效率为出发点，强调教育对社会进步的促进作用，教育的价值就在于适应和满足社会生产发展的需要，培养德术兼备的具有从事社会物质生产能力和精神生产能力的各类劳动者。古希腊哲学家亚里士多德认为，"教育必须遵从自然的顺序"，按照人的本性去实现个人的价值，把每个人生来就有的可能性变为现实性。被誉为德国教师的教师的第斯多惠继承了教育理论中遵循自然的思想原则，主张把人的教育置于现代社会背景之中，特别是在现代人类文化成就的高度去加以培养，因此，发展人的主动精神和创造能力，便成为教师所要追求的教育价值。

纵观中国古代历史，教育的政治价值压倒教育的经济价值，教育的社会伦理价值排斥教育的文化科学知识价值，这种长期固守的教育伦理价值观，不仅导致中国文化教育和人的全面发展的滞后，而且成为直接制约中国科技创新和经济腾飞的重要因素。因此，科学的教育伦理观在于帮助教育确立合乎教育道德本质的价值取向，正如人文主义倡导的教育的目的首先在于最大限度满足个人自我实现的需要，这不仅显现了教育伦理这个价值客体对教育伦理实体的要义，而且更是对教育伦理实体中教育价值主体所具有的根本性意义。

教育伦理旨在确立一种正确的教育价值观，它引领教育实践，使教育活动成为一种价值创造活动，这种活动旨在通过人的发展来求得社会发展，又以社会发展来服务于人的发展，从而以全体人的高度发展为最后归宿，使人的发展融于整个人类文明的进程之中。因为，"人类教育价值的历史变迁告诉我们，世界是人的世界，教育是人的教育，教育价值观离开了重视人这一本体价值，我们这个世界将是一个没有创造没有欢乐没有人的个性的沉寂空间。"① 教育过程的价值在于为每个人最大可能地实现自身价值提供基础，教育伦理价值在于为教育目的和教育过程提供了合乎道德本性的价值导向。

教育伦理的价值功能就在于使人的生命本质在教育中及其在教育影响后得以真正展开和提升。它是教育人性化的良好展现。我们应该把教育伦理的价值关怀放到马克思主义人学视野中加以考察和研究，或者

---

① 王坤庆：《现代教育价值论探寻》，湖南教育出版社1990年版，第133页。

说，教育伦理的终极价值关切应建立在马克思主义人学思想的理论基础
之上。因为，人是创造社会历史的主体性存在，人类社会发展的最终归
宿及其终极目标也就在于实现人的自由全面发展。马克思主义人学从哲
学的高度揭示了人的存在、本质及其发展规律。马克思在探讨人的本质
学说时曾经指出："整个历史也无非是人类本性的不断改变而已。""人
们的社会历史始终只是他们的个体发展的历史。"① 人的发展是历史进
步的基本标志，历史进步也是人的最高本质即人的主体性不断实现的过
程。教育是促进人的发展的基本途径，与人的发展具有内在性和密切的
关联性。也就是说，教育与人的发展关系问题是我们研究教育伦理的实
践基础和逻辑根据，是探讨教育伦理价值问题的重要内容和中心议题。
只有把教育伦理深植于马克思主义人学视野当中，我们才能为教育的合
道德性找到深远的源头和深刻的基础。

马克思关于人与社会关系的学说是研究教育对人的发展意义的重要
理论基础。在马克思主义看来，人的本质是各种社会关系的结合体，人
的本质体现在人与世界、人与人的具体的历史关系之中，体现为活动主
体的自觉能动的创造的特性，即人的主体性。主体通过对客观物质世界
以及对自身主观精神世界的认识和改造，并以造成的社会文化文明成果
来确证人的本质力量。社会的进步与发展，实质上是人的进步与发展的
结果。人的创造性发展体现着人类的进化和进步，体现在人对历史和现
实的超越之中。人不仅具有与动物相同的生命力，而且具有超越自然生
命限制的本质，这就是实践的人的社会本质。人通过实践活动表明，人
是进行自我创造、自我完善的主体性存在。教育是人类实践的重要方
式。因此，教育应当成为人的主体性存在的重要实现形式。换言之，教
育的存在是为了展现人的本质力量，发展人的人性、人的潜力，而不是
为了抑制人的本质扩张，扼杀人的自由生长的本性。这应是教育的伦理
精神前提。

教育应当是道德的教育，道德是教育的应有之义，因为教育本质上
是指向于善的。教育的人文基础是对人性之善的执着追求。然而，教育
指向于善并不等于善本身，教育终极善也不等于过程善，其目的善不等

---

① 《马克思恩格斯选集》（第 3 卷），人民出版社 1995 年版，第 592 页。

于手段善，其本质善不等于现象善。教育伦理使教育回归了善的本质，也就是回归于对人的本质的真正观照。它使教育的本质和人的本质得以复原和复合。正如《学会生存》这一国际文件所指出的："教育是在环境中进行的，因而它提供了有关环境的知识，于是教育便可以运用这种知识，帮助社会觉察到它的问题，而且如果人们集中精力培养'完善的人'，而这种人又会自觉地争取他们个人和集体的解放，那么，教育就可以对改变社会和使社会具有人性作出巨大的贡献。"① 教育伦理在人学意义上就是要人们认识到教育是人的本质存在的基础和实践方式，教育以人的本质的理想实现为根本旨归。

　　人的本质在现实性上不仅是"社会关系的总和"，而且它还是人的理性与非理性的统一体。教育不仅要培养人的理性，更重要的是培养人的人性，使人的各个方面都能得到自由全面最大程度的发展，使人真正成为人。正如霍尔巴赫指出的："适合于人的学说的道德学应当建立在人性上。"② 因此，伦理性的教育实践不是要培育一个完全符合社会静态模式的人，而是要创造一个完整，合于社会动态运行的人，使人的个性化和社会化都得以发展。教育在于充分挖掘人的最大潜能，使人的主体性、能动性、创造性得以最高显现。教育者在促进对象生命本质实现的同时，也应使自身的生命本质得以升华。这意味着，教育的价值意义是双向的互动的，教育的主客体都应在和谐的教育中走向人性的光辉。这应是教育伦理的本质体现。科学的教育伦理实现了教育的现实价值与理想价值的统一，功利价值对道德价值的复原，生命价值对世俗价值的超越。从这个意义上说，科学的教育伦理是教育的理性之维，是教育发展的理想形态之形，它也成为社会历史进步的精神保障。因为伦理是科学精神和道德精神的母体。

　　值得一提的问题的另一方面是，在我们探讨教育伦理的价值关怀时，人们习惯于把教育道德的利益基础定位于受教育者，似乎教育者的物质和精神利益的满足是被排斥在教育伦理的价值视域之外。而实际上，如果教育伦理的价值目的忽视了对教育者除教育伦理道德规范要求

---

① 联合国教科文组织国际教育发展委员会：《学会生存》，教育科学出版社 1996 年版，第 92 页。

② ［法］霍尔巴赫：《十八世纪法国哲学》，葛力译，商务印书馆 1963 年版，第 649 页。

以外的内在关照和道德关怀，这样的教育伦理是不彻底的，也是不完整不全面的，其效度和可信度将会停留在表层上而且是表象的。没有教育者的真正的人格完善，或者缺少其必要的基础和条件，也就不可能造就出具有完美人性的受教育者。换言之，教育伦理的道德利益主体，不仅是受教育者而且包括教育者，教育伦理应对一切与教育有关的人和事，进行道德和道义上的审视以及价值上的引领和关照，从而不仅是教育客体而且是教育主体乃至整个教育伦理实体，都能获得教育的伦理德性所带来的教育幸福感。

（三）以人的全面发展为旨归

德国教育家雅斯贝尔斯指出："所谓教育，不过是人对人的主体间的灵肉交流活动，包括知识内容的传授、生命内涵的领悟、意志行为的规范，并通过文化传递功能，将文化遗传交给年轻一代，使他们自由地生成，并启迪其天性。"①

人们接受教育是为了获取幸福，获得自己希望的美好生活，而不是在接受教育中使自己成为物役性的工具。这就是说，教育的功能和价值最终关涉人的美好生活和人的全面发展。真正能接受、享有教育的人就能够为自己的美好生活和全面发展提供基本的前提和条件，而那些不能享受教育的人则只能继续维持其原来的生存方式。由于教育的缺失，一个人原本具有的一些内在发展潜能可能就从此被埋没。因此，教育作为人的生活方式中特殊的一种，不仅具有认识论方面的意义，而且具有实践论方面的意义，在人和社会的发展中具有特殊意义。

教育的主题是人，教育的世界是人的世界。教育作为人类一项特殊的实践活动，其要义在于"使人成为人"，即成人。正如康德所说：人只有靠教育才能成人，人完全是教育的结果。但教育所培养的人不纯粹是为了迎合社会经济生活的需要，而且是为了社会的全面进步，因此促进人的全面发展是教育伦理对教育之应有的价值关怀。以人的全面发展作为教育活动的旨归，应成为教育的终极道德理想。教育的伦理特性在

---

① ［德］雅斯贝尔斯：《什么是教育》，邹进译，生活·读书·新知三联书店 1992 年版，第 3 页。

于通过育人成才，改善人的生存和发展状态，并使之在适应已有的社会环境的同时能够不断开创未来新的天地。因此，真切地关怀人的成长，努力扩大教育对象，促进个人健康全面发展，是教育伦理的价值指向。从教育伦理的角度理解人的全面发展，其主要有以下一些内涵：

其一，受教育者身心发展的全面统一性。这是将人的生理和心理素质统一起来把握的全面发展观。人的发展是身心的统一发展，是身心领域各个方面的全面发展，人的发展从来都应是全面的。人的心理是人体的重要机能，或者说它主要是人的大脑的机能，人的心理是以人的大脑机能为前提的。人的大脑是人的心理发展的物质前提。所以，人的心理的发展不仅寓于身体之中，并且是随着身体的发展而发展的。同时，人的心理的发展成熟又会帮助人的身体的成长，身心发展的交互影响、交互作用，是统一不可分的。对此，王国维把培养"完全之人物"分为体育、心育两大部分，认为发达其身体而萎缩其精神，或发达其精神而疲蔽其身体，皆非所谓完全者也。教育的根本任务就是遵循人的身心发展规律，促进人的身心全面和谐发展，使受教育者成为身心健康、人格健全的实践主体。

其二，德智体等方面的全面发展。这是从素质构成角度来理解人的全面自由发展。教育应当促进每个人的身心、智力、敏感性、审美意识、个人责任感、精神价值等方面的全面发展。一个完整的社会人必须具有这些丰富的属性。所以，马克思要求"培养社会人的一切属性，并且把他作为具有尽可能丰富的属性和联系的人"。[①] 这就要求教育不仅要从德智体等方面去丰富人的素质，而且还要通过美育和劳动技术教育去完善人的素质构成。并且，上述五种因素是紧密联系、辩证统一的，每个因素的发展都关系到其他因素的发展，它们或是相互包含，或是相互促进，共同服务于受教育者完美健全人格培养的伟大实践之中。

其三，人的全面发展不只是指某一个体或某些个体的全面发展，而是指全体学生的全面发展。这是从全人类得到彻底解放这一最高目的出发把握人的全面自由发展。在马克思主义看来，真正的人的发展只能是全社会的每一个人的发展，而不能是一部分人发展另一部分人不发展。

---

① 《马克思恩格斯全集》（第46卷），上册，人民出版社1979年版，第392页。

因为，"一个人的发展取决于和他直接或间接进行交往的其他一切人的发展"，"人们只有为同时代人的完善、为他们的幸福工作，才能使自己也达到完美。"① 这就要求教育应当指向人之为人的整体性的生成和发展。当然，教育实践一再表明，一个人每个方面都突出是不可能的。因此，所有学生的全面发展并不意味着每个学生在各个方面的平均发展，个性发展是全面发展的基点和前提。全体学生的全面发展是每个学生个性充分发展之后总体上的发展。诚如马克思所说："即使在一定的社会关系里，每一个人都能成为出色的画家，但是这决不排斥每一个人也成为独创的画家的可能性。"② 所以，着眼于全体学生全面发展的教育还应该为培养学生丰富的个性提供广泛的时空环境。

　　教育的理论形态及其实践与人的发展形态是完全适应的。社会的发展为不同形态的人的出现一旦提供了条件，人就变化了；人的存在方式的变化，人与人、人与自然、人与自身关系调整了，人就要重新认识自己，确立自身发展的形态。关于人的生成和发展，马克思曾经从总体上把它区分为三个阶段，归结为三种历史形态。在他看来，自然发生的"人的依赖关系"是人的最初存在形态；"以物的依赖性为基础的人的独立性"构成人类发展的第二大形态；"建立在个人全面发展和他们共同的社会生产能力成为他们的社会财富这一基础上的自由个性，是第三阶段"，也就是可以预见到的人的最高发展阶段。③ 马克思揭示出的人的历史成长画面，同时就是人的主体形态的历史成长过程：起初人只能以群体方式发挥主体性，最先形成的是集群主体，随着个人走向独立才会形成个人主体，作为最高统一性的类主体只能形成在这一切之后。另一方面，人的发展与社会的发展是相互的，社会只有在个体获得发展的可能下，才会获得发展。这就要求现代社会的人必然是具有高度自主性和创造性的人，也就是说，教育不仅要促进人的全面发展，而且要提升人的主体性和实现人的本质，成为一种主体性教育。因为，教育对人的发展，对社会的发展所起作用的大小，基本上取决于它在多大程度上培养出主体性的人来。现代教育应确立和提高人的主体地位，让受教育者

① 《马克思恩格斯全集》（第40卷），上册，人民出版社1982年版，第7页。
② 《马克思恩格斯全集》（第3卷），人民出版社1960年版，第460页。
③ 《马克思恩格斯全集》（第46卷），上册，人民出版社1979年版，第104页。

意识到并主动追求和实现个人在教育与自我发展中对社会的价值，成为社会所需要的、既全面发展又有个性特征的富有主体性的人。这既是教育思想的转变，也是教育伦理的价值转向。全面提高人的基本素质，尤其是提高主体素质，这已成为国际教育思潮发展的主流，也是对教育伦理价值进行考量的重要尺度。

首先，尊重受教育者在教育中的主体地位。教育是一种互动的行为，教育者是教的主体，被教育者是学的主体。主体性教育就是把教育活动看作是对受教育者的学习和发展的引导和规范，把受教育者看作是自身发展的主体。我们必须使教育过程从传统的"灌输"、"约束"、"禁锢"转向"发展"、"引导"和"解放"。当然，在发展过程中，对学生进行一定的伦理要求是必要的，同时也要在尊重学生主体的基础上对个人身上可能妨碍他作为人的能力和本质发展的那些因素的约束，其目的不在于限制人的自由发展，而是使人的内在力量的发展更加趋向人性的要求。

其次，推动受教育者个性的自由发展。个性表现为个体在社会实践中所持的态度和行为的综合特征。它是形成和发展人的主体性的心理基础。主体性教育反对"千人一面"的教育，不是把人看作等待加工成某种产品的原材料，而是将人看作始终未完成的待造物，人的可能始终是一个指向未来的无限变化体。因此，主体性教育注重培育学生的个性素质，因材施教，使学生正确认识世界、认识自身、认识自身与外界的关系，成为各具特色的主体性特征的人。

再次，注重培养受教育者的创造性。从本质上讲，教育作为培养人的一种社会实践活动，它不仅要使人"接受"、"适应"已有的既定的一切，也要使它所培养的人具有改造和发展现存的世界，现存的社会以及现存自我的能力。也就是说，培养一种理想与现实相统一的人，超越意识与超越能力相统一的人，这才是教育的宗旨。背离这一宗旨，一味强调教育赋予人以现实规定性的功能，则教育可能成为束缚人的全面发展和限制社会发展的一种消极因素。而教育对人的超越性的培养，究其实质也即人的主体性的发展，人的素质、能力和人格等全面发展。

综上，教育促进人的全面发展，不仅要注重智力和体力的发展，而且要关怀人的精神世界，帮助受教育者树立崇高的理想和信念，提高受教育者的道德水平和审美情趣，还要努力创造良好的发展环境和制度保障，充分发挥每个人的主动性和创造性，使人的主体性得以充分地弘扬。只有全面贯彻党的教育方针，坚持育人为本、德育为先，提高教育道德水平和教育现代化水平，才能使学生在德智体美劳等各方面得到生动、活泼、主动的发展，成为有理想、有道德、有文化、有纪律的社会主义建设者和接班人。在我国社会转型期，各种思想观念的碰撞、各种利益的冲突更加激烈，社会的躁动和功利的倾向极大地影响了教育的价值取向，造成教育和人的片面甚至是异化发展，这就需要我们运用教育伦理对教育的目的和实践进行价值关照和理论指导，提高运用科学理论分析和解决实际问题的能力，以人的全面发展为尺度，用辩证的、发展的眼光来分析、评判教育的改革发展和教育实践中出现的道德问题，并找到解决问题的正确方法和路径。

第三章

教育伦理的核心范畴

范畴是反映事物本质属性和普遍联系的基本概念，是人类理性思维的逻辑形式。对于一个学科而言，范畴也是构成一个学科知识体系之网的网上纽结。教育伦理范畴是那些概括和反映教育道德的主要特征，体现一定社会对教育主体之根本道德要求，并作为教师的普遍内心信念，对教师的行为发生影响的基本概念。教育伦理范畴是蕴涵于教育伦理原则、教育伦理规范、教育伦理教育、教育伦理修养、教育伦理评价等诸多方面的基本概念，诸如：善、恶、义务、责任、慎独、仁爱、合作、敬业等，可以说十分广泛。本章所述的教育道德范畴是指教育伦理学科中涵盖较大对象范围，作为较高层次的更具普遍意义的核心范畴—教育人道、教育公正、教育良心作一阐析，这也是教育者特别是教师在其教育活动中应当具有并践行的教育德性。

一　教育人道

教育活动与其他社会活动的最大区别就是，教育以人为目的，其目标也是为了人的发展以及社会的全面持续发展。在教育活动中，教育的主客体都是人，是通过人来影响人、造就人。所以，在伦理本性上，教育应当是以人道的方式对待人，把学生不仅当作学习者，而且首先是当作一个人来看待，教育原本就应该是人道的、人性的、友善的事业。教育人道是教育伦理的一个根本范畴，因为失去人道的教育当然就是非人性、非伦理的教育，也就失去了教育的伦理内涵。在倡导"以人为本"的今天，实践教育人道主义精神正是社会对教育者的道德要求。

（一）教育人道之必然

人道是一个体现社会文化的范畴。从词源上解释，"人道"的本义是"仁慈的"，即探求人性之根本、本源，本义上是人对自身生命生存样态的自觉、关怀与责任。人道或人道主义作为一项重要的道德原则，突出人的地位、价值和需要，强调人要爱护人的生命，关怀人的幸福，维护人的尊严，尊重人的人格和权利。一个讲道德的社会必然是一个有人道的社会。因之，霍尔巴赫明确地将人道主义称之为"社会道德中的第一个道德"。教育人道是社会人道在教育中的投射、运用和体现。人道主义作为一项道德原则具有意识形态性，与一定社会的经济和政治制度紧密联系，其理论形态也有科学与非科学之别。我们所提出的教育人道范畴是以马克思主义人学思想为基础的。马克思主义主张个人全面自由发展的教育理想，即个人充分自由而独特的发展，劳动者智力和体力和谐发展，包含了深刻的教育人道主义情怀。我们要旗帜鲜明地倡导社会主义的教育人道精神，在实践中使之不断发扬光大。在当今教育界，人们提得很响亮的一句口号是"以生为本"：一切为了学生，为了一切学生，为了学生的一切。这种对每一个受教育者关怀和负责的态度和倾向，实际上就是体现了教育的人道性、为他性、向善性。《现代教育理论》对教育人道主义原则的解释是："在教育过程中，教师应该爱护学生的生命，关心学生的幸福，尊重学生的人格、尊严和权利，使教育过程和教育目的充满仁爱和人道精神。"① 这是教育人道主义在教育者身上的具体体现。

回顾教育发展的历史，对教育人道主义的觉醒和呼唤最初兴起于西方的文艺复兴运动，是人文主义者对中世纪以神权压抑人权、以神性摧残人性以及无视人的存在和需求的教育观念的反抗和变革。它主张实践人文主义的教育理想，重视发展人的智慧和才能，追求个性的解放和自由，从而形成了近代以来最初的教育人道主义形态。夸美纽斯、卢梭、裴斯泰洛齐、马斯洛等这些我们所熟知的教育家的思想中都洋溢着浓厚的教育人道主义的色彩。苏联教育家阿莫纳什维利、马卡连柯、苏霍姆

---

① 朱德全：《现代教育理论》，西南师范大学出版社2008年版，第107页。

林斯基也都是成功实践教育人道主义精神的典范。虽然在他们的教育主张中也存在一些片面性和不成熟性，但却深刻地折射出了人类对自身的热切关注以及对教育人道的恒久期待。19 世纪末、20 世纪初，欧洲出现了"新学校"运动，美国出现了"进步教育"运动，它们都强调教育内部的民主，突出学生的主体地位，重视儿童的真实生活，从而丰富了教育人道主义思想。

尽管在整个资本主义教育发展史上，都有教育人道主义的思想传统。但受政治制度和意识形态因素的影响，资本主义的教育人道主义还是存在很大的局限性、阶级性和不彻底性。所以，马克思恩格斯谴责资本主义教育并非是真正意义上的体现人道的教育，而是"对绝大多数人来说不过是把人训练成机器罢了"。① 这就是说，教育人道主义非但不是资本主义教育的专利，而且社会主义教育也应该倡导教育的人道主义原则，使教育真正回归善的本质，使教育成为富有理性和情感的生活，充满爱与关怀的交往实践。在我国，教育家斯霞的"母爱教育"，以及一些有识之士提出的"愉快教育"、"赏识教育"、"理解教育"等，强调教师要热爱学生，关爱生命，让学生在教育中健康、快乐、和谐地成长，不仅生动地体现了教育的人道精神，而且丰富和充实了现代教育人道主义的内容和形式。

应该说，教育与人道的结合并不是任何外力的强制和人为的嫁接，而是教育本质的内在要求。教育是一项培养人的社会事业，人终究是教育的核心和旨归。这一本质就内在地决定了教育必然要致力于对人的普遍关怀，致力于对人的价值、尊严、权利和自由的追求，致力于人自身的不断发展与完善，而这些正是不同历史时期的人道主义共同的价值取向。因此，教育与人道有着天然的密切联系。教育人道范畴存在的价值合理性根据就在于教育自身。从一定的意义上来讲，教育的价值就是在践行人道主义精神的过程中得以表露与展现的。甚至可以说，越是充满人道的教育就越是具有伦理的教育，越是体现人道的教育就越是具有人性的教育。贯彻教育人道主义原则不仅是教师职业道德的重要组成部分，也是"教育崇善"的必然要求。可以说，"只有教育总体上进行人

---

① 《马克思恩格斯选集》（第 1 卷），人民出版社 1972 年版，第 268 页。

道主义的追求和约束，教育才能真正成为人的世界，成为人的绿洲"。①

　　教育的对象是人，教育培养的目标是把一个自然的人塑造成一个健康的社会主体、具有健全人格的社会成员。因此，教育必须把受教育者视为正在成长中的人来认识和对待，尊重学生的人格尊严，与学生平等的对话和交流，以人性的力量和人格的魅力感染和影响学生，这样才能为教育创造出一个类似大家庭般温暖的人文氛围，才能使教育实践走向丰盈、自由、幸福，才能使受教育者获得精神的养分和道德的鼓舞。

　　当然，教育人道既包含着对受教育者的人道，亦包含着对教育者的人道。师生本是一对平等的依存关系，但教师的地位及其教育威信也是必须要得到尊重和维护的，这也是保持一定的教育伦理秩序的需要。因而，如果教育过程中只注重教师对学生的尊重、关心和爱护，而忽视了学生对教师的尊重、关心和爱护，教师和学生也就不是平等的"人"与"人"的关系，这也是对人的忽视，是一种矫枉过正。教育发展必然要依赖作为教育主体的教育者。一种富有人道精神的教育，必然要尊重人的劳动创造精神，尊重人的权利，关心人的需要，强调人权和人的社会平等地位，也就是尊重人的做人的资格和起码应具有的权利。教育权利既是教育者的基本权利，也是受教育者的基本权利，这两种权利都值得尊重和保护。从这个意义上讲，人道的教育是基于对人格和人之存在价值的肯定，以及对人的劳动权利和创造精神的尊重和满足。人一旦失去了人格也就不再是完全意义上的人，而无视人格的教育必然会失却它的人道底线和伦理基础。

　　在教育人道的伦理学研究中，人们往往都会特别强调教育教学中要突出"以人为本"，重视教师和学生的主体性地位，充分发挥教师和学生在教育实践中的积极性、主动性和能动性。围绕着这个重点，我们所采取的各种措施，其实也都是在为教育活动的主客体创造一个良好的重视"人"的环境。这个环境使得教师和学生身在其中，能够认识到"我"的存在及"我"的价值，而对"我"的认知正是对"人"的认知的开始。这种"关注人"的教育哲学理念是我们在伦理的人道的教育中需要予以显扬和秉持的。

---

①　王本陆：《教育崇善论》，广东教育出版社 2001 年版，第 155 页。

我国教育学学者胡克英在《社会主义人道主义与教育改革》一文中曾提出，我们在教育中所注重研究的内容，首先是人。"人是教育的对象，人的因素第一，不可见物不见人、重物不重人。"① 就社会意义而言，教育要为经济建设服务，但是又不能将其变为导向性思想。教育不仅要为社会主义物质文明建设服务，更要为社会主义精神文明建设服务。在教育中我们不仅要注重学生专业知识的学习，更要注重对于学生精神方面的培养。以人为中心的发展应是 21 世纪教育和文化追求的最终目标，不论在什么情况下，教育的主要目的都是使人类作为社会的人得到充分的发展。而使每个人潜在的才干和能力得到充分的发展，符合人道主义的使命。我们不应再像过去那样，只是从教育对经济发展产生影响的角度，而应以促进人的发展的眼光来确定教育的定义。教育是从受教育者本人出发，又以他的发展为最终目的。教育的目的在于使人从现实状态走向理想状态。这是教育人道范畴中的一个主题性思想。所以，对于受教育者而言，学习一时技能远不如规划一生的幸福。教育人道是要教育走进人，而不是远离人，它要求关爱受教育者的生存状态，教育年轻一代学会生存，提高社会适应能力，保障学习者的学习权利，突破对学生的单向度评价，对学生的需要给予全面、多元的关怀。

在现实生活中，每一个人都是独一无二的，每一个学生都具有不可复制的个体性差异。教育应当对每个个体给予不同意向的指导和观照，尊重人性和个性的差异。培养完整的社会化的人，促进人性的萌发和提升是教育人道的价值所在。

（二）教育人道之内涵

人道是教育的本性，教育人道是教育伦理的重要范畴。教育中的主要关系是师生关系，教育人道自然要通过教师或教育者对学生或被教育者的态度、情感和行为等表现出来。教育人道主义的内涵既表现为教师对学生的爱心、宽容和仁慈，也表现为教师对学生的关心、责任和严格，这是辩证的统一。如果教师对学生仅仅是一种无条件的仁爱和迁就，那就等于说教师在溺爱和放纵学生。因为任何毫无原则和分寸的教

---

① 胡克英：《社会主义人道主义与教育改革》，《现代中小学教育》1989 年第 2 期。

育人道也许都只能是一种美好的愿望，而不能达到对教育对象有问题的思想和行为进行矫正的效果，当然也就称不上是科学的教育人道主义。这是我们在理解教育人道内涵时应把握的一个尺度。

首先，教育者应尊重教育对象的人格和尊严。教育是以人格影响人格的活动。尊重和信任学生，这是为师执教对学生应有的起码态度和行为。一个懂得尊重他人的人，才能赢得他人对自己的尊重；一个要求学生尊重自己的教师，也应使自己尊重学生的人格和尊严。这既是教师具有良好职业道德修养的表现，也是教育人道的基本内涵。从这一意义上讲，在教育活动中，教师不尊重甚至是侮辱学生的态度和行为，是应当予以谴责的。因为这种态度和行为，没有把学生当作一个有独立人格尊严、有为人权利的人来看待，而是任意地去损害或践踏了他们为人的尊严和权利，是对学生人格的漠视和对学生身心的伤害。马克思历来主张把人当作人、当作主体来看待，要"绝对承认人格原则"，反对一切蔑视人，只把人看作某种"手段"、"力量"的说法和做法。所以，尊重学生的人格尊严正是教育人道精神的重要表现。

在教育过程中，尊重学生的人格尊严要求教师确立师生人格平等的观念，禁止对学生进行体罚、心罚和变相体罚。教师应充分认识到，在教育中，作为受教育者的学生，他们也是有感情、有灵性、有理智的活生生的人，他们也有自己的独立人格，有着强烈的自尊心，懂得快乐和痛苦、羞愧和恐惧。没有什么比无视学生的人格和尊严，扼杀和挫伤学生的自尊心、自信心更有害于学生的身心发展。英国教育家斯宾塞说过："野蛮产生野蛮，仁爱产生仁爱，这就是真理，待儿童没有同情，他们就没有同情，而以应有的友情对待他们就是一个培养他们友情的手段。"① 要培养学生的人道精神，教师自身就应树立起正确的人道精神教育观。只有关心尊重学生，才能使学生的道德和智慧得到更好的发展。

长期以来，由于我们的教育过分强调教师的主宰地位，因而学生的尊严和人格不得不屈服于教师的权威和意志，批评和训斥被认为是教师

---

① ［英］斯宾塞：《斯宾塞教育论著选》，胡毅、王承绪译，人民教育出版社1997年版，第124页。

"恨铁不成钢"、对学生严厉的表现。然而，对学生严格要求并不一定是要非常严厉。过于严厉，师生间形同陌路人，学生对教师普遍心存畏惧，敬而远之，心理上经常笼罩着紧张、压抑、自卑、恐惧的阴影。这样，不仅会使学生经常陷入痛苦的心理折磨，而且会造成师生关系的对立和紧张。亲其师，方能信其道。教师一旦失去了学生的信赖，其教育效果会受到很大的影响。教师以人道的方式对待学生，可以培养师生情谊，使教师产生亲和力和向心力。当然，尊重学生并不意味着放任学生，放任学生恰恰是对学生的另一种不尊重，尊重必须与严格要求相结合、相统一。教育人道的目的，在于使学生得到良好的成长和发展，这意味着教师对学生的仁慈中要有一定的教育要求。苏联教育家赞科夫讲过："不能把教师对儿童的爱，仅仅设想为用慈祥的、关注的态度对待他们。这种态度当然是需要的，但是对学生的爱，首先应当表现在教师毫无保留地贡献出自己的精力、才能和知识，以便在对自己的学生的教学和教育上，在他们的精神成长上取得最好的成果。因此，教师对儿童的爱应当同合理的严格要求相结合。"①

其次，教育要走向人性化。人是社会的存在物，人与动物相区别的重要标志在于人具有类的特性，它使人打上深深的文化印记。人性既是一个社会学、历史学的范畴，同时也是一个伦理道德的范畴，是人之为人的根据和人格担保，又是知识、智慧和高尚的化身，所以人性是必须高扬的。在教育中，教育者以人的方式看待人，以人道的方式对待人，才能营造一种人性化的教育生活，才有助于和谐师生关系的形成，也才有助于培养和提升教育对象的人性和德性。正如著名学者贝塔朗菲所说："人不仅仅是政治动物，他首先是个体，这是高于一切的，人性的真正价值不等于生物实体的价值，而是由个人思想发生的价值。"②

教育的目的在于造就理想的人、理想的人性。教育人文精神的起点是对人、人性的理解。"教育是人的教育，是为人的教育。'人是教育的出发点'这一命题背后昭示了一种深刻的人性关系。"③ 教育的本质

---

① ［苏］赞科夫：《和教师的谈话》，杜殿坤译，教育科学出版社 1980 年版，第 30 页。

② ［美］贝塔朗菲：《一般系统论：基础、发展和应用》，秋同、袁嘉新译，清华大学出版社 1987 年版，第 48 页。

③ 牛国林：《论教育人性化》，《渤海大学学报》（哲学社会科学版）2004 年第 2 期。

属性在于引导完满人性的建构与发展，完满人性的生成有赖于教育。教育之所以是必要的、可能的，就在于教育的根本信念是性善。教育追求人性的善，教育培育人性的善，教育更以人性的善为基本前提。一种具有人道的教育应该是一种走向人性化的教育。把人当作工具的教育受到批判的原因，在于这种教育缺失人性，违背了教育的人道原则。人是教育的最终目的，真正的教育应该是青少年成长的摇篮，是生产生活经验个体化的场所，也是开启人性善的天地，这样的教育才是人性化的教育。辩证唯物主义人性观认为，既然人的性格是由环境造成的，那就使环境成为合乎人性的环境；既然人天生就是社会的生物，那就只有在社会中才能发展人的天性。教育人类学在批判传统教育反人性的基础上指出要重视学习中人的因素，把人作为完整意义上的人来看待。因此，教育者要发扬马克思主义的人道主义精神，真正以人道的方式对待学生。人道主义既是马克思主义的根源和起点，也是马克思主义的终点和归宿。马克思主义者的奋斗目标就是人的解放、人的发展。马克思主义的历史使命即是实现人道主义、人道目标。共产主义社会本质上即人道社会，唯物史观的实质也是人道主义，强调"人"的历史性、社会性。马克思主义的人道主义即科学人道主义，是真正为实现人的全面发展而奋斗的指导理论。教育是那种趋向于使人成为人的力量，"教育的目的在根本上就是人的'自我实现'，是丰满人性的形成，是人种能够达到的或个人能够达到的最高度的发展"。[①]

　　因此，人的自我完善、自我实现，既是教育人道主义的最终奋斗目标，也是人类教育始终如一的奋斗目标。践行"使人成为人"的人道精神，实质上就是向教育的终极理想而奋进。正如有学者所说："我们现在对人的认识还往往带有大量的工具主义意识，把人的工具主义的价值看得很重。我们今天的教育不仅仅是社会发展的需要，而同时也是学生发展的需要。整个世界越来越把人的健康、人的人格完善、人的素质发展看成是社会进步的一种标志。"[②] 面向现代化、面向世界和面向未来的学校教育更应注重把青少年培养成具有丰富人性的人。忽视良好人

---

　　① 彭运石：《走向生命的巅峰——马斯洛的人本心理学》，湖北教育出版社 1999 年版，第 239 页。

　　② 刘然：《21 世纪，给孩子一个全新的教育》，《人民教育》2001 年第 1 期。

性和健康人格的培养，忽视培养学生良好的主体意识和价值意识，这都是漠视人的发展的表现，都不能体现教育人道精神的要求。

再次，教师要热爱教育事业、热爱学生。心理学研究表明，每个人生活在这个世界上都有被关心、被爱护、被信任、被尊重的需要，这些需要一旦被满足，人就会产生积极的情绪，从而转化为催人奋进的内部动力。对于正处于成长期的青少年来说，成人的爱尤其具有非常重要的意义。学生是祖国的未来，热爱学生就是热爱教育事业的具体体现。教师只有对学生有爱心，才能精心地去培育学生，教好学生。如果教师对待学生积极热情，关怀备至，充满爱心，学生也会有相应的被爱、被关怀的感受和理解，就会亲近教师，教育效果就会很理想。反之，教师对待学生消极冷漠，不闻不问，学生也会以相应的态度对待教师、疏远教师，这样，就很难取得预期的教育效果。

苏霍姆林斯基在《帕夫雷什中学》一书中说："一个好教师意味着什么？首先意味着他热爱孩子！感到跟孩子交往是一种乐趣。相信每个孩子都能成为一个好人，善于跟他们交朋友，关心孩子的快乐和悲伤、了解学生的心灵。"① 因此，教育爱是一种积极的社会性情感，与教师的理智、道德、情感密切相关，更是教育人道主义的体现。教育是培养生命的事业，教育爱就是一种教育的"圣心"，这颗心导引教育向善，这颗心力图将使每个孩子都拥有幸福的人生。苏联著名教育家、心理学家赞科夫曾言："当教师必不可少的、最主要的品质就是热爱学生。"爱因斯坦也曾说过："对一切来说，只有热爱才是最好的教师，它远远胜过责任感。"② 在教育工作中，教师应当始终牢记这一点，只有给予学生爱，让学生感受到爱、体会到被爱之乐，他们才会学着去爱别人、爱社会、爱国家。

教师具有人道精神，并且用人道精神对待学生，是使学生产生人道精神的前提。苏联教育家苏霍姆林斯基指出："教育是人心灵上的最微妙的相互接触，如果我们希望自己的学生成长为有义务感和责任心的、善良而坚定、温和而严格的、热爱美好的事物而仇恨丑恶行为的真正的

---

① ［苏］苏霍姆林斯基：《帕夫雷什中学》，赵玮等译，教育科学出版社1983年版，第182页。

② ［美］爱因斯坦：《爱因斯坦文集》，许良英译，商务印书馆2010年版，第98页。

公民，我们就应该真诚地对待他。"① 因此，教育者只有满怀着真诚去尊重、关心、爱护学生，平等公正地对待学生，才能真正培养起学生的人道精神。教师热爱学生的这种态度和行为就能对学生为人方面产生深刻的影响。学生在对教师给予他们的关心、热爱中，感受到的不仅仅是爱的温暖，而且能感受到人格的真善美所在，使他们从教师的态度和行为中体验到如何待人，如何为人，懂得真诚合作的价值，感受到人世间生活的美好，从而形成乐观的生活态度和真诚助人的品格。当然，教育是引导学生由不成熟逐步走向成熟的过程。作为一个未成年人，学生难免会发生这样那样的错误，也需要教育者的启迪和帮助。在教育过程中，对学生的过错行为是需要一定的批评甚至处分来加以制止和纠正的。但即便是批评和处分学生，也不能违背教育人道精神的要求。从爱护学生这一人道主义出发，我们要把对学生必要的批评和处分建立在热爱学生的基础上，体现对学生人格的尊重，不侮辱学生的人格，不损伤学生的自尊，不伤害学生的情感，体现出对学生的真诚、善意和希望，使学生认识到过错的不合理性，并受到深刻的教育。

（三）教育人道之实践

教育人道不仅是一个理论问题，而且是一个需要付诸实践的伦理问题。社会主义教育倡导的是人道主义教育，理所当然应该提倡人道精神。但现实教育中，一些教育工作者在对待学生上，还不同程度上存在着各种形式的非人道现象，严重挫伤了学生的自尊心与人格，也严重破坏了良好师生关系的建立。因此，教育中应该大力提倡人道精神，让教育充满人性关怀和伦理热忱。

在传统的教育价值观念支配下，有些教师只把从事教育教学看作是一种谋生的手段，认为它只是一种职业。在这种认识中，人之所以要接受教育似乎只是为了获得更多的物质利益、社会地位和一份好的工作，而教育对于人自身的尊严、价值和人性的提升方面的意义无形之中被忽视和遗忘了。在市场经济的背景下，教育也有了产业化、商品化和市场化的迹象，这对教育人道的伦理原则构成了一定程度的冲击和挑战。在

---

① ［苏］苏霍姆林斯基：《关于教育伦理学的一封信》，《教育研究》1983 年第 8 期。

教育领域，学校成为生产"劳动力"的加工厂，就业的竞争和升学的压力使学生为获得分数和"证书"而疲于奔命，没有了主体性和个性，而是像由简单的毛坯被训练为能熟练操纵知识的机器。为满足工业化生产的需要，学校往往采用统一的方式和教育流程对受教育者进行加工和制作，学生只需学习对社会有用的技术和知识，学习内容较为僵化、教条，将社会需要作为教育唯一的出发点，将人作为社会发展的单纯工具。因学生不听老师的话、未完成作业、考试成绩不佳、出现违纪行为，一些教师运用各种手段对学生进行体罚和心罚，给学生带来肉体、心理和精神的折磨，已经严重背离了"把人当人看"的教育人道精神，丝毫不能显示人类的教育理性和教育自身的"教育性"。

在科学主义思潮的影响下，教育的工具理性逐渐膨胀，教育目的的功利主义、实用主义、物质主义倾向日益明显。由于将学生的考试成绩作为衡量教师优劣的唯一标准，导致人们"只看分数不见人"，只关注学生的考试成绩与排名、关注升学率与就业、关注技能的培训与知识的传授，而不大关心受教育者的健康、情感需求、个性发展、内心感受、兴趣培养和自我实现等更多具有人文意义的价值。在分数面前，学生成了教师获取名利的手段和工具，教育不是追求以人为本，而是以分数为本，教育人道在教育对实利的过度追逐中被消弭了许多。这样的教育已经成了一个没有人性的冰冷冷的世界，至于启迪智慧、开发潜能、涵养心性、促进道德完善的"成人"追求也只能被当作美好的愿望而束之高阁。严峻的现实在无情地击碎人类的教育梦想的同时，也有力地昭示着我们：不论冠以何种名义、教授何种内容、采用何种形式，失却人道约束与追求的教育都将不可避免地偏离教育善的轨道。历史的发展再次呼唤着教育必须弘扬人道精神、构建人道的教育世界，相信"人的回归才是教育改革的真正条件"。[1] 高扬教育的人道精神、确立教育的人道理念、彰显教育的人道关怀应当成为当代教育改革发展的伦理路标。

实践人道的教育伦理精神，要求教师树立"以人为本"的新教育

---

[1] ［德］雅斯贝尔斯：《什么是教育》，邹进译，生活·读书·新知三联书店1991年版，第69页。

观。第一，树立"以人为本"取代"以分数为本"的教育教学思想，在教育活动中增强人的意识、人的观念、人的维度，把促进人的全面和谐发展、社会的协调持续发展作为教育工作的基本出发点和落脚点。作为教育者，不仅要让学生在学习中了解生活，了解社会，获得知识，得到技能，锻炼能力，并形成良好的思想道德品质，而且要鼓励他们顺应社会发展的要求、世界发展的潮流以及时代进步的呼声，进行人生规划和自我设计，把个人的发展、个体价值的实现与社会的需求、社会价值的实现有机地结合起来。教师也要教育学生确立人本观念，弘扬关心人、尊重人、理解人、帮助人、宽容人、发展人的时代精神和人道理念，正确认识和处理个人与他人、个人与集体、个人与社会之间的关系，培养学生相互合作、诚信友爱的积极的情感和能力，从而怀有一颗感恩的心面对生活，给社会和集体奉献爱与善。

第二，要注重调动学生的主体意识，激发学生进行自我教育的主观能动性。教育本质上是人的一种自我建构的实践活动，学生不仅是教育对象，而且是自身发展的主体。任何教育如果没有受教育者的理解、配合和协同，都将成为一种人为的压迫和强制。在教育过程中，如果忽视或无视学生主体的积极性和主动性，只是强调由外到内的植入和灌输，甚至采取简单、粗暴的教育管理手段，就会大大损伤学生的自尊心，也会使教育教学难以取得好的效果。主体性是人的本质，也是道德的本质，是教育回归生活应有的哲学视野。如果说传统的教育是一种听话和服从的教育，是一种压制学生主体性和个性的教育，那么现代教育则要在人性和人道的意义上实行对话和沟通的教育，这是对人的主体意识的自觉和唤醒。

第三，在教育中，我们要树立人权、协商、平等观念，把教育人道精神充分体现于人的工作的方方面面。它既是促进师生共同发展的客观需要，也是建立和谐校园的精神动力。教育人权是实践教育人道主义的重要内容，包括教育者和受教育者的人权。教育权既是教师的权利，也是学生的权利。我国颁布实施的《教育法》和《教师法》，使师生的一般人权都得到了法律保证。教育是否尊重和保护师生的一般人权，是教育文明与否的重要标志。实践教育人道的伦理原则，要求我们教育权利的法律规范转化为道德约束，真正把师生作为有独立人格的人来对待，尊重和保护师生的一般人权。对于教师而言，一种富有人道的教育要确认和保护教师的人身权利、人格权利、政治权利、经济权利、继续教育权利、科研研究权利和其他的自主权利。对于学生而言，最起码要保证"受教育者在入学、升学、就业等方面依法享有平等权利"。国内有研究者认为，各国对受教育权利的规定，可以归结为两个方面六个层次："义务教育方面的就学权利平等、教育条件平等、教育效果平等；义务教育以上的各级各类教育方面的扩大就学范围、竞争机会均等、成功机会均等等等。"①

在教育中贯彻人道主义原则，践行教育伦理精神也要促进学生个性的培养和发展。作为学生心灵的守护者，教师在教育教学的过程中要能够理解学生、关爱学生、鼓励学生，要能够宽容的对待学生。教育人道主义的贯彻，有助于学生个性心理的健康发展。马洛斯认为人本教育的目的在于人的自我实现，教育的重点在于引导人的潜能的实现。"在人的内部存在着一种向一定方向成长的趋向或需要，这个方向一般可以概括为自我实现，或心理的健康成长。"② 他认为教育过程就是促进儿童自我实现的过程。苏联教育学家苏霍姆林斯基针对学生发展与社会主义事业对人才的培养要求提出了"个性全面和谐发展"的观点，将学生的"个性发展"同"社会需要"联系在一起，强调学生的全面发展、个性发展与和谐发展。他在大量的教育理论和教育实践的基础上，从马克思列宁主义关于人的全面发展的基本原理出发，明确提出社会主义教育的任务就是培养"个性全面和谐发展的人"。

所谓"个性全面和谐发展"，意味着体魄的完美、审美的需求和趣味的丰富和个人兴趣的多样。在苏霍姆林斯基看来，个性全面和谐发展是对每一个受教育者的共同要求。因此，教师应认真地去研究如何对待每一位学生，教育的目的在于使青年得到全面和谐的发展，并把青年培养为积极的、能从事社会生产劳动的劳动者。"人的全面发展同掌握高深的知识、同积极的社会活动和劳动活动、同任意选择职业的可能性联系着……。我们认为，要使人的个性得到充分的发挥，就要让他从事他

---

① 劳凯声：《教育法论》，江苏教育出版社1993年版，第105—113页。

② ［美］马斯洛：《存在心理学叹息》，李文译，云南出版社1987年版，第139页。

喜爱的劳动，而且他越深入到这种劳动中去，他的能力和天资就会得到越好的发展。"① 事实上，由于每个人的遗传特征、所处环境、所受教育以及自身努力程度的不同，处于同一发展阶段的不同主体既有共性的相似，又有个性的差异，从而体现出发展过程中的五彩缤纷。他们的性格特点、兴趣爱好、智力能力不可能完全相同，这是教育必须面对的事实。教育者只有尊重每个学生在发展上的差异性，满足每个学生发展中的合理需要，才能保证每个学生的健康成长。

总之，从人道的维度审视教育实践的合道德性，旨在从伦理学的视野，用人的道德本质省察教育活动、规范教育关系，使教育这一人类特殊的实践领域能够最大限度地反映出人的良性、良知和良能，摈弃和避免种种教育暴力、腐败和悲剧的发生和上演，使教育成为世人称颂的一片净土和学生向往的美好生活家园，达到最好地为人的发展服务的目的。

二　教育公正

公正是一种非常重要的美德，古希腊哲学家亚里士多德甚至将其看作是个体美德的全部。公正作为伦理学的范畴，强调的是公平正义，是在调节人们的关系中，出于无私的公心，不偏袒其中的一方而损害另一方应该得到的利益。公正的主体可以是个人，也可以是集体或社会。教育公正是社会公正原则在教育领域和教育过程中的延伸和体现。教育作为一种公共的社会资源，本身就是为全体教育对象服务的，每个人都应享有与其自身能力发展的水平和可能相符的教育机会。所以，教育本身就具有公正的品性，就应赋予公正的德性。社会及其教育者都应当弘扬教育公正的伦理精神，使我们的教育真正符合公正的要求，使教育的发展不断地扩大公正的范围，不断地提高公正的程度。

（一）教育公正之必要

教育为什么需要公正，对这个问题的回答，需要解释制度化教育的

---

① 中国社会科学院哲学研究所哲学译丛编辑部：《关于马克思主义人道主义问题的论争》（译文集卷），生活·读书·新知三联书店 1981 年版，第 130 页。

形式化、规则化特征及其内涵，因为公正是规则的制定和运行的基本原理。制度化教育，不管它具有何等数量的规模或强制性功能，如果它不是公正地运行，那么这种制度化教育的存在就缺乏正当合理性依据，就不会得到公众的认可和积极参与。在制度化教育的前提下，教育发展既要坚持国家取向，又要坚持个体取向，既要追求发展的实际效用，又要追求稳定的公平关系，并实现两者的协调发展，这就是社会转型期人们对教育公正的期待。

随着社会公正问题的产生，教育公正也逐步地进入学术界和理论界的视野。从20世纪80年代我国学者开始关注和讨论教育公正问题，并形成了对教育公正的不同看法。有学者从教师职业伦理层面看，认为教育公正是教师美德的一部分，是社会公正的根本要求在教育活动中的具体体现。教育公正要求教师等教育主体在自己的教育活动中对待不同的学生都秉持正义和公平的原则。也有一些学者从教育制度层面看，认为教育公正不单纯是教师行为问题，甚至主要不是教师行为问题，它是社会公平在教育领域的延伸，特别体现在教育基本制度之中，是教育现代化的基本价值，是每一个社会成员平等地接受教育的权利和义务。教育公正包括教育权利平等与教育机会均等两个基本方面，分为起点公平、过程公平和结果公平三种不同类型。也有学者从价值论的角度来研究教育公正问题。并且明确提出教育公正作为一种价值原则，决定着教育公平的实现方向。认为教育公正具有多层面的含义，是一个社会价值和实践系统。在观念层面，教育公正是对平等的教育权和公平的教育机会的主观价值判断。在市场经济领域，教育公正是使教育资源得到最佳配置的机会平等、竞争平等的具体规则。在社会生活领域，教育公正是一种理想状态，即"公民能够自由、平等分享当时、当地的公共教育资源的状态"。[①]

在当前社会转型期，科学发展观已成为主导性发展观，其核心就是构建社会主义和谐社会，要求各方面的协调发展。而协调发展的价值合理性基础，就是公正。因为有公正，才能有协调；有协调，才能有可持续的健康的发展。制度化教育的具体实施，应该以国家与社会成员（受

---

① 钱志亮：《社会转型期的教育公平问题》，《教育科学》2005年第1期。

教育者）之间的协调发展和受教育者个体之间的协调发展为目标。在此，教育公正为国家与受教育者之间、受教育者个体之间的协调发展关系，提供价值合理性依据，进而成为制度化教育实施的价值合理性原则。如果制度化教育实施离开公正原则，那么这种教育实施只能满足某一方面的发展要求，而有可能损害其他方面的发展要求，那么就无法实现受教育者个体之间协调发展。"发展是硬道理"，教育事业的发展是根本的，教育公正是这种发展过程的公正，而发展是在教育公正原则的调节下的发展。教育公正是教育事业协调发展的根本动力。

教育公正是实现人的发展的重要条件。在现代社会，教育对于任何人而言都是一项必需品，是实现人的发展和事业成功的重要条件和基础。在知识经济时代，社会的竞争其实就是人才的竞争，其很大程度上取决于一个人的智力水平和思维能力，取决于一个人所接受的教育的程度和结果。所以，给每个人平等的受教育机会，让人们尽可能地充分享有受教育的权利，最大限度地实现教育资源的共享，对于人的理想发展是至关重要的手段。人要生存、生活，要立足于社会，甚至要取得成就，跟其所受的教育有着直接而紧密的关系。教育通过向人传授知识文化、生产技能、观念、价值来促进人的社会化，通过挖掘人的潜能、提升人的综合素质、培养人的实践能力来促进社会整体发展、经济平等、缩小差距。可以说，教育公正具有推动社会公平正义的功能，反之，教育不公也会导致社会不公和人群分化。美国哲学家、教育家杜威对教育问题颇有研究，他提出了"教育即生活"、"教育即生长"的观点，认为教育能传递人类积累的经验，丰富人类经验的内容，增强经验指导生活和适应社会的能力，从而把社会生活维系起来和发展起来。一些教育学学者提出教育至少有三种重要的职能：将青年人"整合"到社会及各种成人角色中去的"社会化"的职能；促进个人心理和道德生长的"发展"的功能；同时，在存在经济、社会地位等方面巨大不平等的情况下，教育给人提供公平竞争、向上流动的机会，能够帮助弱势者摆脱他出身的那个群体的局限，能够显著地改善人的生存状态，减少社会性的不公。因而，现代社会的教育，一方面在社会流动、社会分化中具有筛选的功能；同时，又具有稳定、平衡的功能，被视为实现社会平等

"最伟大的工具"。① 在这个意义上，每一位社会成员都应该得到同等的基本受教育权利，即义务教育阶段的受教育权利。因为如果受教育权得不到好的保障，社会成员的发展权就难以保证，从而导致社会性不平等的出现，最终使得人权得不到真正的实现。

从教育对象来说，教育公正就是确保人人都享有平等的受教育的自由权利。人权观念是当今世界十分重视和维护的基本理念，自西方工业社会以来，教育逐渐走向大众化，"受教育权"被普遍确认为一项基本人权，这一点在联合国大会于 1948 年 12 月 10 日通过的《世界人权宣言》第 26 款中作了明确界说。它规定："教育，至少初等教育以及基础教育应是免费的"、"初等教育是义务的"、"而高等教育的入学，应该根据才能对所有人完全平等地开放"。② 第 14 届联合国大会于 1959 年通过的《儿童权利宣言》，更进一步确认了儿童的教育权益。由此可见，推行教育公正是当今世界人们共同关注的一个历史发展趋势。而 2003 年教育部发表的《中国教育与人力资源问题报告》，再次证实了当前社会转型期义务教育阶段财政资源分配的深刻的不均等、城乡之间的教育发展差距、由经济贫富差异造成的教育机会不均等等教育事业发展中的不公平问题。这种教育不公平问题是在追求教育事业快速发展的战略背景下日趋显得严重。发展是社会转型期的根本要求，而涉及社会利益主体之间关系合理性的公平，是社会秩序稳定的必要条件。这样，既要发展，又要稳定；既要效用，又要公平，成为当前社会转型期要解决的教育发展中的两难问题，其实质就是教育的公正困境。

从社会学的角度上看，教育公正包含了社会成员的教育权利平等，教育机会平等和差别平等，以及教育补偿原则等方面的要求。教育权利平等作为教育公正的形式平等，以尊重教育主体的平等为前提，强调法律面前人人都有接受教育的权利和资格。我国教育法中对教育主体和相对方的教育权利与义务都作出了明确的规定，这就为社会成员实现教育权利平等提供了教育法制保障，从而保证了人人都有通过教育途径获得自我生存和发展的基本权利，这是教育公正对推进教育立法和教育人权

---

① ［美］S. 鲍尔斯、H. 金蒂斯：《美国：经济生活与教育改革》，王佩雄等译，上海教育出版社 1990 年版，第 28 页。

② 冯林：《中国公民人权读本》，经济日报出版社 1998 年版，第 25 页。

建设的重大意义。教育机会平等作为教育公正的要求注重实质平等，从总体上来说使每个受教育者都有大致相同的基本教育机会。例如，在义务教育阶段，政府必须确保每个适龄儿童都接受一定程度和质量的义务教育，为其进一步的发展和获取更多的教育机会提供基础。但因为教育机会在目前现阶段还是一种有限资源，无法充分满足受教育者对于教育机会的各种需要。这样，一些更好的教育机会不是所有的受教育者都能享有，教育公正就在于为每个受教育者提供获取这种机会的公平竞争的机会，比如高考的选拔制度，等等。这种更多更好的教育机会的获得不受性别、身份、金钱和权力等因素的影响，而是以"成绩"和"才能"为标准，这就体现了教育公正的差别原则。正如拉斐尔所说："我们要区分公正的不平等与不公正的不平等。如果给有才能的人特殊的奖励或特殊的机会不仅为这些少数人带来重大的好处，虽然引起不平等，而且其结果也改善整个社会普遍的生活水准，包括最贫穷的人的生活水准，那么这一不平等是可以得到辩护的。"①

因此，一方面，人与人总是存在差异的，每个受教育者因其天资不同、家庭出身不同带来的机会是不平等的，而这种不平等并不直接关系社会的教育公正，这种不平等含有天赋的成分；另一方面，教育公正的价值也在于促进每个受教育者获得同等程度的发展，它追求教育起点、过程和结果的平等。这里，就涉及教育公正的补偿原则对促进教育结果平等的意义。因为教育权利、机会的平等并不一定导致教育结果的平等，所以在教育实践中补偿原则要求立足于教育的整体利益，对教育发展过程中形成的不利群体的教育给予必要的调整和补偿，弥补他们能力的欠缺，从而缩小处于不利地位受教育者与获利群体间的教育机会差距，使不利群体普遍地得到由教育公正所带来的益处，进而最大限度地体现教育事业对社会和个体的价值。

（二）教育公正之内容

教育伦理学意义上的教育公正的规范研究，在西方是 20 世纪 50—60 年代教育伦理学成为一个专门学科以后真正开始的。而中国的教育

---

① ［英］D. D. 拉斐尔：《道德哲学》，邱仁宗译，辽宁教育出版社 1998 年版，第 92 页。

伦理学对教育公正的规范研究则始于 20 世纪 80 年代。中国的教育公正观是短短三十年的发展过程中经历了从作为教师职业道德的教师公正到作为教育制度德性的教育制度公正的演变过程。教育公正范围包括宏观上的教育制度本身的公正问题和微观上的教育行政部门、学校、教师等教育制度执行者的管理和行为公正问题。

　　教师的公正。狭义的教育伦理学可以界定为研究教师职业劳动领域内道德意识、道德关系和道德活动的科学。它是研究教师职业道德的学问，是教师道德理论学说、教师道德规范学说和教师道德实践学说的有机统一。进而有学者指出："所谓教育公正，就是在教育活动中，教师要公平合理地对待和评价全体合作者。其中，公平合理地对待和评价每个学生，是教育公正最基本的要求。"① 施修华、严缘华在其主编的《教育伦理学》中也认为：教育伦理学是以教育过程中所出现的全部教师道德现象为其研究对象的，是研究教师道德的起源、本质、发展变化及其社会作用的科学。换言之，它是一门探讨教师道德的发展规律性的科学。基于这种认识，他们指出"教师的公正，是指教师根据一定的教师道德原则和规范，在处理人与人的关系和各种事情时能做到坚持原则，公平正直，合乎道理，没有私心杂念"。② 这两本教育伦理学教科书可以说是代表教育伦理研究初期对教育公正的普遍认识水平。之后，李春秋在其主编的《教育伦理学概论》中也指出：教育伦理学主要以教育过程参加者的道德关系为研究对象，并具体研究作为道德关系的反映和表现的教师道德现象。在这里，教育公正也被理解为教师公正道德。在 1998 年出版的《教育伦理学：理论与实践》一书中，有学者也认为"教育公正，是教师职业道德修养水平的标志"。③ 从我国教育伦理学研究的历史可以看出，教育公正首先是被理解为教师职业道德范畴，是教育者应该具有的一种伦理品质。不过，这样的教育公正认识还是十分狭窄的，不能全面把握教育公正作为教育实施中发生的教育伦理关系的伦理规范的特性。随着教育伦理学的视野从教师扩展到整个教育领域，教育公正的视域也在随之扩展，至少像教育制度、教育政策、教

①　王正平：《教育伦理学》，上海人民出版社 1989 年版，第 165 页。
②　施修华、严缘华：《教育伦理学》，上海科学普及出版社 1989 年版，第 100 页。
③　王正平、郑百伟：《教育伦理学理论与实践》，上海教育出版社 1998 年版，第 198 页。

育过程、教育行为等诸多方面都可以纳入教育公正的范畴来进行研究和审视。

　　教育制度公正。我国教育学学者王本陆在其著作《教育崇善论》中指出：在现代社会，教育公正不只是教师行为的伦理规则，而且是整个教育的基本伦理原则。它规范的不应只是教师，而是涉及整个教育领域，尤其是教育制度和教育过程。在现代社会，教育公正原则的基本主张是教育机会均等，此外也包含着程序公正的要求。认为"教育机会均等是现代教育公正原则的旗帜，是现代社会分配教育资源的基本规范"。① 作者把教育公正问题从教师公正扩大到整个教育领域，关注教育制度和教育过程的公正问题，并且从阶级（阶层）之间、种族之间、性别之间、正常人与异常人之间关系角度论述了教育机会不平等。所以，教育制度公正是教育公正的重要内容。制度是规定了人们的行为模式、生活样式和发展空间；有怎样的教育制度，就有怎样的教育公平。现代社会的教育公平最为重要的是对教育制度公正的考量。因为，教育权利的具体形态并不是固定和一成不变的，不同国家的历史传统、经济发展水平或政治社会制度都不尽相同，教育权的具体要求和内容必须与各国国情相结合，而不能遵循一个模式。正如马克思所说："权利绝不能超过社会的经济结构以及由经济结构所制约的社会的文化发展。"② 还有学者认为教育公正是由教育系统内部公正与教育系统外部公正通过一定的制度形式有机地整合起来的一种伦理实在。教育系统外部公正主要体现的是一种制度上的公正，而教育系统内部公正则主要体现的是一种师生交往实践上的公正。制度化教育条件下，教育是由掌握制度化教育的控制权的国家及其代理者（如政府和获得政府授权的学校等）通过教育制度、教育政策、学校规章给每一个受教育者分配各自"应得"的教育资源和权利的过程。由此，从受教育者的角度来说，教育公正是在教育实施过程中教育制度、教育政策、学校规章等所具有的分配正义。在制度化教育的前提下，教育公正不再仅仅意味着教师个体的公正美德，而是意味着在整个制度化教育实施中通过教育制度、教育政策、

---

① 王本陆：《教育崇善论》，广东教育出版社 2001 年版，第 131—132 页。
② 《马克思恩格斯选集》（第 3 卷），人民出版社 1995 年版，第 312 页。

教育管理等体现的社会公正。

教育机会均等。古代的教育是统治阶级的特权。近代以来，随着社会生产力的发展，大工业革命的出现，工业生产技术成分的增加，要求劳动者必须具备一定的文化程度，才能从事相应的生产劳动，这对劳动人民及其子女接受一定程度的学校教育提出了要求，也推动了义务教育的普及。义务教育的出现，表明劳动人民子女获得了受教育的权利，但教育公平或教育平等不只局限在拥有平等的受教育权。平等的教育权利只是起点的均等，而实现起点平等后，人们还需要追求教育过程中享受教育资源的均等、教育结果的均等。现代教育的发展趋势是，在学习化社会中逐步实现全民教育和终身教育。全民教育和终身教育是相辅相成的，它们共同指向学习化社会。[1] 学习化社会是一个人人学习、人人接受教育，接受适合自己的教育的社会，它彻底打破了特权化教育的不平等现象，给予每个人平等地接受教育的机会。

机会是指社会成员生存与发展的可能性空间和余地。对于每一位社会成员而言，机会是一种资源。教育机会是指受教育者发展的可能性空间，是每个受教育者进入教育机构和参与教育活动的各种条件的总和。据此，教育机会均等可以分为两类：一类是基本教育权利的平等；另一类是非基本教育权利的平等。前者是指社会成员具有获得基本的受教育权利的机会，比如入学机会、享受义务教育的机会、参加教育考试的机会等。这些基本的教育权利和机会由社会在制度上给予无条件的保障，它不存在机会的竞争，符合条件者均可享有。后者是指社会成员具有获得非基本的受教育权利的平等机会，即完全凭借"才能"得到机会。社会成员在符合基本条件的前提下具有参加获得教育机会竞争的权利，而且这种非基本教育权利的机会是平等地按照"能力"、"成绩"来分配的。按照罗尔斯的主张，真正的教育机会均等并不是指平等分配现成的教育机会，而是指根据每个人的天赋能力和社会地位，创造相应的教育机会分配给他们每个人，以此满足所有人的教育需求。为那些"最少受惠者"创造更多的教育机会，实际上就是利用"能力的分配"所带来的利益给予他们的一种补偿，也就是要通过这种补偿形式实现教育平

---

① 冯建军：《公正：教育的内在品质》，《教育评论》2007 年第 4 期。

等。虽然罗尔斯的教育公正观是属于以个人利益为本的自由主义公正观，在社会理念上与我国的社会主义公正观不一定相符，但是其以人的平等为目标的"共同发展"观念，给予我们很大的启示和理论依据，这对我们研究教育公正具有重要的借鉴价值。

所以，教育公正要求教育机会均等，但教育机会均等并不等于教育机会平均，在社会资源有限的条件下，实际上也不可能做到一切平均。机会平等是要肯定每个人都能受到适当的教育，但这并不是说每个人所接受的教育都是一样的，没有任何区别的。我国《宪法》、《教育法》和《义务教育法》等，都明确了公民享有平等的受教育权。所以，教育在基本权利上是平等的。超越这个限度，过度的平等主义，也是一种不公正。正如联合国教科文组织在阐释教育公平原则时所说：教育"机会平等并不等于把大家拉平。机会平等不是不惜任何代价否认个人的基本自由，攻击一个人的完整性或者滥用专家统治的、官僚主义的权力"。"机会平等是要肯定每个人都能受到适当的教育，而且这种教育的进度和方法是适合个人特点的。"① 毋庸置疑，人与人之间总是有差异的。如果不顾这种差异，给所有人以同样的教育，看起来平等，实际上也是不公正的。或者说教育公正包含了完全平等和差异平等。正如亚里士多德把公正分为完全平等和比例平等。完全平等是基于人的同一性给予同样的对待，比例平等是基于人的差异性给予相称的对待，体现实际结果的不平等。因为，按照公正就是平等这一分配原则，如果平等的人占有或分得不平等的份额，或不平等的人占有或分得平等的份额时，那么这就违背了公正的平等原则。所以，公正也是相对的，教育公正只能是保证基本权利、规则和机会的公平，却不是取消人们在公平竞争的基础上所产生的结果的差异性和不平等。这就是说，同等能力的受到同等程度的教育，不同能力的受到不同程度的教育，这是基于个体发展差异的教育公正。

（三）教育公正之实现

教育公正既是个体的行为，也是社会的行为。对于个人而言，教育

---

① 联合国教科文组织国际教育发展委员会：《学会生存》，教育科学出版社 1996 年版，第 105 页。

公正不仅是一种知识和观念，更是一种教育者的美德和能力。这样，才能为公正提供实践的保证。对于社会而言，教育公正首先要成为管理者的价值取向，再落实和体现于教育制度和教育政策之中，然后，这种蕴涵公正取向的制度政策在实践中能够得到有效的执行和遵行。其实，我们不仅需要有公正的教育制度，而且还要能够对这种制度的公正合理性及其实施效果进行评估，以便不断地修正和完善制度。所以，教育公正的实现不只是一种善良意志和美好愿望，更重要的是，它需要个体和社会的美德、能力及其必要的规范建设。在教育已经成为潜在生产力的今天，我们既要提升教育的现代化水平，也要提高教育的伦理水平，前者是教育的物质文明建设和条件改善，后者是教育的文化建设和精神文明发展，二者对于教育的优先发展、对于教育品质的提升、对于提高民族的整体素质和国际竞争力，都是至关重要的。

首先，实现教育管理公正。教育公正原则不应仅仅存在于教育目的所决定的宏观教育体制中，也要贯彻于教育的具体过程中。教育过程的公正指"教师在教育和管理活动中，公平合理的对待和评价全体合作者，或者指在教育活动中对待每一个教育对象的公正和对教育对象评价的公正"。[①] 这是一种中观层面的教育公正。然而长期以来，公正并不是我国教育过程中的主要价值诉求。比如教育管理者在教师面前显得高人一等，给教师的待遇、评价渗透了较多权力、情感和个人因素，致使教师没有获得应有的公正对待。教育者和受教育者之间存在着不平等：教育管理者和教师往往秉承传统的教育习惯把自己置于"绝对权威"的地位，不自觉地认为自己在人格上高于学生，漠视学生独立存在的主体性，学生体会不到平等或人际的公正。而这种教育过程中的不公正涉及教育工作者的道德水平，对受教育者的权利造成了一定程度的损害。

尤为值得一提的是，有些所谓的重点名校，对待学生严重缺失公正意识和公平精神，将学生进行人为的划分，实施所谓的"因材施教"，而实质上是把学生当作学校和教师追逐名利、谋取权力的工具和手段。如在一些学校里，各式各样的等级分班制度越来越多，以分数划分快慢班的做法更是愈演愈烈。在每次大型考试过后以滚动淘汰的方式进行交

---

① 檀传宝：《教师伦理学专题》，北京师范大学出版社2000年版，第70页。

流，这种看似公平公正的方式，背后隐藏的是精英主义、官僚主义的教育观念，是对受教育者的一种严重教育不公，也是对教育公正德性的刻意背叛。这不仅剥夺了学生在同一条件下，公平地接受教育和竞争的机会，更是对人的自尊的一种莫大的打击和伤害。人是存在差异的，学生也有学习能力的强弱，以一时的分数为尺度对学生进行"分类"、"分层"，进而分配不同的教育教学资源，使其处于不同的教育处境和教育地位，是典型的"分数决定论"，这不是"以生为本"而是"以分为本"。这种缺失教育公正的教育举措剥夺了学生共同发展的权利，造成了同一环境下学生受教育机会和条件的不均等，面对的只是少数的所谓的"面子学生"，冷落的是大多数学生，其背后的原因是学校为了自身的"声誉"、"考试指标"而作祟。这种落后的教育观念在今天不仅依然存在，而且还较为普遍，它亵渎了教育公正的伦理精神，也违背了党和国家的教育方针。

事实上无论是管理者、教师还是受教育者，在教育过程中都有其权利和义务，在享有权利和履行义务这一点上大家是平等的。对教育对象进行"级别"的划分，导致他们在教育中的地位和待遇的差别，不仅阻碍了学生正当教育权利的实现，也影响他们充分履行受教育的义务。这种教育管理过程中的不公正是导致受教育者教育结果差别和不平等的重要因素。因此在教育过程中，教育者必须公正地对待所有学生，对不同能力、性别、年龄、出身、智力、个性、相貌以及关系密切程度不同的学生能够做到一视同仁、同等对待。至少要使同一环境下的学生受到同等条件的教育，具有同等的受教育机会，分享同等水平的教育资源，面向全体学生办学，促进所有学生共同发展。这样的教育公正才具有示范价值，才能做到真正落实好教育公正原则。

其次，实现教育行为的公正。教育工作者是实现教育公正的直接实践主体。依麦金太尔之见，一个人具有关于公正的规则、知识是一个方面，而更重要的是必须要有遵守公正的能力和品德。由此，麦金太尔把人类的美德与实践的合理性作为正义理论的重心，认为正义在根本上是对人类美德的追寻。如果说社会的教育分配公正是社会分配者（国家或社会公共机构及其代理者）分配公共利益（或价值）时必须遵守的伦理原则，也是社会分配者的德性，那么教育者的个体公正是每个教育工作者在处理教育活动中的人和事时具有的美德，是践行教育公正伦理的能力和品德。

对于教育者个人来说，公正确实是一种需要修炼的美德。亚里士多德指出："正义是心灵的德行，不正义是心灵的邪恶。"他把正义看作一切德性之总汇，认为正义不是德性的一部分，而是整个德性。在我们看来，正义不仅是一种内在的道德意识，同时还必须体现在外在的行为中，表现为对他人关心的善。这样，实现教育公正当然就要求教师公平地对待每一个学生，而不能因为学生在成绩、性格、家庭、相貌等方面存在差别，就施以不同的态度、情感和行为。比如，在教学中，课堂提问就不能有偏见，进而把课堂发言的机会总是给某些学习成绩好的学生，或老师自己喜欢和欣赏的学生。在这一点上，教师个人的情感应该服从于理性，教育公正正如法律一样，它不是基于情感和偏爱，而是基于理性和平等。然而在现实中，有研究发现，"教师往往将课内80%的问题提请他们心里的'好学生'来回答，这类学生约占学生总数的20%，约有30%的学生没有被提问的机会，特别是10%左右所谓的差生被提问的次数只有优生的1/4，不到班级平均次数的5%"。[①]

学习者总是很在意教育者的评价，教师要公正地评价学生。教师对学生日常学习和生活情况的评价是教书育人的重要手段，学生的成长亦有赖于此。因此，公正地对待学生的知识、能力、品质和日常表现，并予以恰当公允的评价是非常重要的。教师是一种具有示范性的职业，教育活动是言传身教的综合系统工程，教师的公正也会对学生的成长产生巨大影响。教师要充分了解每一位学生，没有亲疏之分。亚里士多德在解释公正原则的时候说，要平等地对待平等的，不平等地对待不平等的。这就是说，对于所有学生在形式上和方式上都应给予同样同等的爱与公正，但是对于一些特殊的弱势学生和特别困难的学生，教师又需要不平等地对待他们，这就是需要给予他们更多的道德关怀和爱心。

再次，实现教育制度的公正。从根本说，教育公正与否取决于社会的制度公正。教育属于公共产品，国家、政府和社会是公共性教育的主体，而社会的教育制度决定了公正的基本结构。罗尔斯指出"正义是社

---

① 胡斌武：《教学伦理探索》，四川教育出版社2005年版，第95页。

会制度的首要价值"，这意味着作为公平的公正是制度所要追求的美德。因此，公正的制度，应该重视和坚持效率和公平之间的统一性关系。"教育公平"是教育分配中人与人之间在分享教育机会、教育权利得到保障、获得教育成就等方面的比较尺度。"教育效率"指与教育资源合理配置有关的教育系统整体功能状况，其中既包括教育的经济绩效状况，更包括育人的绩效状况。从教育实施的意义上讲，"教育效率"指的是教育制度体制、教育管理和教育行为的效率。追求教育效率，是社会、国家发展的需要。国家的发展需要效率，效率的提高有助于发展，有助于摆脱落后的现状，提高综合国力，最终有利于所有人的生活质量和发展。因此，提高效率，意味着增进共同善。教育公平既是教育实施中国家及其代理者合理对待和保障个体利益的伦理要求，也是个体之间竞争与合作的伦理基础。教育制度实施所追求的效率，应该以公平为前提，并始终贯彻公平原则，因为只有公正的教育制度才能最终产生好的效率。而公正的教育制度所追求的教育公平，也应该以保证效率为原则，因为公正不仅是为了保障个体的教育权利，而且也是为了求得最大化的教育效果。因此，教育效率与教育公平既是对立的，也是统一的，必须在二者之间寻找一个恰当的平衡点，这是遵循教育自身发展的规律所要求的。

　　然而，教育效率以能力强者优先，则可能忽视了那些能力弱者的教育需求，从而影响教育公平的实现。教育公平以能力弱者优先，可能会限制那些能力强者获得更好的发展，影响教育效率的实现。这是在教育资源匮乏的情况下，教育公正必然面临的一种矛盾和困境。在教育资源没有得到充分发展之前，要想彻底地解决教育效率与教育公平的矛盾是不现实的。但是，尽管如此，我们还是可以发挥政府的调节者作用，发挥教育制度在协调效率与公平关系中的积极作用。从国情和实际出发，在精英主义与平等主义、公平与效率之间根据现实的需要，寻求一种有效的平衡，努力为人与人之间差别的发展提供均等的机会，确保每个人都得到不同程度的提高和发展。这就是说，实现教育公正要求我们关注教育制度的伦理合理性问题，从而把推进教育制度伦理建设作为教育伦理学研究的一项重要使命。

三 教育良心

教育良心作为教育伦理的一个重要范畴，既是教师职业道德的灵魂，又是教师道德自律的最高实现形式。教育良心不仅是教育工作者应有的道德素养，对个体的成长起着积极的推动作用，而且是整个教育事业良性持续发展的潜在动力和内在机制。它对社会及未来的价值意义已超出其一般的功能。在教育活动中，教育良心主要指的是教师的职业良心和职业操守，是教师职业道德的守护神。可以说，教师职业之所以崇高无比，成为太阳底下最光辉的职业，就是因为有教育良心存在于教师内心。没有教育良心也就没有教育伦理，一个教师一旦缺失了教育良心，也就缺失了对教育至善的道德信念和道德追求。在当今的市场经济背景下，教育良心似乎存在一种缺失的危机，其外在的主要表现是：教育思想上的重智轻德，教育管理上的形式主义和主观主义，教育态度上的得过且过，教育方法上的简单粗暴，以及教育行为上的功利主义倾向等。提升教师的道德水平和道德境界，要求我们在新的历史条件下积极探求教育良心的内涵、道德价值及形成机制。

（一）教育良心的内涵和特征

良心是人类特有的一种道德心理现象，是和义务、责任密切联系的道德范畴，也是义务内化后的自我升华。古罗马哲学家西塞罗说："对于道德实践来说，最好的观众就是人们自己的良心。由于良心是内隐的东西，所以人们往往认为，良心的产生具有某种意义上的与生俱来的先验性。"卢梭说："在我们的灵魂深处生来就有一种正义和道德的原则，尽管我们有自己的准则，但我们在判断我们和他人的行为是好还是坏的时候，都要以这个原则为依据。我把这个原则称之为良心。"[1] 黑格尔说："作为真实的东西，良心是希求自在自为的善和义务这种自我规定。"[2] 美国《韦伯斯特大辞典》对良心的定义是："良心即个人对正当

---

① ［法］卢梭：《爱弥儿》，李平沤译，商务印书馆1983年版，第414页。

② ［德］黑格尔：《法哲学原理》，王哲等译，商务印书馆1961年版，第139页。

与否的感知，是个人对自己行为、意图或品格的道德上好坏与否的认识，连同一种要正当地行动或做一个正当的人的责任感，这种责任感在做了坏事时常能引起自己有罪或悔恨的感情。"在中国最早重视内心道德资源挖掘的先哲孔子，曾经提出观照良心的"仁"的思想。孟子曾以"四端"说来说明人的善良本性。即：无恻隐之心，非人也；无羞恶之心，非人也；无恭敬之心，非人也；无是非之心，非人也；仁义礼智根于心。也就是说一般人都应当具有起码的同情心、耻辱感及对人应有的尊重和对事理的理智判断能力，等等。与西方相异的是，中国传统心性儒学对良心的理解有一种本体的意义，具有一种人可以在其中安身立命的本然实在意义。

然而，在马克思主义看来，良心不过是社会的客观道德义务，经过道德规范从他律向自律的转化过程，而在道德主体的内心深处，以自律准则的形式积淀下来的人的道德自制能力。这样，良心并非先验的情感或理性，而是义务的一种内化形式，所以良心是需要自觉要求并精心养护的。如果从社会生活对人的历史和社会影响角度来说，良心显然是后天的、实践的产物，是人们对社会关系本质的一种道德认知、道德判断和道德观念。所以正如包尔生所言：良心是一种"世袭的智慧"。由此可见，教育良心是社会存在的反映，是社会意识的一种形式，它根源于客观物质世界，是社会生活和教育实践的产物。

一般良心在教育领域的特殊表现形式即教育良心。所谓教育良心主要指的是教师个体在教育实践中，对社会向教师提出的道德义务的自觉意识，对履行教育职责的道德责任感的价值认同和情感体认，以及对自我行为进行道德判断、道德调控和道德评价的能力，等等。马克思指出"良心是由人的知识和全部生活方式来决定的"。[①] 这意味着，教育良心，作为一种道德意识，无论是教师个体的良心还是教师群体的良心，都是对教师所处的客观的社会关系的自觉反映，是教师在履行教书育人的义务过程中产生和形成起来的；作为一种主观的意识形态，教育良心是以教师对客观的职业道德原则和规范的理性认识为前提，是对自身的道德义务的情感体验与认同；作为一种道德责任感，教育良心是教师对

---

① 《马克思恩格斯选集》（第 52 卷），人民出版社 1979 年版，第 152 页。

学生、集体和社会义务感的强烈表现，是把外在的道德律令转化为主体的内在律令；作为一种评价能力，教育良心是主体对外在道德必然的充分把握而达到的一种行为自由状态，是主体道德意志和道德信念的积淀。因此，教育良心是教育主体的道德观念、道德情感、道德意志，道德信念和道德行为在教师职业意识中的综合体现。

这种在教育工作中体现出来的崇高德行，实际上就是教师的职业良心。它反映了教师与社会、教师与学生、教师与同事以及教师与自身之间的道德关系，是教师对这种道德关系的自觉意识和积极实践。就外在表现而言，首先是教师在工作上恪尽职守，教育良心要求教师遵守职业规范，按照社会和教育事业对教师的要求尽职尽责，做好本职工作；它也要求教师不能误人子弟，竭尽全力取得最佳的教育效果，以使良心受到慰藉。教师的工作具有个体性和自由性的特点，而且在一定意义上没有明显的边界和限度。可以说，教师工作是一种"良心活"。这就要求教师自觉工作、自我监督，来持守教育"慎独"的美德。对教育事业的不懈追求又总是关涉到教育对象，热爱学生不仅是教师的天职，更是教育成功的秘诀。它意味着教师必须对教育对象负责，把教育良心化作对学生真挚而宽大的爱。当然，学生的人格成长、知识增长及心智水平都是教师群体合力劳动的产物，所以团结执教、相互帮助是教师职业道德的本质要求。总之，教师恪尽职守、热爱学生、自觉工作、团结执教、严谨治学是教育良心的具体表现，它们共同反映了教师对教育事业的责任和义务意识。

因此，教师的良心与教育事业有着必然的联系，教育良心是对教师职业道德觉解、认同和笃行。概括地说，教育良心主要有这样几个特征：第一，示范性。教育良心是教师职业道德的内化形式，它的形成标志着教师把社会的道德要求已转化为自我的道德意识，成为一种理性精神。教师的言行时时处处也就接受教育良心的指导和内控，使教师在道德规范前"从心所欲不逾矩"。这种良心对教育对象起到了潜移默化的影响力和感召力。第二，内在性。教育良心是隐藏在个体内心深处的一种真挚情感，是一种高度自觉的精神力量，虽然目不能及，却在教育活动中起着导向性的作用。第三，稳定性。教育良心是以道德信念为基础，一旦形成就会成为一种稳定的品质，能够比较深入持久地对人们的行为发挥积极作用。第四，综合性。教育良心包含着理性，是人的理性的一种深沉积淀；又包含着意志，是人的意志力的突出表现；还内含着一种非理性的东西，如直觉、本能、情商等，它是一个综合因素的结合体。第五，广泛性。教育良心一旦形成，其作用范围十分广泛，可以渗透到教育活动的一切领域之中，左右着个体行为的方方面面。第六，自觉性。教育良心较之一般良心具有更高程度的主体自觉水平。主体的自觉性体现在教师思想上的自我警觉，行为上的自我监控，以及道德上的自育自省。

（二）教育良心的道德价值

一般而言，"良心具有使人遵守道德的巨大作用：事前，它通过做一个好人的需要和目的而推动每个人遵守道德；事后则通过良心满足的快乐和良心谴责的痛苦而使人继续遵守道德或改过迁善、归依道德"。[①]教育良心是教师道德人格的守护神，蕴含着教育的伦理精神。它的形式是主观的，它的内容却是客观的。教育良心的实践力量产生的道德价值，体现在它对教师的道德行为起着定向作用，能够增强教师对教育事业的使命感，进而促进主体生命价值的自我实现，并提升教师的精神境界。

1. 教育良心对教师的道德行为起着定向作用

教育良心的形成成为教育主体道德生活的一种内部道德环境，是教师选择道德行为的内在根据，对教师的外在行为起着约定作用，进而成为教育者自身行为的调节器。教育良心在教师的道德行为选择中起着非常重要的作用，在教育道德的自律性中占有主导的地位。因此说，没有教育良心就没有教育道德，教育道德之所以崇高，主要是因为教师有良心、有职业信念。教育良心构成了教师职业道德完整的最强大的内部动力，引导着教师作出正确的道德选择和道德行为。

首先，在教师选择道德行为之前，教育良心成为主体行为的"决策者"，对教师行为起到某种鼓励或禁止作用，对出于教育良心的思想和行为，给予鼓励和鞭策，对违背教育良心的念头和行为则给予禁止和否

---

① 王海明：《新伦理学》，商务印书馆 2001 年版，第 573 页。

定。这使得教师在行为抉择时，遵循一种善良的教育动机，他实施的教育行为必须以有利于教育对象的健康发展为尺度。它肯定合乎教育德性要求的行为选择，否定悖于教育德性要求的动机和行为。在教育活动中，作为教育者的教师在选择自己的道德行为时，都会自觉或不自觉地遵循某种动机，并考虑这一行为对受教育者可能产生的影响和效果。这时，教育良心作为教育主体的内在价值要求，就通过一定的心理机制和心理暗示对教育动机及其行为选择进行价值定性和定向，进行自我检查、自我审视和自我规范。教育良心如同一个道德指挥者，对符合教育德性要求的动机和计划予以肯定和坚持，对违背教育德性精神的动机和计划给予否定和纠正。

其次，在教育行为的进程中，教育良心成为主体行为的"监察员"，对教师行为起到自我监控作用。他随时督促教师按教育良心的旨意行事，一旦发现自己的行为有偏离良心要求轨道的迹象，会立即提醒自己，并迫使自己修改行为方向，朝着教育良心设定的路线行进。由于教师工作大多数情况下是个人性的和自主性的，外部监督的力量相对弱小，这样教育良心的自我督察作用就显得十分重要。这实际上是教师"慎独"品质的一种体现，因此，对于一个真正有教育良心的教师来说，他总是能够听从内在自我的呼声，执行内心的律令，以正当的行为保证学生和受教育者合法权益的实现。在教育活动中，教育良心的自我省察和自我克制是一种自觉的"道德自律"，更是一种内在的自我评价监督机制。当教师为教育事业做出奉献时，它给自己以精神的抚慰和心灵的安顿，即使在牺牲自我利益时，也仍然按照职业良心的指示行事，做到以"事业为重"。所以，教育良心是教师精神人格的守护神，是教师能"捧着一颗心来，不带半根草去"的重要精神支柱。

再次，在教育行为结束后，教育良心又似乎成为教师内心法庭的"审判官"，对教师的行为进行道德自我鉴定。对于合于教育良心的行为，给予安慰或褒扬，使主体产生一种道德崇高感；对于背离良心的失范行为，则对主体进行良心上的谴责或贬斥，使教育主体对自己的过失行为进行真切的忏悔。由此，教育良心成为教育活动中个体在道德行为上进行自我审视的内在价值标准和自我评价能力，也就成为促使教师自我道德完善的强大的内部动力。教育良心在教育伦理的自我评价中，总是与教师的责任感、荣誉感和羞耻感结合在一起的，从而对于教育者自己所作出的符合社会道德规范要求的善的行为，能感到光荣、崇高和问心无愧，并带来精神上的欣慰感；反之，对自己所作出的不道德行为，则感到羞愧和不安，并对自己进行反思和谴责。在教育工作中，提高良心在教师自我评价中的作用，有助于他们在教育中择善弃恶，进行行为的自我控制，提升道德的反思能力。

2. 教育良心能增强教师对教育事业的使命感

教育良心作为一种道德资源和道德影响，对教育事业有着特殊的价值意义。众所周知，教师职业区别于其他职业的最大差异，是劳动对象的不同。教师劳动的对象是有思想有感情的人。教育的目的也就在于培养人。教师工作质量的优劣不仅对学生的一生有着长远的影响，而且对整个社会的发展又是决定性的。所以教师的工作既有神圣性，又有普遍性意义。

教育良心的道德价值就体现在教师对祖国未来前途和命运的深深关切，对自己为现代化建设肩负的巨大使命的自觉意识，以及对学生一生负责的高度责任心。从这个意义上说，教育良心是教师确立人生追求的价值目标，以及作为教育活动主体能动追求道德进步的理想的动力因素。而客观上，教师的工作性质是弹性的，很难用一个具体的标准来量化，教师对学生的工作也没有边界和限度，它的工作的数量和质量往往是与教育良心的水平成正比的。教育成果大多数情况下又是通过教育良心来认定的。教育良心的水平较高的教师，把对教育事业的使命感转化为对教育工作的高度责任感，这种高度自觉的责任意识是教师自觉自愿地为教育对象付出更多的心血和精力。教师收获的往往不是物质和荣誉的回报，而是良心上的宽慰和精神上的满足，这正是教育良心产生道德实效的生动写照。因此，加里宁指出："为了真正地进行教育，不仅要很好地熟悉自己的业务，而且要有纯洁的灵魂。乌申斯基把'灵魂'这两个字理解为教育者的精神面貌，教育者的道德，或者名之为良心。"①

教育良心是推动教师忘我工作，献身教育绿叶事业的精神支柱和道

---

① 王正平、郑百伟：《教育伦理学》，上海教育出版社 1998 年版，第 202 页。

德源泉。需要指出的是，教育良心所呈现的教育使命感在于实行一种蕴涵更多人文科学精神的神圣教育，这种教育的神圣性在于给学生的不仅是知识，而且是智慧，追求的不仅是知识的价值，而且注重学生内在心灵和品格的培养。这种教育理念代表着社会良心，它要求教育肩负的责任向度不仅是对现在和个体负责，更是对未来和整体负责的精神。联合国教科文组织提出由"学会生存"向"学会关心"的转变集中体现了这种教育精神的实质。它使人们不断克服外在的控制而走向内在的自由。这意味着新的历史条件下教育良心依循一种更高的道德目标和价值追求。因此，教育良心更多的是承受自觉的应尽责任。

3. 教育良心促进教师生命价值的自我实现

教育良心的本性不是对道德义务的理性自觉，而是实现教育主体道德的个人价值和社会价值。而教师个人价值的实现又是通过社会价值的实现来完成的。

教育工作的特点，决定了教师价值的自我实现需要通过教育对象来体现。教师良心恪守职业道德的内在精神，教师在创造性劳动中塑造学生的德行和心智，学生成为教师劳动对象和劳动产品的统一体。学生成绩的综合评定显现了教师的教育能力和道德水平，教师也在学生的进步中使自身的价值得以提升。然而缺乏教育良心的教师，既无法真正投身于教育事业之中，也不能体验到教育成功所带来的幸福。教师的劳动既是发挥个人才能的形式，也是他们参与历史创造的活动，以至个人达到自我完善的生存方式。因此，教师只有在教育德性中才能向教育神圣接近，只有在教育良心的引领下，方能实现对自我的超越。正如爱因斯坦所说："不管时代的潮流和社会的风尚怎样，人总是可以凭着自己高尚的品质，超越时代和社会，走自己正确的路。"[①] 如日本就极为重视教育职业伦理的研究，在《道德教育之研究》一书中他们认为，人不仅是现实的，而且还是跨越现实的、创造未来的存在体。人在意识自我现实性的同时，也应自觉意识其本性，而且应在超越现实生活的应有的理想状态下不断地开辟着自我创造的道路。由此推之，作为一名教师，要具有比一般人更优秀的理想人格，他不能以现实性而替自己的弱点辩

① 鲁洁:《超越与创新》，人民出版社2001年版，第258页。

护，只有自我意识到现实性并试图超越它，不断地努力于真实的自我创造的人，才是真正的人，才是教师。

教师的社会价值的实现一般表现在两个方面：一方面是自我能力展示在教育教学和科研上的成就。另一方面是教师精神人格所产生的社会影响和社会作用。因此，教师的价值选择不仅是做"蜡烛"，而且是做"珍珠"，珍珠的特点是既照亮别人，又保全自己、实现自己。教育良心的本质要求不是教育德性的内存，而是教育德性价值的外化和现实化。教育良心的道德价值更在于它蕴含一种超越时代的实践理性。这意味着教师需要以一种面向世界和未来的文化品格和文化心灵，去范导、影响学生的精神生活。它鞭策教师在思想和学识上与时俱进，不断进取，而不至于"误人子弟"。这是由教育事业及其教育对象的发展性所决定的。因此，没有教育良心，不仅没有教育的合道德性，也没有教师对自身精神领域的无限拓展和对理想人格的永恒追求。

所以说，教育良心不仅具有社会价值，也具有个体价值；它实际上意味着一种自我评价机制的存在，为教育行为主体进行自我审视确立了内在价值标准，又以强大的内部动力促使个体不断自我更新、自我完善、自我发展。

（三）教育良心的形成机制

如上所述，教育良心视为教师职业道德的本质规定，并非是一种先验的精神存在，相反，它是一种在客观的社会关系及其教育实践基础上产生的主观意识。换言之，教育良心是教师在道德实践的基础上主动建构的产物。因此，教育良心形成机制可以从主客因素和内外因素两个维度来把握。

首先，从客观上看，教育良心的形成受社会存在的客观条件的制约；从主观上看，教育良心又是主体努力实践主动养成的结果。按照系统论的观点，教育作为一种社会现象，不是一个自身封闭的系统，他与外部环境、社会生活的各个领域有着密切的联系。教师既是知识、道德教育的主体，同时又是社会关系的载体。教育活动是整个社会活动的因子。由此教师的良心受社会的文化价值观及其社会生活环境的浸润是自然的。这意味着社会良心影响到教育良心的形成和水平。比如：一个充满正义，道德水平较高的社会，可能对每一位社会成员的职业道德提供涵养上的环境，进而有利于职业良心的形成。一个对教师在物质、精神和政治方面都给予恰当的尊重，一个人人恪尽职守的社会氛围，显然有利于教师形成较高水平的职业良心。[①] 需要指出的是教师个体工作的人文环境对教育良心的养成有着直接的影响作用。只有当教师不仅在物质上获得保障，而且在精神和心理上获得尊重、支持和安慰，教育良心的形成才会形成一种强大的精神动力和积极的心理机制。教育良心形成的客观因素另一个方面是道德的社会评价。社会评价体现了人们对教师的社会地位，整体形象及良心价值的综合判断。积极正确的社会、集体舆论是教师扬善抑恶，尤其是教师群体良心形成和提高的精神武器。

从主观上看，教师个体良心的形成又是与教师在道德义务的自觉践履中主动建构分不开的。教育良心在一定程度上是教师的道德习惯的养成。离开了教师的道德实践活动，教育行为的善恶既无法产生，也无法改变和升华。因此，教师必须深刻认识社会存在的道德关系，深切体悟自己对学生、社会客观上所肩负的教育责任和使命。

教师也只有在教育教学的实际工作中才能深刻觉解教育良心的真正意义，进而自觉自愿地养护教育良心，并发挥其在教育工作中的实践力量。同时，教育良心是教师道德生活的知、情、意、信、行等心理因素综合作用的整体。所谓"知"就是不断提高自己的教育责任和使命等道德意识；所谓"情"就是不断加强自己的职业道德情感的涵养；所谓"意"就是与克服困难，战胜本我、挑战自我、超越自己所需的道德意志力的培养；所谓"信"就是不断增进主体内心稳定持久的道德信念；所谓"行"就是在道德需要中不断养成一种良好的道德行为习惯。这一系统的发展过程是教师道德水平和道德觉悟逐步提升的过程。教育中的许多现实问题，需要教师从动机和效果上考虑，对照教育良心的要求，进行价值的善恶取舍，使行为选择以有利于学生成长为指归，而在方式上又不会产生背离职业道德精神的行径。这就是说教育良心包含了教育动机和教育效果的统一性，教育目的和教育手段的一致性。教师在教育教学的各个环节，将会体悟到教育良心的存在的必要性和必然

---

① 檀传宝：《论教师的良心》，《教育理论与实践》2000 年第 10 期。

性。这样，教育良心的形成就是教育主体在工作中由理性的自觉到不自觉的滋养和积累过程。

其次，从教育良心的形成的内外机制看，师德教育是教育良心形成的外因，师德修养是教育良心形成的内因。唯物辩证法认为："外因是变化的条件，内因是变化的根据，外因通过内因而起作用。"① 这样，师德教育就是教育良心形成的重要外在条件，师德修养就是教育良心形成的根本内在保证。

师德教育是按照社会对教师道德原则和规范要求，有目的有计划地对教师施加特定影响的过程。教师作为道德教育的教育者，理应先接受道德教育。教师有了德才能给学生真理和美德。师德教育旨在使教师从内心深处以对社会和未来负责的精神来领悟教育工作的终极价值。在他们心目中，教育不是一份工作，而是一种事业。企图实现道德义务的自觉内化，没有对职业道德、教育规律及其科学方法的认知，教育主体将是盲目的，其行为可能是出于服从"假言命令"而根本上却是违背良心法则的。

师德教育有益于教师的道德认识从感性上升到理性，由他律转向自律。比如先进模范人物的高尚道德，是师德的理想典范，对教师具有很强的感染力量，能引起教师良心上的触动和震撼。而在道德教育中，给教师的良心表现及其产生的效应予以客观公正的评价和褒扬又是敦促教师的良心净化和升华的有效激励机制。师德教育的另一个目标是帮助教师确立献身教育的道德信念以及超于现实的人生理想。因为只有一个有自己的人生和人格理想并对自己的这一理想负责的教师，才会有较高的道德或良心的境界，教育良心的作用才会更彻底，水平更高。

师德修养指的是教师为了适应教育事业的需要，在道德品质，道德情感、道德意志，道德习惯等方面进行自觉的自我改造、自我陶冶、自我锻炼和自我培养的功夫。师德修养之所以对教育良心的形成有着根本性的意义，首先在于教育良心本质上是一种道德自律，是教育主体一种自觉自愿的活动。教育良心的形成意味着个体达到一种较高的道德境界，其实质是教师教育人格的凝练，也是师德修养成功较为集中的体

---

① 《毛泽东选集》（第1卷），人民出版社1995年版，第277页。

现。某种意义上说，师德修养的过程，就是教育良心养成的过程。因此，教师应十分重视师德的自我修养和自我教育。正如德国教育家第斯多惠指出的："教育者和教师必须在他自身和在自己的使命中找到真正的教育的最强烈的刺激；对他来说，把自我教育作为他终身的任务乃是一种双重的和三重的神圣责任。"①

其次，教育良心的师德修养之所以重要，其原因还在于教育良心不仅是一种较高的道德觉悟，具有较强的自觉性，而且是一种道德的自制能力和自我评价能力。它需要教师在自我修养过程中，克服个体本然道德与社会职业道德的矛盾，知与行的分离，以及得与失的冲突，实现道德"实然"向道德"应然"的跨越。质言之，教育良心是在教育主体复杂而又艰巨的思想斗争中逐步形成的。师德修养的形成并非是一朝一夕的事情，必须经过长期的教育实践磨炼和坚持不懈的努力才能达成。所谓"习惯成自然"，道德人格是形成于人们的道德交往过程之中的。一个教师既要有"见贤思齐"、"向内用功"的勇气和追求，也要在教育实践中亲身体验和感悟道德的力量，才能培养道德情感、锤炼道德意志、确立道德信仰、提升道德境界，完善道德人格，为教育良心的形成提供纯洁的心灵土壤。

因此，中国传统的尚志、笃学、躬行、慎独、积善、存养、省察克治等修养方法，都值得广大教师在良心修养过程中效仿和借鉴。此外，教师应有知耻心、自尊心、自爱心和自信心，这也是培养和增强教师职业良心的重要道德因素。教育良心的形成在很大程度上取决于个体在教育活动和社会生活中能否自觉地进行道德修养，不断地自我锻炼、自我陶冶、自我教育和自我改造，如此才能把外在的道德律令转化为内在的道德自律，才能形成有效而牢固的教育良心。换言之，真实的教育良心是教师"自家的准则"，只有通过养性、养德、养学、养行等良心修养举措来提升自身的道德境界和精神境界，教育良心方能在教师内心深处不断生长、发展和完善。

---

① 王兰英、闵嘉国：《教师伦理学》，武汉工业大学出版社 1988 年版，第 248 页。

第四章

教育伦理的规范建设

作为教育者教育行为之应然的教育伦理不仅蕴含了教育在道德意义上应有的价值目标、价值追求和价值期待，而且这种应然的教育价值追求是通过教育伦理规范及其教育行为来得以体现和实施的。换言之，教育伦理价值与教育伦理规范之间有着逻辑的一致性和自洽性。伦理价值总是要贯穿于、渗透于一定的伦理规范之中，伦理规范也总是反映着、体现着一定的价值预设，它们在教育主体的教育实践活动中得到统一和实现。因此，探讨教育伦理规范建设问题是教育伦理学研究的重要任务之一。教育伦理规范体系是教育伦理学理论体系的重要组成部分，教育伦理主要是通过教育伦理规范作用于行为主体的，对教育实践具有理论指引、行为约束和价值导向意义。而且，"以善律教"是办好教育的重要条件，重视教育伦理规范建设是教育改革和发展的现实要求，是教育现代化的重要精神保障、思想载体和道德基础。

一　教育伦理规范建设之意义和使命

1. "以真律教"与"以善律教"

在教育实践中，人们有一个基本的信念就是按教育规律办事，按教育规律做好教育工作，这就是我们常说的"以真律教"。但是，掌握了教育规律不一定就能把教育办好、做好。要办好、做好教育，还不能不重视教育自身的道德追求和伦理约束问题，这就是我们所说的"以善律教"。在教育工作中，存在两种不同性质的问题，即事实性问题和价值性问题。① 事实性问题乃是教育是什么、教育怎么样的问题，价值性问题乃是教育应该是什么、教育应该怎么样的问题。教育规律涉及的是教育的事实性问题，教育规律"就是教育事实中同一的东西，巩固的东西，或事物的本质联系，发展中的必然性"。② 人们只有认识了教育活动中的必然的联系，才能获得教育行动的自由，处理好教育的事实性问题。违背教育规律，就会遭到客观规律的惩罚，搞不好教育工作。可见，遵循客观规律，是办好教育的先决条件。人们正是认识到了教育规律制约的客观性，便提出了按教育规律办教育的行动指令。这一指令体现了"以真律教"的科学要求。但另一方面，教育中还时刻存在着价值性问题，即和主观意志、行动目的相关联的伦理问题。例如，把学生培养成什么样的人？什么样的教育是合乎伦理的？教育是关心精英人才的成长还是所有学生的成长？偏爱某些学生是否正当？体罚、侮辱学生是否正当？等等。这些问题主要不是教育客观如何、必然如何的问题。而是在各种可能选择的价值态度上确立教育价值取向，即价值选择问题。教育价值问题不仅客观存在，而且，教育问题更多的是一个价值问题。教育与教学有所不同，教学是传授知识，教育是一种价值引导，其主要是依据一定的价值观而作出的不同选择的有目的的行为。价值选择自然要运用事实性知识，但只从事实性知识出发解决不了价值选择问题，还要诉诸伦理道德、价值观念、利益需要，才能最终确定价值取向。也就是说，教育不仅是一个科学的问题，而且是一个道德的问题，教育在主体性、目的性上是伦理学的教育学。正如海森伯指出的："伦理学是生活的先决条件。因为我们每天必须作出决定，我们必须知道决定我们行动的价值（伦理标准），或者至少隐约地想到它们。"③ 教育生活作为一种理性的生活亦然。事实上，每一种教育体系，每一个教育工作者，都有一些指导行动的基本价值观念或伦理原则，只不过不一定都自觉意识到它们的存在罢了。教育是人的教育，是通过人影响人的特殊

① ［日］大河内一男：《教育学的理论问题》，曲程、迟风年译，教育科学出版社1984年版，第198—222页。

② 孙喜亭：《教育学问题研究概述》，天津教育出版社1989年版，第25页。

③ 赵鑫珊：《科学·艺术·哲学断想》，生活·读书·新知三联书店1985年版，第34页。

实践活动，这种以人为本的教育总是服从某种价值观的指引的，这是客观的教育事实和规律。这种约束就是价值和规范的约束。为了处理好教育的价值性问题，就得以先进的、正确的教育价值观为指导。这是办好教育的一个先决条件。教育伦理的核心问题是教育价值问题。而教育价值是以教育伦理规范为载体的，是通过教育伦理观念、规范来主导教育者的思想和行为，从而实现自身目标的。因此，要办好教育，就不能不重视教育伦理的规范建设。只有以先进的、正确的教育善恶观念为指导，才能真正办好教育。以正确的教育善恶观念来约束和规范教育事业，这就是"以善律教"的要求。

在教育实践中，"以真律教"和"以善律教"又是互相联系、相互促进的。善必须以真为基础，人们越深入认识客观规律，就越能确立先进的正确的教育善恶观念。只有在把握教育科学规律的基础上，才能搞好"以善律教"工作，促进教育善的实现。如果我们对教育规律认识得不够，即使有良好的愿望、善良的意志也还是不够的，没有真为前提，善的目标也无法实现。因为，人们对教育价值的追求，构成了教育实践的动因，但教育价值的实现必须以对教育活动的规律的正确认识为前提才能成功。教育价值目标的确立及其实现，是以教育中主客体及其相互关系的真理性认识为依据的，没有对教育实践中各种要素及其相互关系的正确把握和认识，就不会有成功的教育，也无法使教育的价值目标转化为现实。所以，把握教育自身的规律即"以真律教"是教育实践的客观性原则、客体尺度。

另一方面，真理是有用的，并为价值的实现服务。实现教育价值是教育求真的目的，教育实践也要遵循教育的主体尺度和主体性原则，自觉追求教育善的目标。因此，真同样受到善的约束，人们对价值的追求越合理、越自觉、越深入，也就表明人们对真理的把握越全面、越深刻，也就越能够激发起人们探索真理的热情。故而，"以真律教"和"以善律教"是辩证统一的关系。"在真善美中，善是一个中项，没有这个中项，科学和艺术活动就没有归宿，没有根基，没有家园。"[1]"以

---

① 赵鑫珊：《科学·艺术·哲学断想》，生活·读书·新知三联书店1985年版，第35页。

真律教"的价值归宿恰恰是教育善。探索教育规律，运用它去改革教育现实，最终目的还在于提高教育价值，促进人的发展和社会的全面进步。正是这种善的终极价值，成为人们探索教育规律的动力源泉和精神根基。探索和运用教育规律的过程，必然受到善的约束。在求真的过程中，不能不择手段。如那种为了考试成绩而损害师生身心健康的做法，那种不尊重他人、不实事求是的做法，都是与"以善律教"相悖的，同样会损害"以真律教"。"以善律教"要求求真的过程是合乎道德的，这对教育求真是有力的保护。在运用教育规律时，必须有善的动机和合适的手段，符合教育善的理想。"以善律教"要求教育规律的运用应符合至善的理想，反对出于卑劣的动机而运用规律，反对运用规律时不择手段。"以善律教"乃是"以真律教"的动力、归宿和保障。从坚持和发挥"以真律教"的角度看，"以善律教"同样是必需的。

古代教育中的"以善律教"，主要是教育对社会道德的服从、认同，教育自身并没有独立的善恶观念，是社会道德在约束教育，不是教育自觉提出道德（价值）规范约束自身，因而仍属于道德他律性的"以善律教"。随着社会道德的进步，现代教育的道德约束也有所提高，价值观念较以前先进了。然而现代教育对教育善恶问题的省察还是不够的，没有真正确立现代教育自己的善恶标准，没有认真地实行道德的自我追求和约束，以至于"以善律教"继续停留在道德他律的水平上。因而，在现代教育中，"以善律教"远滞后于"以真律教"，以致真的追求和约束与善的追求和约束在教育中失去了平衡。在应试教育模式中，教育中真的追求和约束与善的追求和约束的失衡甚至演化为教育的"唯科学主义"倾向。"唯科学主义"是现代西方的一种社会思潮。"唯科学主义"在教育学上也扎了根。现代教育学比较重视教育教学的客观过程，追求教育活动标准化、精确化，强调教育活动的逻辑、理性、认知等层面，关心学生对知识、技能、智力的获得；至于在教育教学活动中学生的道德、情感、体验、精神世界的发展，则遭到忽视、轻视。它把按客观规律办教育加以绝对化，把运用教育规律与教育的道德追求和约束割裂开来。现在，教育忽视自觉的道德追求和约束，已经在损害着教育事业的健康发展，甚至出现"学校繁荣、教育衰败"的奇怪现象。因此为了克服教育中的"唯科学主义"的消极影响，就得提高"以善律教"的自觉性和地位。只有给现代教育灌注善的理念精神，以先进的价值观来指引现代教育，才能真正出现教育繁荣，才能克服"唯科学主义"的消极影响，还"以真律教"的本来面目，充分发挥"以善律教"的主导力量，并达到真与善的和谐。

在人类步入 21 世纪的今天，人们已迫切地感觉到加强价值指导和伦理约束的重要性。为了人类有一个更美好前程，必须建立一种具有正确价值观指引的教育，即真正具有善的追求和道德约束的教育。只有高度重视教育伦理问题，并确立适应新时代发展要求的先进的教育价值观和教育伦理规范，才能真正建立适应未来需要的教育，这种教育将帮助人们正确地选择行动的方向、采用新的行动方式。可见，"以善律教"，乃是教育面向世界、面向现代、面向未来的内在要求。没有自觉的善的追求和伦理约束的教育，就无法成为社会进步的推动力量。既然现代教育的发展必须自觉地接受道德的审视和约束，那么，就需要一个明确的行动指令来加以概括和表达，即为现代教育提供一个基本的伦理规范（道德律令）。

2. "规范他律"与"道德自律"

作为实现教育善之必要路径的教育伦理建设在客观上和主观上其实包含了两个基本维度，一是教育伦理的规范建设，它是社会为教育者所进行伦理立法，从而使教育工作者在教育活动中"有法可依"，把遵守教育伦理规范作为社会对教育者的职业道德要求。这种教育伦理规范由社会根据教育工作的性质和特点而制定，在某种程度上是要求教育者必须这样做的，因此它对于教育者的行为选择具有一定的他律性；二是教育伦理的道德建设，这是指教育者从主体性的角度来把握和实践教育伦理精神。因为教育伦理规范实际上是一种教育活动规则、教育伦理要求、教育专业规定。但是这种教育行为规则、教育活动准则的具体实施效果如何，还取决于教育主体对这种教育伦理规范及其精神实质有一个正确的理解和内化，从而把外在的客观的法转化为内在的主观的法，把社会的教育伦理要求转化为自我的教育道德要求，成为一种具有生命内涵的道德自觉和道德自律。这样，教育伦理规范的存在及其价值才能通过教育者的道德追求和道德行为得到现实的彰显。

因此，一方面，教育伦理规范建设与教育伦理道德建设是存在内在联系和一定区别的，不能完全等同；另一方面，不管教育伦理的道德建设多么重要和富有恒久性，教育伦理的规范建设对于教育主体的道德建设，都具有一种优先性和前提性。因为，没有教育伦理规范，教育者的道德自律和行为选择也就没有客观的依据和准则，而在盲目的自我意识支配下的道德选择就难以与社会的价值目标相一致。这就是说，我们要把教育伦理的规范建设与道德建设加以区分，并且懂得教育伦理规范建设对于教育者的道德自律本身也是不可或缺和至关重要的。

规范的教育伦理与德性的教育伦理是密切联系的，因为道德是规范性与主体性的统一，规范强调的是道德的社会性、伦理性和他律性；德性强调的是道德的个体性、自主性和自律性，但二者之间还是存在差别的。其一，从确立的主体来说，教育伦理规范的制定者是社会，所谓教育伦理规范，即是社会对教育活动的从事者所提出的具有"应然"意义的行为规定，它是一种社会立法，是社会价值体系的特殊表达；教育道德的确立者是教育者个人，所谓教育道德，即是各个教育者的自我立法，是教育主体为自身规定的行为之"应然"，是教育主体作为个体的内心法则，它所体现的是一种个人的价值偏好，是个人价值信仰的特殊表达。其二，从功能向度来说，教育伦理规范的意义主要在于为教育者提供一种行为模式和价值导向，它以规则的形式来确立教育者的行为限度，从而确保教育者的行为符合一定的规矩，这是从消极的意义上假设教育者的人性，认为其可能做出有悖于教育善的行为；教育道德主要是通过激励行为主体对善的追求来体现自身的价值意义，这是从积极的意义上对教育者人性的一种假设，认为教育者人性中存在着追求善良和高尚境界的方面。如果说，教育伦理规范主要是昭示教育者的行为"不应为非"，那么教育道德主要是通过提供教育者行为的动力支持系统使其达到人生的某种境界。其三，规范的教育伦理具有一元性，而主体的教育道德则往往具有多层次性。由于教育伦理是一种社会立法，所以它对于全体教育者而言具有要求的普遍性，是教育者必须接受的普遍法则。这些法则虽然在多数情况下不具有法律的强制性，但却具有舆论的强制性。它对教育者一视同仁，一旦确立之后，就体现出一种铁的必然性，在社会范围内进行道德评判，设定"道德""不道德"的最低客观标准，呈现出一元性。和教育规范有别，由于教育道德是各个教育者个体的自我立法，这种教育个体的差异必然逻辑地决定了各教育者主体道德水平的多样性、差异性。

从伦理学的角度说，规范是社会生活中普遍存在的现象，在一切涉及人的活动的领域，总是伴随着相应的规范存在。所以，就最一般意义上说，规范就是一种标准，一种准则。这种标准可以是人们约定俗成的，也可以是人们有意识制定的。由此观之，规范是人们在社会生活领域达成的一种行为共识。同时，规范又是需要人们去遵守的，它具有一定程度的强制性。即"我们通常称之为道德的所有行为，都有一个共同的方面。所有这样的行为都遵循着预先确定的规范。使一个人自身的举止合乎道德规范，这是一个遵守规范的问题，甚至要求人在行动之前就决定在特定的场合应该有什么样的举止的问题。道德的这一领域，也就是义务的领域，义务就是受到规定的行为。"① 道德则包含着客观和主观两个方面的内容。客观方面，是指一定的社会关系对社会成员的客观要求，包括道德关系、道德理想、道德标准、道德原则和道德规范等等，实际上它就是社会的伦理要求。它贯彻到社会生活的各个领域，表现为人们应当遵从的道德准则和伦理守则。道德的主观方面，包括道德行为或道德活动主体的道德意识、道德判断、道德信念、道德情感、道德意志、道德修养和道德品质等。这方面的内容体现了社会伦理的主观性精神，它是把社会伦理规范转化为个人的道德觉悟、道德实践，是个体基于对社会道德理想、伦理原则和规范的认识，逐渐形成的个人道德信念、道德习惯和道德品质。因此，道德作为主观意志的法，在生活中有两种存在状态：一是作为道德主体品质的德性境界；二是作为道德主体行为的德性生活。伦理规范是人们对道德生活内容的规范和规定。伦理，就其本质而言，是关于人性、人伦关系及结构等问题的基本原则的概括。伦理规范与道德是有着一定区别的两个概念，伦理规范范畴侧重于反映人伦关系以及维持人伦关系所必须遵循的规则，道德范畴侧重于反映道德活动或道德活动主体自身行为的应当。伦理规范是客观的、他律的，道德是主观的、自律的。正如马克思所说，道德是人类精神的自

---

① ［法］爱弥尔·涂尔干：《道德教育》，陈光金等译，上海人民出版社 2001 年版，第190 页。

律。当然，两者之间也存在着密切的联系。伦理作为思想关系植根于社会结构和物质关系，又是道德的根源，道德则是伦理的表现和外化。道德是动态的伦理，伦理是静态的道德，伦理与道德相互依存、相互转化。个体道德无论是依循伦理还是超越伦理，它总是在实践着或推动着伦理规范的与时俱进，不断创新。伦理规范实质上是一种社会管理术，它本身不具有价值自足性，虽然我们的生活离不开规范，但是不能被行为主体遵守的规范是毫无意义的。因此，伦理规范的价值基础是道德。社会没有伦理规范，道德选择就没有参照标准，而没有个体道德，社会的伦理规范就只能停留于观念和应然的层次，就无法在生活世界中转化为实然的活的善。

从教育伦理学的角度说，教育伦理学理论有两种基本类型：教育规范伦理和教育美德伦理，这是缘于道德在本然意义上是划分为不同维度的。按照当代美国著名法学家富勒的观点，道德应当划分为"义务的道德"和"愿望的道德"两个方面。义务的道德指的是一个有秩序的社会所必不可少的一些基本原则。愿望的道德意味着人的"至善"的某种概念，实际上，在这里，愿望的道德即是一种美德。① 所谓教育规范伦理指的是教育者应当遵行的最起码的教育伦理规范，它具有广泛的可行性、可接受性甚至某种必须性，是教育人际关系和谐、教育活动良序开展最基本的伦理需要。教育规范伦理关注的中心是作为一个教育者，"我应当做什么"的问题，即什么样的教育行为是合乎教育伦理精神的，是合乎教育善的。任何社会的教育活动都必须依赖一定的教育规则，教育规则就是规定教育者应该做什么和不应该做什么，有了这样的道德规则，教育活动方能"有法可依"。通过教育伦理立法为教育活动提供行为的基本模式和规范，这是教育活动得以正常进行并趋向教育善的基本前提，也是引导教育者走向教育善的第一步。

3. "设定应然"与"昭示依据"

社会伦理和道德之本质是规范性和主体性的统一，亦是他律与自律的统一。教育伦理规范建设必须根据社会要求为教育者设定教育行为之应然，充分彰显伦理规范的社会控制功能。而要使教育伦理形而上的理

---

① 沈宗灵：《现代西方法理学》，北京大学出版社1992年版，第55页。

想和追求得以最好实现，为广大教育工作者认同和自觉践行，还必须向教育者昭示教育之应然的内在依据。

教育伦理学作为一门求索教育善的科学，其价值的实现集中在社会所设定的教育伦理规范为广大教育工作者自觉信守。教育活动本质上是一种价值创造活动，而且"只有当价值表现为一种规范要求时，它才能真正被看作是价值的实现"，①否则就难以体现作为教育实践理性的内在特质。教育伦理作为一种特殊的社会现象，它具体体现为教育伦理价值，教育伦理规范和教育伦理秩序三个层面。但在这三个层面中，教育伦理规范是起决定性作用的。一方面，教育伦理价值以教育伦理规范为载体，没有教育伦理规范，教育伦理价值就无所附丽；另一方面，现实生活中教育伦理秩序的形成，正是广大教育者自觉遵守教育伦理规范的必然逻辑结果。失去教育伦理规范，教育者行为就没有准则，良好教育伦理秩序也就陷于空谈。这表明，教育伦理价值的实现及其教育伦理秩序的形成，都要以教育伦理规范为中介，并达到内在的统一。教育伦理规范在教育伦理生活中的特殊要义，决定了在整个教育伦理建设中，规范建设具有逻辑上的优先性。从规范的要求上设定教育者行为之应然，不仅是教育伦理建设的开端，而且构成了教育者进行道德修养和道德实践的重要内容。

教育伦理规范具有崇善的导向性、评价与鉴定、整合与调控等多方面的功能。教育伦理规范无论是对于教育整体的运作还是对于教育者个体的行为均具有评价和鉴定作用。它不仅体现教育发展的内在需求，也是衡量教育整体价值效度的一种善恶准则。在教育活动中，伦理规范始终犹如一把标尺，评价和鉴定在此过程中是否存在违反伦理规范的观念、思想、理论与事实，为评价教育系统的各个环节、步骤、部门、主体的思想与行为是善的、还是恶的，是先进的、还是落后的，是符合道德进步的、还是反道德的，提供了具有时代精神和普遍约束力的价值标准。这样，它在客观上就有助于教育行为主体择善避恶，使教育实践朝着"合道德性"的应然标准前行，不断扬弃那些不合道德性、违反道德标准的观念和行为。教育伦理规范对教育中的各种要素还具有整合与

---

① 潘自勉：《在价值与规范之间》，《哲学研究》2005 年第 1 期。

调控功能。所谓整合是指伦理规范体系能够使教育系统的各个方面、各个层次、各个机构都在共同价值目标和伦理精神的引导性进行有效的配合、良性互动，最大限度地发挥其对教育实践、教育发展的功效。所谓调控是整合机制下的一种具体的、能动的措施，是借助于规范的力量对教育目标的合乎需要的适时调整，对教育内容、教育方式或者教育机制因地制宜、因时制宜的改造和评价，从而实现教育活动功效与教育道德进步的统一，使教育实践活动能够朝着教育伦理规范所要求的方向不断开拓。

通过教育伦理规范建设，设定教育行为之应然，是引导教育者向善而行的首要任务，也是教育主体自觉履行道德义务、担当道德责任、提升道德境界的重要手段。伦理规范在其形式上是一种行为准则，有了它，人们对待行为善恶的倾向性就更加明确了。教育者对教育对象进行教育工作，包括处理教育中的各类关系，不仅有了一个是非、善恶、好坏的判断标准，而且可以借此把握行为的一般边界。

伦理规范作为准则是人们对教育本质的道德认知，是一种教育理性，又是走向文明的形式。正是这一准则可以认定某一行为只能是这样的而不能是那样的，因而教育伦理要求教育者应该这样或不应该那样，它使教育者的伦理性存在获得自由。更进一步，教育伦理规范还包括了教育者作为一种角色所担当的义务和责任。这种义务是由教育者的特殊身份所决定的，只有履行了职业义务的教育者才是有德的教育主体，相反违背教育义务的规范就会导致道德的缺失，甚至是缺德的人。

如果从责任的高度来认识和践行伦理规范，那就是在道德义务基础上的一次升华，因为义务较多地表现为外在的道德要求，而责任则是把这种外在的要求转化为内在的要求。因而，教育伦理规范有助于培养教育者的道德责任感和荣辱感，它能与个体的道德信念和道德情感结合而成为行为主体服膺的"道德律令"。

进行教育伦理规范建设，就是要设定教育者行为之应然。这种应然集中体现了社会对教育者的价值期待，是社会对教育者的行为导向和伦理规范。但这种应然要转化为新的实然，除了客观的制约影响因素外，其中教育者是否对这种"应然"产生心理认同和情感共鸣，是其能否被教育者自觉选择、自愿遵行的先决条件。这就要求在教育伦理的研究和建设中，不仅要以规范导引教育者在教育活动中应该如何，而且应进一步告诉他们为什么应该如何。即不仅设定教育行为之应然，而且向教育者昭示这种应然之内在依据，为教育伦理规范由应然向实然的转换创造条件。任何规范都是针对特定的主体而制定的具有特定内涵的精神实体。诺斯指出，职业伦理规范是作为一系列被制定出来，旨在约束主体过分追求福利或利益最大化的个人行为的规则、守法程序和守法行为的道德伦理文本。罗尔斯认为，职业伦理规范应当是"一种公开的规范体系，确定职业者的定位以及他们的权利、义务、权力、豁免等。这些规范指定某些行为类型为被允许的，另一些则为被禁止的，并在违反出现时，给出某些惩罚和保障措施"。[①] 因此，职业伦理规范是特定职业伦理价值理念、责任义务关系的文本化体现，是一系列对职业者具有普遍约束、引导、教育和奖惩效力的行为规则的文本总和与制度安排。

教育伦理建设的实践表明，只有当教育者对教育行为之应然的内在依据有了深刻的认识和正确的把握，他们的行为才能最大限度地趋于至善的境界。因为，人是具有自由理性和主体精神的高级动物，"他们即使在为生命而斗争的时候，也是在他们知道为什么的时候才斗争得最卖力气。"[②] 如果说，在人类理性认识能力处于尚不发达时期，社会的伦理秩序依靠麻醉性的宗教神谕等外在强制尚可维持的话，那么在人类理性认识能力得到极大提高的现代社会，没有他们对社会要求的合理性和科学性的认同，是很难使其有效内化并自觉遵行的。因此，教育伦理学不仅要为教育者设定行为规范，而且应关注其内在的合理性研究，即要向教育者阐明所设定的教育之应然的科学依据，探寻教育者接受这种内在依据的机制，这是实现教育行为之应然向实然转化的必要条件，也是教育伦理学研究由传统到现代转变的重要标志。

教育伦理属于职业伦理的范畴，它既包含着人们在职业生活中处理各种关系的原则和规范，也蕴涵着人们应当依照一定的伦理原则来规范

---

① ［美］约翰·罗尔斯：《正义论》，何怀宏等译，中国社会科学出版社 1988 年版，第 50 页。

② ［美］悉尼·胡克：《理性、社会神话与民主》，金克等译，上海人民出版社 1965 年版，第 3 页。

行为的深刻道理及其职业伦理意识和职业伦理行为。《中国大百科全书（哲学卷）》对职业伦理的定义是："在职业范围内形成的比较稳定的价值观念、行为规范和习俗的总和。它是调节职业集团内部人们之间关系以及职业集团与社会各方面关系的行为准则，是评价从业人员职业行为善恶、荣辱的标准，对该行业的从业人员有特殊的约束力。"因此，教育职业伦理是同教育者职业活动紧密联系、符合教育职业特点要求的价值准则和行为规范的总和，也是一般社会伦理在教师职业活动中的特殊要求，体现着教育职业者对社会所负的道德责任与义务。教育职业伦理具有社会伦理的一般性和教育职业道德的特殊性等特征。教育伦理规范作为教育伦理的重要制度形式赋予了教育者对待教育中的人和事应该具有的态度、情感、意志、信念、理想和行为，也蕴涵着教育者应负有的道德义务和责任。但是，这些义务和责任与教育权利的关系怎样，为什么教育者需要承担这样的道德义务，其对教育事业成败得失的意义是什么，教育伦理规范体现着怎样的时代精神和社会价值观等等，都需要进一步加以揭示和阐释，从而使教育者能够对之产生正确的认识和觉解，能够把外在的社会道德律令转化为内在的自我道德律令。

所以，向教育者昭示教育伦理规范的内在依据和逻辑规律，不仅是为了让他们明确作为一个教育工作者应当怎样做和必须怎样做的道理，进而懂得如果违背教育伦理规范就会受到相应伦理制度和规则的制裁，而且也是为了进一步告诉教育工作者应该怎样做才能更好，更有德性，从而使他们自觉自愿地依循伦理规范昭示的方向和路径去追求最大的教育善，在教育实践中始终以社会主导的价值观为现实指导，共同构建和守护教育者美好的精神家园，塑造令社会称道和受教育者景仰的理想人格。

二 教育伦理规范之合理性要件

作为社会所设定的教育者行为之"应然"的教育伦理规范，要想在社会生活中实现目标、体现自身的价值意义，就必须要通过教育者的实践把形而上的观念转化为形而下的"实然"。而这种"应然"向"实然"的转化又受制于客观和主观等诸多方面的因素，其中，教育伦理规范本身是否具有合理性是至为重要的。早在两千多年前，古希腊著名思想家亚里士多德在对法治下定义时就指出："法治应包含两重含义：已成立的法律获得普遍的服从，而大家所服从的法律又应该是制定得良好的法律。"① 这就启示我们，伦理规范的实际效力在于其被社会成员普遍认同和遵守，而前提就是它必须是合理的、道德的；一种教育伦理规范是否具有现实的合理性，决定了它有无存在的根据；这种合理性的程度如何，则直接关乎其为教育者所信守的程度。这种教育伦理规范的合理性主要包括形式合理性和实质合理性两方面。

（一）教育伦理规范的形式合理性

教育伦理规范的形式合理性是指根据社会对教育者的普遍性要求来制定出教育活动的行为准则，其在体系结构上具有完整性、和谐性和自洽性，而且在现实生活中也具有可行性、针对性和可操作性。具体言之：

首先，教育伦理规范在精神实质上必须契合社会对教育者的价值期待。教育伦理规范作为教育者行为之"应然"，作为教育者行为的"指挥棒"和"调节器"，具体引导着教育者不断趋于社会设定的价值目标体系。因之，在教育伦理活动中，作为引导和规整教育者行为的教育伦理规范，虽然其外在形式表现为一系列要求人们"应该"和"必须"的规则体系，但它却内在地蕴涵着社会对教育者价值上的期待和厚望。任何社会所规定的教育伦理规范，都蕴涵着社会对教育者的价值期待，都是实现社会对教育者价值期待的工具和手段。因此，规范与价值应保持方向的同一。从发生学的视角而言，教育伦理规范是社会对教育者行为具有伦理意义的规定，蕴涵着社会对教育者的价值要求，所以它并不是研究者主观臆想的产物，也决非教育行政部门心血来潮所为。作为人类文明传承的必要条件，教育实质上是引导被教育者进行某种价值追求的活动。为了达到这种活动效益的最大化，社会不仅规定了被教育者的行为模式和价值取向，而且必然对教育者存有某种价值期待。这种价值期待作为一种形而上的预设，必须借助于一定的载体方能得以实现，这

---

① ［古希腊］亚里士多德：《政治学》，吴寿彭译，商务印书馆1981年版，第199页。

一载体就是教育伦理的规范。

教育伦理规范必然蕴涵社会对教育者的价值期待这一实质，实际上正是教育伦理规范具有形式合理性的一个要件。如果一种教育伦理规范和社会对教育者的价值期待不相符合或者背离了社会对教育者的价值期待，那么它就无权表达社会对教育者的行为要求，就不具有最起码的形式合理性，也不能在道德上有效引领教育者认识和追求教育善的真谛。由于教育伦理规范并非天然存在，而是通过一定的部门或个人来制定的，因而规范的制定者只有准确领悟和把握社会对教育者的价值期待，并依据这种价值期待来设立教育伦理规范，才能保证教育伦理规范与社会价值期待的一致性。否则，就会导致教育伦理规范所蕴涵的价值偏离社会所期待的价值，不能确切反映社会的价值要求，从而不具有起码的形式合理性。

要使教育伦理规范符合社会的价值期待，一方面，要确立自觉的道德批判意识，这一道德批判意识，乃是教育伦理规范生成的价值保证，也是合道德性教育伦理规范的逻辑起点。只有确立了这一意识，才可能自觉地以道德价值引领教育伦理规范的生成过程，从而使其与社会主导价值保持最大程度的契合。当人们由于主客观的原因而对社会之于教育伦理规范的价值意蕴把握失准，就要求制定者以自觉的道德批判意识对教育伦理规范予以必要的审视和校正，以使其最大限度地蕴含和体现社会的价值期待，从而从价值上确保教育伦理规范的合道德性。另一方面，在建构教育伦理的规范体系时，必须使社会对教育者的价值期待成为其内核，将是否符合社会的价值期待作为评价教育伦理规范合理性的标准之一，并努力提高规范制定者领悟社会价值期待的能力，为教育伦理规范最大限度地契合社会的价值期待提供认识能力方面的保证。

其次，教育伦理规范的确立在可行性上必须以教育道德国情为现实基础。之所以要从教育道德国情出发来制定教育伦理规范，是因为教育伦理规范虽然在形式上是一种主观的道德意识，但客观上它又是现实的教育伦理关系和伦理生活的反映，是人们在对教育道德事实理性把握基础上主动构建的产物。按照马克思主义的观点，伦理规范作为社会意识形态的一部分，是一定社会存在和物质条件的反映，是人们实际生活的思想表达，与社会的经济结构、政治结构和文化结构有着紧密的联系，是由社会物质关系决定的思想的社会关系。正如恩格斯指出的："人们自觉地或不自觉地，归根到底总是从他们阶级地位所依据的实际关系中——从他们进行生产和交换的经济关系中，获得自己的伦理观念。"①思想的上层建筑必然要与政治的上层建筑相契合，必然要反映一定的社会经济基础和社会基本结构，这是历史唯物主义的方法论。就是说，我们所确立的教育伦理规范其形式合理性和现实可行性的要件之一，就是必须立足于社会现实及其教育道德国情，从而制定出反映教育本质要求的道德体系。从教育道德的特殊意义上说，确立教育伦理规范的宗旨在于引导教育者超越教育道德之"实然"而趋于更高的德性境界。因之，对教育伦理"实然"之把握，即对我国现实教育道德国情的研究和认识，应该成为确立教育伦理规范的出发点和立足点。

从中国具体的教育道德国情出发确立教育伦理的规范体系，就必须坚持一切从实际出发、实事求是的原则。一般而言，一定的教育伦理规范有两类基本的现实条件：特定的社会结构关系和政治经济制度和特定的教育道德国情。前者对于教育伦理规范具有本体论的决定意义，它必须反映社会经济利益关系，与社会主导的价值观念保持吻合，这样才能取得实际的合法性。而后者对于教育伦理规范的影响也是不可或缺的，特定的教育道德国情可以说是教育伦理规范生长的"第二土壤"。作为教育伦理存在的内部环境因素，教育道德国情乃是我们在确立教育伦理规范时必须面对的一种客观存在。因为，尽管历史的发展在制度层面上可能超越某些阶段而进入更高的社会形态，但受物质生活状况制约的道德国情包括教育道德国情不可能随之实现这种飞跃。因之，在思考和设计教育伦理规范建设的时候，应当准确而全面地把握现实的教育道德国情和教育者的德性状况，而不能只是从现实的政治经济关系上找根据。只有不仅从社会的政治经济关系出发，而且也从现实的教育国情出发所确立的教育伦理规范，才具有现实的依据和明确的针对性，从而才能有效地把握广大教育工作者并实现自身的价值意义。只有从当代中国现实的教育道德国情这一土壤中生长出来的教育伦理规范，才能充分体现教育伦理的中国特色、民族特色。

---

① 《马克思恩格斯选集》（第3卷），人民出版社1995年版，第434页。

根据教育道德国情来制定教育伦理规范，就是要在中国社会的大背景下把握教育道德国情。教育道德尽管有其相对的特殊性和职业性，但它毕竟离不开社会这个大环境，因此要从当代中国社会发展阶段来研究人们的道德状况及其对教育道德的影响，全面把握教育者的道德水准及其差异性。同时，要以新的时代精神引领教育伦理规范的价值取向，使之能够服务于当代中国的教育道德建设。正如博登海默所说："一个法律制度，如果跟不上时代的需要或要求，而且死死抱住上个时代的只具有短暂意义的观念不放，那么它就不可能有效地发挥作用。"① 因此，必须从历史的实际出发，在针对教育道德所存在的问题的过程中去寻找解决问题的办法。这种基于中国教育道德的现实所确立的教育伦理规范，才可能因其具有现实的合理性和明确的针对性而把握广大教育者，从而成为他们教育活动中的伦理路标。

再次，教育伦理规范体系在内容与要求上必须和谐一致。教育伦理规范的功能在于对教育活动的规整调控，保持教育世界的自由和有序。而教育活动自身的特点决定了教育伦理规范必须具备完整而和谐的特点。其一，教育活动的多主体性和特殊性决定了教育伦理规范必须具有完整性的特点。教育活动的主体是一个广义的范畴，它不仅指学校的教师，而且也应该包括家长、领导、组织、政府和政党等。对于这些不同对象的教育主体，都应该有相应的教育伦理规范对其教育行为给予必要的约束和规导，而不是只针对教师提出道德要求。虽然，所有的教育工作者都存在一个共同的伦理规范基础，这种由教育的共同本质和一般要求所决定的。但是对于不同职责的教育者，其教育伦理规范也还是存在一定差别的。例如，社会要求所有的教育者无论面对何种教育对象，都应该注意自身的榜样示范作用，都应该使自身的行为符合自己所表达的价值主张，都应该公平公正地对待每一个教育对象。而对于不同岗位的教育主体而言，社会又必然对他们具有不同的要求。例如，对学校的教师而言，其教育活动的最高价值追求是学生的全面发展；对于学校的管理者而言，其教育伦理取向在于办人民满意的教育，体现教育管理的人

① ［美］博登海默：《法理学：法哲学与法律方法》，邓正来译，中国政法大学出版社1999年版，第326页。

性化、民主化和服务意识。这种不同的要求就构成了教育伦理规范的多样性，从而也决定了教育伦理规范应该是一个完整的体系。

　　从具体的教育活动来看，其不同于其他职业活动的特殊性也决定了教育伦理规范应该是一完整的体系。以教师劳动为例，其工作内容的丰富，工作对象的多样，以及工作的个体性特点，需要对教师在不同时间、不同内容、不同对象的教育行为都进行伦理的规定，都应提出不同特点的道德要求。例如，对于不同层次、不同类型和不同性质的学校，教育伦理规范对教育者的具体要求是存在差别的。教师在教学、科研、社会服务方面，教育者在处理师生关系、同事关系、家校关系方面，都需要有相应的伦理规范和伦理要求，这也决定了教育伦理规范是一个完整的体系。实际上，从纵向上来看，由于教育者道德水平和道德境界存在着个体性的差异，教育伦理规范还应是一个由低到高的递进式序列，这样才能对不同的教育行为主体都产生导引作用，才能全面担当起对教育活动的道德调控。

　　其二，就教育伦理规范自身的关系而言，教育伦理规范还必须具有和谐性的特点。如上所述，教育伦理规范只有组合成为一个完整的体系结构，才能全面担当起对教育者活动的伦理调控之重任。其实，教育伦理规范要完成自身的使命，其内部的各个要素之间还应该是和谐一致的。马克思在谈及法律规范体系内部的和谐性时这样说道："在现代国家中，法不仅必须适应总的经济状况，不仅必须是它的表现，而且还必须是不因内在矛盾而自己推翻自己的内部和谐一致的表现。"① 当代著名的自然法学家富勒在谈及对法律的道德评价时，也将"不矛盾"作为法律必须具备的八个因素之一。② 如果法律规范存在着内在的矛盾，那它就自己"推翻"了自己。马克思和富勒对法的这一要求和论述，同样适用于我们对教育伦理规范的要求。作为一种昭示教育者"应该"如何的行为要求，形式化教育伦理规范体系必须避免自相矛盾，以达到系统的和谐统一。如果教育伦理规范自相矛盾，那么教育者要么无所适从，要么避难就易。而且，教育伦理规范将因自相矛盾而丧失规范的是

---

① 《马克思恩格斯全集》（第37卷），人民出版社1972年版，第488页。
② 沈宗灵：《现代西方法理学》，北京大学出版社1992年版，第60页。

非标准，教育伦理规范将无法操作、无法实现。这说明要求教育伦理规范的和谐一致，不仅是教育伦理规范形式合理性的要求，而且成为教育伦理规范存在的根据之一。

从教育伦理实践来看，之所以将这一要求作为教育伦理规范形式合理性的要件，还因为，虽然从一般意义上而言，教育伦理规范有利于教育者做出善的行为选择，但现实中确实不乏教育者面对不同的教育伦理规范而行为无所适从的事实，这就在客观上要求教育伦理规范作为一个完整的体系，内部必须是和谐的、相互协调的，而不能相互冲突、相互矛盾。例如教育伦理规范一方面要求教育者应该十分注意自身行为的伦理效应，努力使自身成为被教育者所效仿的榜样；另一方面教育伦理又要求教育者在教育活动中的所作所为应该是其真实人格的反映。作为一个好的教育者，他应该将两者加以有机的统一，他所展示在被教育者面前的是其真实的人格，而这种真实的人格又是值得被教育者效仿的。但是，如果对于个人人格并不理想的教育者来说，教育伦理规范这两方面的要求往往使其面临行为选择中的两难。如果按照教育者必须真实地展示自我的要求，那将产生不良的伦理效应；而如果为了避免这种不良的伦理效应而不真实地展示自我，就表明教育者具有双重人格。在这种教育者身上，要求他展示真实的自我和要求他注意自身行为的伦理效应，是存在矛盾的。这就启示我们必须关注教育伦理规范体系内部的和谐性、协调性。

最后，教育伦理规范要体现职业的特殊性和可接受性。伦理规范是普遍性与特殊性的统一。其普遍性是指它的可普遍化，要求它适用于所有普遍属性相同的境遇。伦理道德规范是社会需要、目的的表达。社会目的是特定境况、条件和范围（社会的历史和现实的物质生活条件）中产生的利益需求。它具有相对稳定性。所以，只要产生社会利益或需要的境况、条件和范围不变，社会目的也就不变。对于社会目的之表达的伦理道德规范就能反复适用于相同的境况、条件和范围内的各个行为，即可普遍化。它可以适用于条件相同的任何人。而其特殊性是指伦理规范从时空的角度看，它总是在一定历史时期、一定的范围和地域条件下，针对某一特殊对象或人群的要求，呈现出时代性、社会性、阶级性、地域性、行业性等差异和不同。这样，教育伦理规范作为一种职业道德规范是社会伦理规范的一个特殊部分，它只是针对教育职业中的教育者而言的活动准则。我们不能用其他行业的职业道德标准来要求教育工作者，也不能用教育伦理规范来对其他社会人员提出同样的要求。这就是说，形式上教育伦理规范既对教育职业中的人员具有普遍性的约束力，同时它也只能是在教育这一特殊行业、特定范围内的一种伦理要求。否则，就会导致教育伦理规范的泛化，或使之缺失基本的专业性特色。教育教学首先是一种道德的和伦理的专业，新的专业精神需要重申以此作为指导原则。在现代社会的教育教学伦理规范中，专业化和专业精神应围绕其对教学和学生学习的道德定义而达到统一。

从行为主体及其价值实现的意义上说，教育伦理规范的形式合理性也包括了它具有一定的可接受性，即能够被广大教育者认同并得到遵守。一种教育伦理规范如何不能被广大教育者认同和接受，就意味着它不具有最起码的形式合理性，或是因为它的文字表述存在问题，或是它没有真正反映教育职业内涵的伦理精神。而合理的教育伦理规范，因为它是符合广大师生员工的利益的，也能为人们所接受，可以得到绝大多数人的支持和遵守，这样，其效力才可能持久而广泛。反之，不符合广大师生员工基本利益（目的）以及教育目的的教育伦理规范，无论其具有多么华丽的辞藻，都是不能为人们所接受的，更得不到遵守，就算强制执行，效力也不可能持久。符合教育规律及其教师和学生成长发展要求的教育伦理规范不仅是正当的，而且具有社会公共精神，也是能够存在和可接受的。因为，教育概念首先是一个道德概念，教师的专业特征首先是以道德要求为基础的，教师专业道德是教师职业的基本规范，是作为教师所必须具备的最起码的专业准则。在教育共同体中，由于人们在其中所起的作用不同、担当的角色有别，因而不同角色的行为规范的内容也不同，从而不同的角色也就有不同的伦理道德规范要求。例如，管理者、教师、服务人员等都有各自不同的角色和伦理要求，但在追求教育善、促进学生发展和教育道德进步的目标上却是一致的，他们都必须接受作为一名教育工作者所应遵守的基本的共同的教育伦理规范，正是基于这一共识，一种教育伦理规范只要是合理的，就能被教育者认同和接受，只要它能够被广大教育者普遍认同和接受，就表明它是具有合理性的守则。

（二）教育伦理规范的实质合理性

所谓教育伦理规范的实质合理性，主要体现在教育伦理规范对于教育者和被教育者以及社会的积极意义方面，是教育伦理规范的内容和价值精神具有合道德性。教育伦理规范在实践中要成为推动教育道德进步、社会关系和谐和人的全面发展的积极力量，成为维持教育共同体和教育生活正常进行的一种柔性手段。这种实质的合理性也是人们在教育实际活动中通过努力能够预期的可以去期望达到的一种"善"的价值目标。因此，实质合理性强调在权利与义务相统一的意义上，从人的生存发展及人性的无限丰富和自由解放出发，对教育伦理规范所追求的目的、信仰和价值进行理性的权衡和科学的把握。

首先，有利于教育者良好素质的养成。由于教育伦理规范的价值只有通过具有良好素质的教育者的行为才能得以有效实现，教育者是教育伦理规范的实践者，教育者的素质状况决定着教育伦理规范的实现程度，所以，教育伦理规范的实质合理性首先表现在有利于教育者良好素质的养成。在教育者的整体素质中，道德素质是其中的重要方面，它关系到教育伦理规范是否被自觉遵循以及教育者在规范面前的主动性、主体性和超越性。教育伦理规范是社会价值期待的载体，蕴涵着一定的道德价值取向和价值目标，如果这种道德价值取向能够促进教育者确立正确的道德价值观念以及科学的教育信念，这就有利于教育者思想道德素质的提升和发展。因为，人的道德状况尽管表现在诸多方面，但是其道德素质作为一种客观存在，又是在一定的道德价值观的支配下具有伦理意义的观念和行为的整体反映。一种合道德性的教育伦理规范在道德价值观念的构建上，必须为教育者提供合乎社会价值期待的引领和导向，从而使他们能够自觉自愿地按照教育伦理规范行事，并看作是生命本质的对象化和教育人生的基本坐标。在学校，教师是人类灵魂的工程师，肩负着培养社会主义接班人的神圣使命，所以，教师必须通过学习和实践不断地完善自己，必须不断地加强和提高自身的道德修养，这是教育者必备的素质。我们知道，"教育者必先受教育"，"教育是一项自律性要求很高的职业"。一种具有实质合理性的教育伦理规范必须以提高教育者的道德判断能力和道德实践能力为重要目标，必须有利于提升教育者的教育德性，有助于教育者弘扬教育伦理的时代精神，有益于教育者领悟和追求教育善。否则，教育伦理规范就没有实质的合理性。

教育伦理规范作为社会所设定的教育者行为之应然，对教育者的教育行为选择具有制约作用，通过这种道德约束使教育者端正教育态度、规范教育行为，在长期的教育道德实践中养成良好的教育道德习惯，形成稳定的优良的教育人格，从而提升教育者的素质。教育者的素质和行为是一种非常重要的条件，其教育行为的正确与否，关系到学生能否成为"四有新人"，成为社会主义现代化建设的接班人，并进一步影响到国家民族的未来，对这一极其重要的行为决不可任其发展，放任自流。教育伦理规范对于约束教育行为，使教育者择善而从、止于至善，增进教育职业的使命感、崇高感和责任感，从而热爱和倾心人民教育事业都具有十分重要的意义。所以，教育伦理规范有利于教育者良好素质的养成，也体现在培养教育者良好的职业情感、职业信念和职业良心。教育伦理规范的实质合理性不仅表现在给教育者确立应有的"规矩"，更重要的是，它要成为教育者自我发展、自我完善、自我提升的内在精神动力。也就是说，教育者在教育伦理规范的作用下，对教育工作、对受教育者、对社会具有了职业的道德认同感，把努力提高自身思想素养、道德水平、科学文化素质作为内在要求，并把这种要求作为规范自己行为的动力。这样，教育就不再是一项工作，而是崇高的事业，教育者为这一崇高的事业而奉献、诠释的是一种崇高的道德精神。

其次，有利于被教育者身心的健康发展。教育是培养人的一项社会活动，被教育者身心的健康发展是教育的基本目标，也是教育伦理所内含的一个重要价值取向。教育伦理规范的行为主体是教育者，教育者良好素质的养成是其直接的价值追求，不仅于此，被教育者身心的健康和谐发展是教育者的教育责任，从而也是教育伦理规范的间接价值目标。教育者与被教育者是教育中最为主要的关系，教育者对被教育者的影响是必然的、客观的、深刻的。一种教育伦理规范有利于教育者提高自身素质，从逻辑上说也就应当有利于被教育者素质的提高。如果它对教育者提出了行为要求，但这种伦理要求却不能通过教育者的言行对被教育者的全面自由发展产生积极的教育效应，或者它与被教育者的成长毫无关系，那么，这种教育伦理规范设定的最终目标也就没有实现，从而它的实质合理性就没有在现实中得到充分的体现。

从教育活动的特点来看，教育者与被教育者之间是一种精神交往、心灵接触，教育者对被教育者的影响是由外至内、由表及里、由点到面的整体的渗透，不仅有知识的传授和思想的引导，还有情感的交流和人格的熏染。作为教育者的行为路标和实践理性，教育伦理规范首先是对教育者进行行为导向，并由此深刻地型塑教育者的教育人格和美好的精神世界，然后又通过教育者的人格魅力去影响和感染受教育者的人格，通过教育者和谐的心灵使受教育者的心灵达到和谐。所以，教育工作的本质是改变和塑造受教育者个体的行为，教育者不仅以先进的科学文化知识影响受教育者，而且还以自己的道德、人格力量、情操、责任感等潜移默化地影响着受教育者的发展。

教育伦理规范蕴涵了教育人道、教育民主、教育平等、教育人权、教育爱、教育公正、教育责任、教育义务、教育善等诸多的道德原则、价值取向和伦理范畴，这种教育伦理精神一旦被教育者内化于心、外化于行，就会转化为对教育事业的忠诚、执着、奉献，对教育职业的热爱、敬畏、责任，以及对学生的关心、慈爱和平等民主的教风等。现代教育伦理随着社会的转型在转变着育人观念，也在改变着传统的教育道德价值观和教育发展观。教师由过去"以知识为本位"的传统教育观转变为"以人的发展为本位"的现代教育观、人才观和质量观，形成一个整体的平衡发展的观念，让学生德、智、体、美、劳等诸方面得到全面的、和谐的发展，这正是教育伦理规范具有实质合理性的体现。没有教育伦理及其观念和规范的更新和导向，教育者的教育价值观念就得不到转变，教育方式和教育方法就得不到改进，教育目标和教育手段就得不到变革，传统的与时代要求不相符合的东西就不能被抛弃，教育的发展就会受到限制，受教育者身心的健康和谐发展必然就受到严重的制约和影响。因此，制定教育伦理规范在表象上是为了教育者和教育的伦理化，而实质上还是为了使教育对象通过接受好的教育获得全面自由发展，成为社会发展所需要的有用人才。古人云："学高为师，德高为范。"教育者的道德修养和人格品质对学生世界观、人生观和价值观的形成和发展具有潜移默化的巨大影响。因此，教师只有时刻严格要求自己，不断提高自身修养，德才兼备，培养良好的思想品德，树立良好的师表形象，才能成为引导学生成长进步的"灵魂工程师"。

再次，有利于教育者和被教育者和谐关系的确立。由于教育伦理规范的重要功能还在于规制教育者的教育行为，教育者和被教育者的融洽度决定着教育伦理规范的实现程度，所以教育伦理规范的实质合理性还体现在有利于教育者和被教育者和谐关系的确立。和谐融洽的人际关系是学校教育顺利展开的必要条件，教育的过程也是人与人之间相互关系的构建和活动过程。在教育关系系统中，教育者与被教育者之间的关系又是最为主要、最为常见、最为广泛的关系，是整个教育大厦的基石，学校教育的过程本身就是师生关系形成和完善的动态过程。良好的师生关系关涉学生的健康成长，又关涉教师职业生涯的快乐与幸福。在教育生活中，师生关系主要表现为一种道德关系，因此师生之间的关系主要是由教育伦理规范来进行调节和协调，师生关系的和谐也是教育伦理规范具有实质合理性并产生实际效应的重要表现。教育伦理规范作为一种社会理性，反映了人们对教育道德义务和责任的自觉意识，它也是以情感的方式调控师生之间的关系，为教育者建立好的教育动机，加强行为的自律，进行道德的自我评价提供了善恶、是非的尺度。以规范为基本的标准，通过社会舆论、内心信念和其他的道德评价手段，对道德的教育行为给予褒扬和肯定，对不道德的行为给予谴责和否定，使教育者形成良好的德性和习惯，展现出优秀的品格和素质，有利于缓解教育中人际关系的矛盾和冲突，建立起令人愉快、有益身心、提高工作效率的和谐的师生关系。

在师生关系中，作为教育者的教师是主要的和主导的方面，对两者间的道德关系的状况具有决定性的影响。在人际交往中，教师如何把握教育分寸，秉持教育良知，协调好教育者的权力、需求与被教育者的权利和需求之间的关系，用道德的力量改善师生关系，就显得十分重要。教育伦理规范从主客观统一的立场，把社会道德通过集体意志的形式转化为教育者的个体道德，扬弃其伦理的主观性、任意性和片面性，在教育共同体的意义上努力实现师生关系的融洽和通达。教育是在人与人之间的交往中展开的。教育者对教育伦理关系、伦理价值、伦理秩序等的认识会以观念的形式在其头脑中折射出来，进而成为影响其教育思想、教育行为和教育信仰的先导力量。如果教育主体缺乏基于教育伦理规范的应然与实然的矛盾认识，教育中主客体利益关系、权利义务关系的正确判断，就会对师生关系的和谐程度产生直接的冲击，并使学校教育在人际环境和内在秩序上出现偏差。

中国是一个有着悠久历史文化传统的国家，一贯奉行"师道尊严"，对教师有着更多更高的要求和期待。教师之所以在国人的心目中享有崇高的地位和威信，就是因为其行为的示范性、身份的代表性和道德的纯洁性，所以无论是知识学问上，还是人格风范上都值得称赞尊重。所谓亲其师，信其道。良好的师生关系是实现教育成功的一个基本条件，它又是教育伦理规范价值实现的重要确证。教育者一旦发生道德失范，失去教育的理智和德性，其行为不仅将损害被教育者的身心健康，导致教育人际关系恶化和消极教育氛围的出现，还直接损害教师自身的形象，进而威胁到教师的"师道尊严"和教育效果。因此，守护教师的尊严，确立和维护和谐的师生关系，使教育活动在良序中自由地开展，这正是教育伦理规范实质合理性的一个重要表征。

最后，和社会主导的道德价值相一致。社会伦理学研究者戴利指出："规则和价值观是一对伦理伙伴。"[①] 任何一种伦理规范都是在一定的价值观指导下构建起来的，其总是有自身确信的价值目标、价值内涵和价值观念。教育伦理规范作为教育活动的伦理规则，也不例外。尽管在设定教育伦理的具体规范时，我们应该根据教育者不同的德行状况而设置分层次的规范体系，可以允许教育者在不突破道德底线的前提下确定自身的价值追求，但作为社会价值体系在教育领域的特殊表达，各种教育伦理规范和社会主导价值只能有距离上的远近，而不应存在方向上的背离。否则，教育伦理规范就失却了自身的应有价值，就将成为教育道德建设的滞阻力量。教育伦理规范是指教育者在专业活动领域，为了维护职业团体的声誉而必须遵守的一整套行为规范。这种规范的意义不仅局限于规章的制定，更要关注教师专业实践的事实，不但关注教师个体的道德责任，而且体现的是教师职业共同体的伦理责任及其实现问题。尽管它在教育活动中具有多种多样的价值目标和价值取向，但这些

① 弗朗西斯·戴利：《规则与价值观是一对伦理伙伴》，《企业伦理研究中心简报》1998年第 6 卷第 2 期。

具有道德意义的教育价值都应该是社会主导价值在教育领域的实现，都必须体现社会主导的价值精神，有利于社会核心价值观的建设和发展，否则这种教育伦理规范就会与社会主导的道德价值相冲突，就不会被社会所认可和接纳，其对教育者将会产生消极的影响。从这个意义说，与社会主导的道德价值要求相背离的教育伦理规范，不仅不具有存在的合法性，而且因为其价值取向的偏离及其自身道德正当性和现实性的缺失，就不具有实质合理性。

教育伦理规范对教育者提出了不同层次的要求，这种要求不是对道德理想的奢望，而是教育者作为专业人员应该具备的伦理素质和伦理理性。但其精神实质必须是与一定时代、一定社会的主导价值相一致，只有这样，它才能成为教育道德和社会精神文明建设的推动力量，才能发挥教育伦理规范在促进教育道德进步中的应有作用，才能保持教育自身的伦理性和道德性。教育伦理规范是整个社会道德体系的一个有机组成部分，也包含了教育者在专业实践中应具备的伦理知识、伦理意识、伦理观念、伦理思维和伦理情感等教育专业伦理。它不仅关注教育者个体道德的完善，而且关注于教育者作为一个专业团体，在其工作中发生的神圣而又具有人文本性的伦理秩序和伦理精神，包括教育整体的道德性、教育者集体的道德性以及教育者与外界各种关系的道德性，其价值意义不仅关涉受教育者，而且关涉社会道德进步，关系到社会成员的平等、幸福和共同发展。因此，只有与社会主导价值相契合的教育伦理规范，才能使教育担负起应有的社会责任，保持自身应有的公共理性和目的理性，才能自觉规避和消除由于外界干扰而导致的教育恶的现象，才能使教育伦理建设沿着社会所期待的方向不断前行。

三　教育伦理规范之合理性依据

如果说探讨教育行为之应然的形式合理性和实质合理性，是为了保证社会所设定的教育伦理规范具有科学性、道德性和可行性，那么，进一步揭示教育行为之应然的内在依据，则是为了使教育者真正理解其之所以要成为他们行为准则的客观必然性。教育伦理规范作为社会生活的一种特殊道德要求，必然有其生长的社会物质基础；作为一种调节人际关系的特殊规范，必然是特定的教育道德关系存在的需要；作为教育活动中教育者应有的实践理性，必然有其内在的必然性。

马克思主义认为道德规范本身是社会存在的产物，是一定社会关系和道德关系在人们的道德意识中的反映和概括。即道德规范是一种客观的社会道德要求。在社会经济关系中占主导地位的统治阶级所表现出来的利益需求或者价值追求，也通过道德的方式来表达。"道德的基础在于利益或者说利益是道德的利益。"① 正如马克思所说，思想一旦离开利益一定会使自己出丑。教育伦理规范作为社会设定的教育者行为之应然，实际上是社会道德在教育领域的特殊表现，它同样蕴含了社会的价值追求，有着特定的利益诉求。这种利益诉求和利益表达或许不是物质的，而是精神的；或许不是当下的，而是未来的；或许不只是个体的，而是民族和国家整体的。但不管怎样，社会通过教育行为之应然来表达的价值主张，并非任意所为，而是要体现具有历史必然性的对人的发展的终极性关怀，在其现实性上又总是渗透着特定时代的价值精神。因为，"道德的内容、特征、发展和演变都是受经济关系制约的，具有人类精神的一般特征"。② 教育伦理规范本质上是一种制度化的价值系统，它表达了在一个社会集团中被普遍认可的价值。社会借助于教育伦理规范为合理的教育行为提供了一个客观的参照坐标和解释框架，借助于这一规范，教育活动的潜在意义和本质属性就能够被把握并通过教育者的行为显现出来。因此，"从社会的角度，人的价值实现是通过建立和遵守社会规范完成的，而个人的价值是否得以实现，要取决于其实现方式是否符合社会价值的规范要求"。③ 作为教育者行为之应然的教育伦理规范，代表了社会对教育的价值主张。

从道德的基本功能来说，确立教育伦理规范也是为了保持教育人伦关系和谐的本质要求。教育伦理规范是昭示教育者在教育劳动中应当如何的价值体系和规范体系，亦是调节教育社会关系、发展教育者个人品质的重要动力及手段。道德应当首先是一种关系，是一种人们自觉意识到的关系，应当在现实生活中也就表现为关系、意识和秩序。即按人们

① 罗国杰：《伦理学》，人民出版社 1989 年版，第 47 页。
② 同上书，第 50 页。
③ 潘自勉：《在价值与规范之间》，《哲学研究》2005 年第 1 期。

普遍接受的行为模式去生活和行动。教育伦理规范本质上是教育活动中道德关系合乎理性的客观需要，是维护和保持一定教育伦理秩序的内在要求。因为，教育共同体首先是一个伦理实体，它既是教育人伦关系、人伦秩序的实体化，又是教育伦理精神的本体。教育作为人类杰出的道德事业，更需要注重伦理规范，对教育者与被教育者的身份、角色、权利及人员的定位和规定，可以使教育人伦关系明确化，它凸显了教育的神圣职责。事实上，由教育的文化本质和道德属性所决定，社会对教育者提出了较一般社会成员更高的道德要求，它体现了教育是道义的事业，求真的活动及其公平的砝码。没有对教育行为的伦理限定，教育中的特殊人伦关系就将遭到破坏，教育就可能丧失自身的伦理特性。因此，"把教育关系理解为伦理关系，有助于深化对教育本质的认识。"①教育人伦关系在本质上体现为教育者是伦理行为的主体，受教育者是道德价值的主体。当然，这并不是说教育者只有道德义务而没有道德权利，而是说，这种道德义务并不以获取道德权利为前提和条件，这正是教育道德的高尚之处。在教育共同体的运行中，教育者必须以人格影响人格，因为"教育是有意识的以影响人的身心发展为直接目标的社会活动。"② 教育的人文本性，教育活动的精神性以及教育伦理关系的神圣性，都决定了教育者行为的伦理特质。所以，教育伦理规范表达的是社会对教育活动的道德关系和教育行为进行优化的要求，包含着对教育道德现实的一定超越，它揭示的不是一种"实然"，而是一种"应然"。

再从历史的角度看，教育对人类生活产生的积极作用和消极作用已经表明，教育与其他社会领域一样，也是一个充满伦理矛盾的世界，教育者的行为，也有高尚和卑劣之分，教育并不总是善的、好的，尤其是当教育被某些政治权力不当地利用之后。教育善恶矛盾的存在及其斗争，要求传递文明的使者——教育者以正确的教育伦理观念主导思想和行为，这是人类社会对教育职业提出的道德要求，是教育实践在道德上的应然状态。我国古代称颂教师为"圣人"、"贤人"和"君子"，以及把教育的功能定位于"教人伦"、"明人伦"，都为教育伦理规范成为教

---

① 张启树、张鸿燕：《教育道德：伦理视界中的教育善恶》，《中国青年政治学院学报》2005 年第 1 期。

② 叶澜：《教育概论》，人民教育出版社 1998 年版，第 8 页。

育者行为必须恪守的伦理路标提供了历史学依据。

正是由于教育活动中存在着善与恶的矛盾，存在着利与义的冲突，存在着欲望与理性的较量，所以，在长期的教育实践中人们积累了教育生活的道德智慧，懂得了教育者是一个有着特殊内涵的角色，甚至可以说是教育伦理的人格化。脱离伦理的教育将会使教育偏离其初衷。因此，教育伦理规范是教育的理性杠杆，是判断教育善恶的价值尺度，也是教育者必须自觉奉行的实践理性。教育伦理的产生及其存在的依据并非人们的主观臆断或随意想象，而是在教育实践过程中积累的道德经验，是历史选择的产物。当人们在教育实践过程中形成了现实的教育关系，并且产生种种矛盾和冲突时，为了使教育活动不受影响，能够有目标、有秩序、高效率地进行，这就产生了约束彼此行为的伦理规范。这些规则通过教育实践的不断提炼，不断剔除由于社会价值观变迁而失效的教育伦理，将与现代生活相适应的新型教育伦理规范认可固定下来。它会对社会生活中出现的新问题提供人们采取行动的伦理依据，确定教育行为的界限和行为的方针。从此意义上说，教育伦理之应然是经过历史实践检验的为教育活动顺利开展所必需的道德真理。它既是教育主体进行行为选择的一种价值意识，更是教育主体自觉把握教育活动方向的一种实践精神。

总而言之，教育伦理的规范建设不仅要为教育者设定科学合理的教育伦理规范体系，并且应该向教育者昭示这种教育行为之应然的内在必然性和合理性依据，使其成为他们自觉自愿的价值选择。事实上任何一种规范的合理性依据都不应是主观的，而是尊重事物发展规律的一种客观要求。在这一点上，教育伦理规范也不例外。因此，教育伦理规范建设就是为教育者提供科学的行为模式和价值准则，使他们的教育活动"有法可依"。而社会所确立的教育伦理规范必须具有形式合理性和实质合理性，如此才能确保他们所从事的教育活动成为求善、求真的活动。而为了使教育者的行为最大限度地契合所设定的"应然"，不仅要解释其外在的依据，还必须阐释其内在的依据。

其一，教育伦理规范的设定必须合乎教育自身的发展规律。教育规律作为一种社会活动规律是人们教育活动的规律。人的教育活动是教育规律的内在依托或载体。离开了教育实践主体有目的有意识的参与，任何教育规律都不可能存在，更不可能实现。因此，教育规律的产生实现都离不开教育主体的实践活动，都需要教育主体在实践中自觉认识到教育活动中存在的本质关系，进而把握教育规律的基础上，提出符合教育发展规律所要求的教育伦理规范，从而获得科学依据，使教育者在尊重教育发展规律及其伦理要求的前提下，更好地发挥自身的主体性、能动性和创造性，最大限度地实现教育的成功。我们知道，教育规律就是指教育内部诸因素之间、教育与外部诸因素之间内在、本质、必然的联系。就外部关系而言，教育发展最基本的一条规律就是受社会发展的制约，同时又对社会发展具有反作用。教育的发展水平、发展程度和发展方式受到社会生产力发展水平、经济和政治发展状况以及文化发展水平的综合制约，由此看来，社会所设定的教育伦理规范在思想观念、道德境界和价值目标上必然要为社会发展的物质条件所制约，我们对教育和教育者的道德要求总是历史的、现实的、具体的，与一定社会的发展要求是一致的。但另一方面，关系本身就是辩证统一的，教育对社会发展的反作用也是教育规律的重要内容。这就是说，在一种教育伦理引导下的教育要尊重这个规律，教育必须要有利于社会发展。所以，教育的存在就不完全是被动地适应和迎合社会的需要，因为社会是多元的复合体，完全被社会同化的教育就失去了教育自身的道德主体性。教育不是工具，而是理想社会的精神塑造者。教育伦理更多的是追求教育发展的"好"和"善"，考虑的是教育文化的先导性和教育自身的正当性，其合理性依据在于发挥对社会全面发展的积极推动作用，并作为一种社会公共产品在物质和精神的双重意义上产生教育的整体效益。关涉于教育善的伦理规范是通过实现一种好的教育来促进社会发展，通过教育道德的进步来推进社会道德的进步，通过教育伦理建设来提升教育自身的品质。

从现象上看，教育伦理本身存在着的教育继承与教育革新的对立统一关系。教育继承的稳定机制要求教育保持传统，循守规范；而教育革新的创新机制则要求教育突破传统，立足创造。然而，教育发展的历史辩证法证明，无论对于教育继承还是教育革新而言，它们与对方的关系都不是简单的否定关系，而是否定之否定的辩证关系。教育伦理的变革和更新是教育自身保持传统和体现时代精神相结合的产物，是在稳定机制和创新机制相互作用所形成的张力之间发展的。也就是说，教育继承并不意味着因循守旧，墨守成规，机械模仿；教育革新也不是全部抛弃，一笔勾销，从零开始。所以，教育伦理规范是教育运行规律的反映，是否定之否定的结果，是对国外教育伦理文化和中国传统教育伦理文化的吸收、借鉴和扬弃。革新以继承为基础，继承以革新为目的。一种教育伦理只有在继承与革新的辩证统一中，才能获得健康而持续的发展。

教育伦理是基于教育实践基础上对教育规律的充分把握后提出的科学思想规则，教育伦理规范只有符合教育规律才能应用于教育过程，并发挥其价值功效，教育伦理规范的产生应是遵循教育发展规律的客观要求。教育规律表现在教育与社会发展及其人的发展的内在联系之中。教育伦理合乎教育发展规律也就体现为它既合乎人的发展规律，又合乎社会的发展规律。如以民主平等为内核的教育民主化进程的加快，其合理性在于它不仅是人的本性发展要求而且是教育规律运行的本质使然。因此，教育伦理实体的伦理规范体系是"从事物的本性中产生出来的规定"。①

其二，教育伦理规范的设定必须符合人的发展规律。教育伦理规范作为社会所设定的教育行为之应然，规定了教育者的行为模式和价值取向，是教育者开展教育活动必须遵循的理性法则，这一法则本身就应是对人的发展规律的一种合乎逻辑的伦理表达。换言之，教育伦理规范对教育实体及教育者的道德规定和行为规制，实际上是对教育应该如何进行的一种形上预设，它只有符合人的发展规律，才能使这一教育伦理不仅从应然上而且从实然上真正体现有利于人的发展的实质合理性。因之，符合人的发展规律正是教育伦理的规范体系具有价值合理性的重要依据。教育的目的最终是为了实现人的发展，人的发展之理想状态就是人的和谐发展。作为人的一种理想追求，"人的和谐发展"又是一种价值取向和目的理性，追求的是人自身本质的实现，也就是要使人成为"人"，它选择的也就是人对人的本质的选择，致力于使人成为"完整的人"、"和谐的人"、"自由的人"。教育伦理的终极关怀是以实现人的

---

① ［德］黑格尔：《法哲学原理》，范扬等译，商务印书馆 1961 年版，第 165 页。

和谐发展为教育旨归，并由此积极构建教育的伦理生态、教育者的精神家园，通过对教育者进行必要的伦理教化和道德践履，提升教育者和受教育者双方的生命本质，使其自觉地追求自我完善和自我实现，努力成为教育生活中"完整的人"、"和谐的人"、"自由的人"。

教育是一项"立德树人"的公共事业。人是为了和谐而追求发展的，同时，人又是为了更好的发展而追求着和谐。和谐和发展应该是互为前提、互为目的，并统一于人的生存本质之中的，因为人在本质上总表现为既是一种生理意义的存在，同时又是一种超越生命的存在。从这个意义上讲，一方面我们不能否认外部力量对人实现和扩大人的发展所具有的积极意义，要认识到社会、环境，尤其是教育等因素的作用，但我们不能用经济效益和政治、文化等效益的指标来代替人的发展指标，进而影响到人的和谐发展。教育伦理对人的和谐发展的关照，是基于人的发展规律进行思考。人不仅是物质和肉体的存在，还是精神和灵魂的存在，而人的精神世界中知识与道德的分离实际上是割裂了人格的完整性，它是教育伦理规范所要着力矫正的教育异化现象。另一方面，人是社会的主体，人的发展过程就是其追求和实现自身本质，展示其主体性的过程。人要确立一种真正的主体性，过一种真正属于人的有依归的生活，就必须既注重对外部世界的认识与和谐相处，又注重自身的内心体认与自主自强。教育是为了塑造完整的人、自由的人、和谐的人，教育伦理旨在培植教育者和受教育者的道德主体性，一个具有道德主体性的人才能全面深刻地占有人的本质，使人的存在的受动性和主体性相统一，这是教育伦理规范尊重人的发展规律的必然要求。

教育伦理的逻辑起点是对人的生命发展需求的道德责任，人的发展其实就是人的需要不断实现和满足的过程，就是人的个性的不断成长和完善的过程，也是人的社会化的过程以及人从现实本质走向理想本质的过程。因此，教育伦理规范的合理性依据就在于尊重人力求成为其所"是"的发展规律，使教育成为富有人性的实践活动，使教育主客体都能在教育实践中获得幸福的存在感，提升人的生存质量，丰富和发展人之为人所应具有的一切特性。教育和伦理的目的都是指向于人的，伦理中蕴含的公理及道德精神使其能够成为教育的理性法则。教育要推动人的发展，必须以人的发展规律为前提。教育伦理自身只有符合人的发展规律，才能发挥其对教育这个伦理实体的应有功效。人的发展不仅是身心和谐发展的统一，而且是共性与个性的统一。其和谐意味着尊重、关怀、信任和希望。正如苏霍姆林斯基所言："没有和谐的教育，就没有和谐发展。"① 由此教育伦理应致力于创建一个和谐的教育主体，教育内容和教育手段。而教育公正、教育良心存在的合理性，正因为这种教育道德是符合以一切人的一切发展为目的的人的发展规律的。

其三，教育伦理规范的设定必须合乎社会发展的规律。根据马克思主义原理，教育伦理观念作为思想上层建筑总是植根于一定社会的经济基础，总是处于某种社会生产方式之中。马克思主义认为，判断一事物善恶的客观标准，在于它是对当时的社会发展起促进作用还是起阻碍作用，即是否具有社会发展的历史必然性。教育伦理作为教育本质属性的反映，它之所以离不开社会发展的规律，是因为教育的基本属性是教育的社会性。教育的一个重要功能就是按照社会的要求培养人，使个体社会化，为个体适应社会创造生存和发展的内在条件。教育培养出一定社会特质的人，从而推动了社会历史的发展，而不断完善的社会又为教育进而为人的发展创设了新的基础。尽管教育具有能动性，但教育的发展无论如何也不能超越它所处的特定历史条件。由此可见，"只有对社会发展的规律必然性达到自觉时，才能发现应当的关系，也才能产生应当的意识。"② 教育的社会性决定了教育伦理规范的确立必然要合乎社会发展的规律。因为从根本上说，一切社会现象都只能顺应社会历史发展的规律，如此才具有一种必然的逻辑根据。而且，教育伦理规范只有符合人类社会的发展规律，教育伦理才含有真理性成分，也才能正确导引人们的行为，成为推动教育及其生产力发展的精神动力，为教育发展指明合乎正义和公理的方向和路径。反之，违背社会发展规律的教育伦理规范，则意味着教育伦理功能的削弱和丧失。

人类社会发展作为一个客观过程，各种社会现象之间存在着确定不移的、不断重复的因果关系，它表现为社会发展的必然性即社会发展规

---

① 毕淑芝、王义高：《当代外国教育思想研究》，人民教育出版社 1993 年版，第35 页。

② 罗国杰：《伦理学》，人民出版社 1989 年版，第 52 页。

律。马克思紧紧抓住社会发展的最终力量——生产力，顺向考察了从生产力、生产关系、上层建筑、社会革命到社会形态的更替，从而把社会形态的发展看作一个由低级向高级发展的合乎社会发展客观规律的自然历史过程。生产力是作为社会发展的最终决定力量，对教育的形式和内容等诸多方面具有制约作用，而教育也是影响社会生产力发展的重要因素。因为，劳动者是生产力发展的主导性因素和主体性条件。因此，能否最大限度地发挥教育对社会生产力发展的推动作用，构成了一种教育伦理规范的合理性依据。在此意义上可以说，是否有利于社会生产力发展构成了教育伦理规范价值合理性的最终解释根据。如果我们把这种社会生产力理解为社会物质文明的程度，这就意味着作为社会精神文明发展构成部分的教育伦理对社会物质文明的发展具有积极的促进作用。社会是一个具体生命力量的有机体，其中每一个要素对社会整体的发展都具有其特殊的意义。教育伦理规范作为一种道德精神和价值追求既是对教育活动之应然的预设，同时又通过塑造具有物质力量和精神力量的主体对社会生产力发展产生协同作用。因为，社会发展规律并不脱离人的活动，而是内在于人的活动中。一方面，人们的实践活动必须遵循社会发展客观规律，人们的实践只有符合社会发展规律才能实现；另一方面，人们的实践活动受自己的目的的制约，在社会历史领域，人是有目的、有意识、有意志的人。在这个社会有机体中，教育实际上是一种潜在的生产力，教育伦理规范表现为人在社会生活中的一种主体性、选择性和能动性。所以，社会发展是合规律性与合目的性的统一，教育发展也是合规律性与合目的性的统一。

教育伦理规范把适应和促进生产力发展作为其存在的历史依据，但我们也要认识到，生产力发展相对于人的存在和发展而言，依然是手段而非目的。正如马克思指出："并不是'历史'把人当作手段来达到自己——仿佛历史是一个独具魅力的人——的目的。历史不过是追求着自己目的的人的活动而已。"① 如果我们把教育看成是附属于生产力的概念，使教育倾向于物质主义、实用主义和科学主义，甚至"见物不见人"或把人视为"经济人"、"工具人"，教育便成了对人的一种特殊

---

① 《马克思恩格斯文集》（第 1 卷），人民出版社 2009 年版，第 295 页。

"规训"与"惩罚"，教育者在其中充当的就不是"灵魂的工程师"，而是成为追逐特殊利益者的代言人，这就违背了教育的人文本性和伦理精神，也不符合社会发展的规律。因为，"教育从本质上说，便是人自身的发展。"① 随着知识经济的到来，随着精神生产在社会生产中重要性的凸显，教育的文化意义更为突出。事实上，教育的最终目的之一就是发展，既要使个体的素质和能力得到发展，又要使社会文化得到发展。没有健全的人，也不会有健全的经济、政治以及健全的社会，教育对社会的贡献就在于源源不断地为社会的发展、人类的进步输送具有健全人格和科学精神的人。

　　其四，教育伦理规范的设定还必须体现善的理念。亦如黑格尔在《法哲学原理中》曾经指出的："伦理是自由的观念，它是活的善，这活的善，在自我意识中具有它的知识和意志，通过自我意识的行动而达到它的现实性，另一方面，自我意识在伦理性存在中具有它的绝对基础和起推动作用的目的。因此，伦理就是成为现存世界和自我意识本性的那种自由的概念。"② 就个人而言，伦理作为客观精神是自由的实现，伦理的规定性就是个人的实体性和普遍本质，它是人的第二天性，个人之所以具有自由就在于他体现了伦理的实体。这就是说，自由不是一个抽象的、任意的、随性而为的范畴，而是以社会伦理为基础的，合乎伦理的才是自由的。伦理又是通过主体对其中善的意识及其行为而成为现实的精神。由此，教育伦理作为一种特殊领域的职业伦理，也要蕴含着善的理念和善的精神，它是教育运行在道义上和人性上处于一种理想的生存状态的条件和精神前提。在价值形式上，它体现为教育者及其被教育者在教育劳动中"应该"如何的价值体系和规范体系。对于教育主客体与教育劳动有关的认识活动和教育实践活动，对于教育劳动中社会关系的调节，进而对整个社会风气的改善都具有广泛的积极意义。在我国现阶段，由于社会主义市场经济的不断完善和发展，社会伦理观念的不断更新，使传统教育伦理受到了严峻的挑战，同时也为教育伦理的现代转型提供了契机。但不管教育伦理观念和思想如何转型和变革，无论

① 张诗亚：《论教育发展从以物为中心到以人为中心的转换》，《教育评论》2001 年第 2 期。

② ［德］黑格尔：《法哲学原理》，范扬、张企泰译，商务印书馆 1979 年版，第 164 页。

其形式和内容发生怎样的历史性变迁，它的价值旨趣和最终目的都必须体现善的理念、善的精神，都必须有利于人的自由和解放的实现。

伦理是一种关系、规范和秩序，它的实质由社会基本结构所规定。随着我国社会的全面转型，教育伦理规范也要根据市场经济的要求进行重新的定位。市场经济的平等性、规范性、有序性，要求教育伦理规范必须与此相适应。"教育伦理规范要把教育崇善作为最高的价值范畴，以保证以人为本的实现；把教育公平、教育民主和全面发展作为教育伦理准则，以保证教育公正的贯彻；把尊重学生人格、尊重学生个性发展、全面履行教书育人作为师德准则，以规范教育过程。"[①] 所以，追求教育善总是要把握时代的实践精神及其伦理精神，提升人的本质力量是教育的旨归。教育是人本质力量的确证。对于生命而言，教育是人的创造性活动，又是人实现自己需要的一种手段。人们通过教育来改变自己、塑造人性、实现自我，从而获得积极的自由，体验人生的成功，享有幸福的生活。所以，教育、伦理、道德本身都内在于人的生活，都是人们生活的必需品，也是享有人生幸福的基础。费尔巴哈在他的幸福论中指出："生命本身即是幸福，生活的东西都属于幸福，而道德的原则就是幸福。"[②] 教育伦理也是为了使教育成为一种善的生活，在这种好的生活中教育者和被教育者都应当收获幸福。教育是成就人的事业，也是能够给人们带来幸福生活的道德实践。教育是社会生活的一部分，人是在社会中生存和发展的，教育伦理要力求为人的教育生活创造一个好的社会环境。如果说道德是人类美好人性的展现，那么，教育伦理规范也要基于人性来设定，不仅要实现教育的人性化，而且要不断丰富、充实和提升人性的内涵和意义。

教育伦理作为教育善的价值规定及其实现的科学，是以善为其存在的基础，其本身就是善的一种实践形态。这意味着"教育追求人性的善，教育培育人性的善，教育更以人性的善为基本前提"。[③] 而这种善必定是植根于一定的社会现实基础上，而又是为客观的教育现实所服务的。它表现在：一切教育理念都应立足于使全体公民享有公平而优质的

---

① 王本陆：《教育伦理哲学刍议》，《高教探索》2002 年第 4 期。
② 唐凯麟：《西方伦理学名著提要》，江西人民出版社 2000 年版，第 292 页。
③ 樊浩：《教育伦理的本性与伦理精神前提》，《教育研究》2001 年第 1 期。

教育；一切教育法典都应在形式上和实质上保障教育中人的正当权益的实现；一切外在的关乎教育的行为表现在目的和方式上都应是有利于人的身心健康的发展而且是合乎人类基本道义精神的；一切关涉人们教育的行为者都应从道义和良心上切实担负起道德责任。教育伦理规范所蕴含的善的理念和精神，不仅要能够扎根于人们的意识中，而且要融于社会现实生活之中，使其通过教育者的自觉遵行转化为现实的善。

第五章

教育伦理的功能向度

教育活动是教育人伦关系的实践展开与良性互动，教育伦理蕴涵着调整教育人伦关系的原理、道理、原则和规范等一些价值精神。教育是一个具有人文本性的伦理实体，只有以伦理道德原则去调节教育人伦关系，才能形成和谐的教育共同体。作为一种伦理智慧和道德规范，教育伦理具有认知功能、调节功能、激励评价功能、导向功能、聚合功能和升华功能等在多个方面功能。而这些基本功能的最终价值目标都是为了实现教育善。教育善的实现既要依赖教育伦理规范对教育者行为进行外在的他律，也要依靠教育道德主体对自身进行内在的修养和自律。他律是从消极意义上对教育恶的防范，自律则是从积极意义上对教育善的发扬，所以，教育伦理的他律与教育道德的自律对于教育善的实现是辩证统一的两个功能向度。教育伦理是教育者在育人活动中，在调整教育人伦关系时要遵循的客观道德法则，这一客观道德法则又需要主体化，从而保证伦理与道德之间的融通。

一 教育伦理的两个功能向度

教育伦理以倡导和实现教育善为最高价值目标。而在社会生活中，教育伦理作为社会对教育主体的行为导向和实践理性要求，是通过贬抑教育行为之恶和显扬教育行为之善来实现其功能价值的。所以，抑教育行为之恶与扬教育行为之善就构成了教育伦理功能的两个基本向度。贬抑教育行为之恶，客观上就为教育伦理目标的实现排除了障碍，弘扬了教育行为之善，将激励教育者自觉追求更高的教育伦理目标。因之，抑恶与扬善是教育伦理实践的两个重要目标指向，它们对于教育伦理价值的实现是不可分割、相互促进的整体。教育伦理要完整地体现其价值功效，就必须在抑恶与扬善两个功能向度上协同作出努力。

（一）抑恶与扬善之必要

从学理上而言，抑恶与扬善是一对辩证统一的关系。如果说抑恶代表否定，扬善则意味着肯定。一方面，否定往往就是肯定，对某种事物的否定就是意味着对这种事物对立面的肯定，即否定教育行为之恶实际上即是肯定教育行为之善；另一方面，肯定往往就是否定，肯定某一事物往往内蕴着对其对立面的否定，肯定教育行为之善，同时亦意味着否定教育行为之恶。抑恶与扬善虽然在表现形式上相异，但两者的价值目标是一致的，因此二者实质上是互为支撑、互为策应的。例如：为了遏制个人主义价值观，就必须弘扬集体主义精神；而为了弘扬集体主义又必须逻辑地否定个人主义。对个人主义价值观的批判，将有助于弘扬集体主义精神，而对集体主义道德原则的坚持宏观上又是对个人主义的一种遏制。这两者对于坚持集体主义道德原则都是不可或缺的。因此，肯定包含否定，否定又包含肯定。世界上不存在纯粹的肯定或纯粹的否定，抑恶与扬善是相互依存、相互作用的辩证关系。

抑恶在某种意义上是对人性消极的假设，而扬善则是对人性积极的假设。按照美国学者尼布尔的观点，人的本性中具有自私和非自私的两种冲动：一方面，人的生命能量力图永久地保存自己，并且力图按照自己独特的方式实现自己，这种自私的自然冲动主要表现为生存意志、权利意志和自我维护；另一方面，人是唯一具有充分自我意识的存在物，他的理性赋予了他一种超越自我去追求生命永恒力的能力，促使他与其他生命共同达到某种和谐。[①] 因此，人不仅同低等动物一样具有群体生活的利己冲动，还有对他人的同情关怀，有时甚至可以把他人利益置于自己利益之上，为他人牺牲自己。就是说，人性中有本能的利己的恶的冲动，也有社会的利他的善的愿望。这样，从人性的角度来说，教育伦

---

① ［美］尼布尔：《道德的人与不道德的社会》，蒋庆等译，贵州人民出版社 1998 年版，第 201 页。

理的功能实际上是双重的，它既要贬抑人性中邪恶的东西，又要发扬人性中美好的一面。诚如恩格斯所言："人来源于动物界这一事实已经决定人永远不能完全摆脱兽性，所以，问题永远只能在于摆脱得多些或少些。在于兽性或人性的程度上的差异。"① 伦理道德存在的任务就在于教育和引导人们弃恶向善，或者说它的使命就是要告知和规劝人们懂得什么是善的、应该做的，什么是恶的、不应该做的；我们应当支持、赞成什么，而要反对、抵制什么，等等。所以，教育伦理既必须以抑恶机制应对人性中的恶，又必须通过扬善机制使人性中的善发扬光大。

　　教育中的善恶问题是教育伦理最为核心的价值关切，要办好教育，就不能不重视教育的道德问题。事实上，教育并不就是善的，虽然教育的本质是善的，但是违背教育本质善的教育思想和行为直接侵害了受教育者的身心发展，也侵袭了教育善的本质。因此，运用道德评价的武器，去纠正教育中恶的因素，揭示、恢复和维护教育的善的本质，是教育伦理学的重要任务。教育如果没有自觉的善的追求，没有那种以促进个体和社会不断发展完善为目的的伦理精神，就会失去其灵魂和根基。但是，教育的"实然"往往并不能体现这种善的本性。从古至今，教育善恶矛盾的斗争从来没有停止过。如古代的科举制度，严重影响了学子们的学风，人们为了谋求功名，常常不择手段，败坏了教育的道德风气，也使教育成为摧残文人的工具，使教育成为统治阶级巩固统治地位、维护社会稳定的手段。当今，我们的教育也仍然时时表现出"恶"的一面，教育中的对受教育者的歧视问题、体罚问题、不尊重学生的主体资格问题，以及教育中的不公平现象、腐败现象，等等。所以，只有给现代教育灌注"善"的精神，以教育向善的伦理价值观来指引现代教育，才能真正办好教育。只有着力制止和消除教育中恶的现象，才能促进教育道德的不断进步，才有利于教育善的生成和持续发展，才能真正建立适应未来需要的教育，这正是教育伦理建设的任务。

　　改革开放以来，我国经济和社会的发展推动了教育的现代化进程，教育事业取得了前所未有的历史性成就。但是，教育领域依然存在着善与恶的矛盾和冲突，教育中的道德问题依然十分突出，教育伦理建设的

---

① 《马克思恩格斯全集》（第3卷），人民出版社1995年版，第140页。

任务可谓任重道远，仍需进一步发挥教育伦理的抑恶扬善功能，以促进教育善的实现。

首先，教育动机与效果的不一致。教育善是教育形式和内容的统一，也是教育动机和效果的统一，教育中教育者以善的动机带来恶的效果，以及以恶的动机导致恶的教育效果的现象并不鲜见。在教育活动中，几乎所有的教育工作者都会以出发点是好的，是"对学生负责"、"对学生严格要求"来借以开脱由于不良教育行为所造成的不良的甚至恶劣的教育责任。一般而言，教育者理应本着为了学生发展的动机对学生进行教育，关心学生的健康成长，帮助学生获得全面发展，矫正学生错误的认知和行为。但是，在应试教育模式下，为了完成考试和升学的目标，教师不再是以学生而是以取得高的分数和好的成绩为动机对学生进行教育教学。这样，分数本来只是教育成效的一个目标和见证，现在却演变成了教育的唯一动机，这是教育中的一个问题。如果说教育者把学生的发展作为教育动机是可取的，但是由于这种动机本身的不纯粹，导致一种以牺牲学生的身心健康为代价来追求学生的片面发展，实际上是一种畸形的发展模式和评价标准，这也就是教育动机和效果的不一致。有些教师为了挽救学生的过失，采取不当的教育方式和手段，虽不能说他们的道德品质有问题，但是对于有损教育道德和教师形象的教育言行却是需要教育伦理给予反思和省察的。

其次，教育事业崇高与教师道德多元化的矛盾。教育是一项造福人类和社会的伟大事业，是人类文明和社会进步的重要推动力量。我们应该看到，教育者队伍是一支素质相对较高的队伍，教师群体总体上是一个相对优秀的群体。教师也一直存在一种不甘寂寞、无私奉献、献身教育的优良传统。确实，这种良好的教育人格和道德风范是我国教师道德状况的主流，这是必须要承认的。但是，从行为主体角度看，在社会多元化的现实条件下，教师的独立意识、权利意识、自我意识不断增强，社会成员价值取向的多元化现象在教师群体中同样存在，与师德先进性并存的是教师德性状况的"多样性"、"社会化"和"个体性"。由于教师的职业动机出现了个性化、多元化和功利化特征，从而直接影响到教师的职业行为和职业道德。教师的职业理想不仅应该高于一般的职业理想，而且应该具有崇高的信念，体现出高度自觉的职业使命感和职业责任感。然而，今天的教师队伍中，教师职业理想出现了碎片化、淡漠化和庸俗化现象，职业理想和信念的缺失将会导致职业道德的迷失和缺失，以及甚至是职业精神的沦丧。基于这种现实的教育道德状况，教育伦理必须在扬善与抑恶两个向度上做出努力。

再次，市场经济背景下教育之"义"与"利"的冲突。伦理是教育活动之根，师德是教师的职业之魂。"学为人师、行为世范"，一直是我国无数教育者自觉追求的行动准绳。然而，由于市场经济条件下各种价值观和思想文化的相互激荡，不平等的竞争、物质主义、个人主义、享乐主义与教育者内心应当遵从的操守之间往往发生激烈的冲突，从而导致部分教育者的不良行为频频发生。这个问题如果得不到及时的解决，不仅直接影响到我们的教育事业能否得到长足而健康的发展，而且关系到社会主义现代化建设大业的兴衰和中华民族的前途命运。正如前教育部部长周济在全国师德论坛上所指出的："进一步加强和改进师德建设是全国教育系统一项刻不容缓的紧迫任务，要以高度的责任感和紧迫感将师德建设放在突出位置。"因此，教育伦理学应着力研究教育中的重大问题以及教师的师德问题，对教育的总体状况和具体状况进行道德上的评判，加以褒贬，并提供符合道义的改进方法和途径，用教育伦理来约束人们的行为，并发挥社会舆论和个人良心的作用，监督社会和个体对教育行善。

从伦理学的视角对教育问题进行道德审视，是教育伦理学的一项重要任务。当今，随着社会主义市场经济的不断发展，我国教育事业的发展进入了新的历史时期，人们的教育理念、价值观念、人才标准、知识结构等价值取向不断更新，促进了教育事业的发展。然而，不可忽视的是受市场经济趋利性的影响，教育领域也出现了教育腐败、教育功利化、教育产业化等道德问题，这些道德问题也确实严重地影响了教育事业的健康发展。例如，"应试教育"的功利化严重扭曲了教育应有的教书育人的功能，对受教育者人格的践踏失去了教育"善"的本性；教育的不公正使一些青少年难以享有同等条件的优质教育的权利；师德的滑坡和失范侵害了受教育者的人身权利和教育自由，也使表面繁荣的教育背后埋下严重的隐患；教育上的滥收费问题、教育庸俗化问题、教育商品化问题使本来非常纯洁的教育阵地沾染上了浓重的铜臭味。如果不对这些教育中存在的道德问题进行匡正，教育向善的本质就会被歪曲，教育育人的宗旨和目标也就会变味，不对之进行教育伦理学的审视和规范，特别是着力消除其中"恶"的现象，教育的育人功能就会事与愿违。为此，人们对教育领域道德问题的关注达到了前所未有的高度，对教育伦理的呼唤也更加迫切。

教育伦理是教育行为的道德尺度，也是教育之道德价值的有效载体。道德价值判断是对人的行为及其品质的道德价值的衡量或判定，而道德价值却常常借助于善恶范畴来体现。因此，善恶是道德价值判断的一般标准。教育道德是整个社会道德的一部分，它必须反映社会道德的本质要求，所以，教育伦理的价值判断也应以善恶为基本标准，并且在教育实践中发挥其抑恶与扬善的功能。没有抑恶就没有扬善，同样，没有扬善也就难以抑恶，抑恶为了扬善，扬善需要抑恶。可以说，一部人类伦理思想史，就是人们不断认识善恶，判断善恶并努力扬善抑恶，走向自身完善和社会完善的历史。善和恶作为职业道德评价的主要标准，既表示对人的某种行为的肯定、赞扬或否定、谴责，又是一种对人的行为有无道德性的道德价值判断。对于教育善恶问题，关键就是确立教育善恶的内涵和判断标准，也就是说要建立与社会发展要求相适应，符合教育本质和规律的伦理原则和规范。

随着社会的发展和时代的进步，我们必须剔除由于社会价值观变迁而变得落后的教育伦理观念，代之以体现先进价值观念和道德精神的教育伦理体系，从而更好地发挥其抑恶扬善的价值功能。正如恩格斯曾指出："善恶观念从一个民族到另一个民族，从一个时代到另一个时代变得这样厉害，以致它们常常是互相直接矛盾的。""人们都是从自己的阶级地位所依据的实际关系中—从他们进行生产交换的经济关系中吸取自己的道德观念。"[①] 这就是善恶观念的历史性和阶级性，所以善恶观念具有一定的相对性和不确定性，同时，在历史发展规律的意义上说，善恶标准也具有绝对性和确定性。这就是，只有有利于社会的进步和大多数人的幸福与完善的行为，才是道德的、善的行为。教育伦理强调的是有利于人的成长和人类的文明和进步，是以善的理念和立场来处理各

---

① 《马克思恩格斯选集》（第3卷），人民出版社1995年版，第434页。

种利益关系的。因此，发挥教育伦理的抑恶扬善功能，有利于促进人类的繁荣、文明和进步，有利于个体的健康成才和全面发展，有利于教育伦理原则和规范从应然转化为实然，也有利于促进社会道德文明的建设和发展。

（二）抑恶与扬善之可能

在教育活动中，发挥教育伦理对各种教育行为的抑恶扬善功能，不仅具有理论与现实之必要，而且具有理论与现实之可能。如果说人性中所具有的利己与利他这两种冲动的存在，使得在社会生活中发挥教育伦理之抑恶与扬善双重功能成为必要的话，那么人作为理性的存在物及其对道德的精神需要，又使得发挥教育伦理抑恶扬善的双重功能又具有了可能性与可行性。因为，人既是物质和精神的统一，是欲望和理性的统一，还是自然性与社会性的统一，人不仅有自然欲望，而且有高尚的精神需求和道德追求。从外在方面来说，人需要在和谐的社会关系中求得生存和发展，需要人为自己立法，为立身处世提供指导原则，需要为自己的行为和心理活动确立向善的价值定向。从内在方面来说，人需要有自觉自爱的精神力量，需要道德理智和道德情感的支撑，具有实现人生理想和生命价值的内在追求。而在本质上，道德就是作为主体的人的一种自我肯定、自我发展和自我完善。人的社会本性决定了教育伦理对教育行为之抑恶与扬善是现实可能的。

人本主义心理学家马斯洛把人的需要和行为动机分为五个层次，依次是：生理需要，安全需要，归属和爱的需要，尊重的需要以及自我实现的需要。自我实现的需要位于需要层次之巅，是人类需要发展的高峰。健康的人在满足了基本需要之后，会产生自我实现的愿望。他们要求充分发展个人的潜能和才智，对自我本性有更充分的认可与把握，并努力实现身心发展的和谐统一。这是一个人自我进步的愿望，是一个人要求有尊严的生活，发掘人的全部潜质的欲望。只有当人产生自我实现需要后，他们才会完善真实的自我，发掘人性的潜力，展现人格的魅力。自我实现是一种根本的心理状态，它不是一种终极状态，而是不断认识自我、战胜自我、超越自我的动态运作过程，是在生活中体验真诚、和谐和自由的生命的张力。良好的环境条件有利于促进自我实现，因为基本需要的满足是发展高级需要、完善人格，走向自我实现的必由之路。虽然机体的内在发展倾向在更大程度上是由环境性质而不是由自身的内在本质塑造的，但是，具有健康人格心理的人，能够超越周围环境的局囿，他们依靠内心法则生活，寻求自我肯定，实现人性之善美。教育者是教育伦理的人格化，他们身上蕴藏着巨大的崇善力量。

自我实现这种高级本性是人性之社会本质的基本方面。人人都有对美、真理和正义等高级价值的本能需求。而且越是在良好条件下，人们越是渴望展现出人性的崇高。正如马斯洛所说："从人的天性中可以看出，人类总是不断地寻求一个更加充实的自我，追求更加完美的自我实现。"[①] 他的假设前提是承认人性之本善。自我实现这种合乎人之本性的欲望也使教育主体不断追求理想的人格，铸造健全和谐的人格精神。

如果我们把抑恶与扬善看作两种不同的价值形态，那么，它们可以通过发挥教育伦理的两类功能价值来获得。一般而言，伦理价值本身就有两种不同层次的形态：规范伦理和美德伦理。前者通过具体的具有普遍性的基本道德要求使行为主体达到对社会伦理价值的认同和遵守，后者则通过行为主体内在的高度自觉来达到对更高伦理价值的追求和完善。这就是说，教育伦理在实践生活中实际上有两种基本的存在形态或层次，一是规范意义上的教育伦理形态，它通过社会舆论和传统习惯等手段对教育者进行一定的约束，进而发挥其抑恶功能，在某种程度上它具有一种外在的强制性，是教育者必须遵守的教育活动规则；二是美德意义上的教育伦理形态，它是以主体德性的方式主观性存在于人的精神状态及其现实中。前者表明教育伦理可以通过规范人的行为发挥其抑恶的作用和功能，后者则表明教育伦理可以通过美德提升人的品质发挥其扬善的作用和功能。对此，美国著名法学家博登海默把道德区分为两类不同等级体系，"第一类包括社会有序化的基本要求，第二类道德规范包括那些极有助于提高生活质量和增进人与人之间的紧密联系的原则，

---

① ［美］马斯洛：《人性能达到的境界》，马良诚等译，陕西师范大学出版社 2010 年版，第 43 页。

但是这些原则对人们提出的要求则远远超过了那种被认为是维护社会生活的必要条件所必需的要求"。① 无疑，博氏的道德理论蕴含了这样的意思：社会伦理本身是一个具有层次的规则系统，而且它的价值也是人们所欲求和期冀的，只不过不同生活条件下的人们由于其境界不同所追求的道德高度存在一些差异而已。但是，对美好生活的向往和对幸福自由的追求是人的普遍共性。而幸福生活是以道德为基础的，道德的原则指向于人的幸福，人们需要幸福就必然需要道德，没有道德的社会生活是无序的、冰冷的，甚至只能说是生存，是动物的存在方式而不是人类的生活方式。因此，人类要获得幸福就必须进行合作，而道德正是社会进行合作的重要方式，是人之为人的人格担保。在此意义上说，发挥教育伦理的抑恶与扬善两个功能向度是可能的、现实的。

我们知道，任何人都必须生活在社会环境中才能得以生存和发展，所以人总是要走向社会的，也必须要实现自身的社会化，成为社会的一分子。一个社会化的人意味着他需要掌握社会生活的基本知识、经验和技能，必须接受和服从一定的社会道德原则和伦理规范，从而体现人类存在所特有的文化性、民族性和地域性。没有人的社会化，个人就无法获得社会性的生存权利。因为社会先于我们而存在，人不能完全独立的不与任何人发生关系地生存。所以，教育就是受教育者逐步被社会化和成为社会人的特殊训练过程。其实，不仅是受教育者在教育中逐步社会化，而且教育者自身也在社会化，每个人作为社会成员都会打上历史和文化的印记。我们常讲，教育者要先接受教育，然后才能教育被教育者，并把社会的价值观念和道德文化传递给受教育者。这就是说，教育者首先要实现社会化，因为他不仅是社会的一员，而且还代表社会进行文化知识的传承，进行价值的创造活动。

教育者的社会化还是一个不断实现的过程，是对社会主流价值观和伦理道德认同和践行的过程。人之所以为人，是因为他们不仅仅有人的外表，而且具有人的精神和行为，人的精神和行为是文化的产物。因此，人的社会化也是人作为文化存在性的一个过程，因为社会本身就是

---

① ［美］博登海默：《法理学：法律哲学与法律方法》，邓正来译，中国政法大学出版社1999年版，第373—374页。

一种文化的存在，而人在社会化的过程中就是要认同社会的文化价值及其他精神文明。从伦理价值的角度看，人社会化的重要意义就在于通过教育学习知识、技能，逐步地认同社会的价值规范等，并把自己融于整个社会，成为社会中的积极公民，从而使个体生命进程中的价值追求与社会发展进步保持协调和同步，并实现自己的个性追求。教育伦理一旦被教育者所认同和践行，教育者就实现了社会化的存在，其行为的抑恶扬善就会被其意识和向实践转化，这从生命发展和生存意义上来说，都是一种善举，是社会和个体之间矛盾的解决。

　　社会发展需要道德的动力，道德也是人的一种实践方式，人是道德的主体。但人的道德并不是天生的，而是在社会实践中养成的。教育者需要从生活环境中汲取营养，也无法摆脱作为社会角色承担者所必须肩负的道德义务和道德责任，其行为总是要受到受教育者和社会的伦理评判和舆论约束。所以，跟简单的风尚、习俗不同，教育伦理和教育道德不仅靠已经建立起来的普遍的社会秩序来支持、靠习惯和周围的人们的舆论力量来支持，而且还能通过一些普遍的固定概念、原则和范畴来从思想上表现和论证人们应该怎样行事。这些关于教育善恶的固定概念在各种程度上反映着现实社会的舆论，同时也是某种具有历史稳定性和系统性的东西。依靠社会舆论来调节行为和思想，是道德活动区别与其他社会活动的重要特点。每个人的行为是否符合一定的伦理规范，既受到周围的人的共同监督，也受到行为主体内心世界的监督。这种监督就是道德评价和自我评价。

　　从这里，我们可以看出教育伦理不仅是一种客观的价值系统，而且还是教育者道德选择的重要依据。它不仅具有规范的调节功能，而且还具有道德的评价功能，这就对教育行为进行抑恶扬善提供了外在的条件。道德评价把教育行为分成"善"或"恶"，并相应地表示赞同或者谴责，表达感激、钦佩、蔑视、憎恨的道德情感。同时，它也促使教育者对照教育伦理的指令进行道德的自我评价，使个人确立自己行为和动机的道德价值。教育道德评价跟人们内在的良心和责任感密切相关，是人们对行为进行自我控制的重要手段。一个经过一定道德教育和有道德修养的人，自己能意识到自己应负的道德义务，能为自己的行为选择不当而进行良心上的自我忏悔。无论是社会还是个体，他们对教育行为的道德评价都构成了一种强大的精神力量，从而对具有道德意义的教育行为选择产生影响力。

不过，教育伦理是否能够起到抑恶扬善的作用，最终还必须通过教育者主体的努力方能实现。也就是说，作为客观精神的教育伦理要转化为主观精神的教育道德。正如马克思所说："道德的基础是人类精神的自律。"外在的教育伦理立法必须转化为教育者内在的自我立法，其抑恶扬善的功能才能由他律进入到自律阶段。道德是人类精神生活的一个极其重要的成果。从这个意义上说，它对人本身就具有一种最伟大的价值。因为它提高人的地位，使人的人格变得高尚，唤起和发展着人身上真正合乎人性的东西。马克思主义认为，人的本性不是先天的，而是后天的。人的本性是由社会经济状况决定的，它是可以变化的，因而人的向善向恶的能力也是可以改变的。但是人们的这种善恶本性的改变，并不是随着社会经济状况的变更而自然而然地发生变更，而是需要通过人们自觉的活动来实现这种变更。人们在社会实践中形成的伦理规范和行为准则，反过来又转化为自觉的道德需要，这一过程本身就是一个道德教育和自我教育的实践过程。如果把教育伦理的作用能力简单地归结为它只具有规范调节功能，那就意味着把伦理看成是凌驾于人之上的一种异化力量，从而就遮蔽了其在主体性意义上的功能，也就失去了人的价值内容。因此，我们要使教育伦理精神参与到教育者的个性和自我意识的形成之中，使他们从道德的角度来看待教育人生的目的和意义，提高对自己人格尊严和社会责任的认识。通过发挥教育伦理的道德教育功能，在促进教育者个性发展的同时，不断提高他们投身教育事业的积极性，为培养越来越多的新人和服务社会的有用人才而努力，从而使弃恶向善在道德主体性面前成为现实。

教育伦理蕴涵着对人类生命的热爱，对育人成才、文化共享的热忱以及对学生和社会应有的责任和使命。教育伦理的个体关怀性，就是要尊重人的成长，关注每个个体完善自己、发展自己的内在需求，尊重个人的自由、独立和个体生命的差异，并善于发掘每个人的潜能。它在承认人的生命价值的同时，也预设了人的生命的同等重要性。而教育伦理要体现"以人为本"的时代精神，就必须防止教育的过度世俗化和功利化。市场经济是一种容易诱使人们过于专注于物质、经济和其他种种现实功利的经济。一种有价值的、有意义的教育实践，必须是向未来开放并将实践性的未来和理想目的性的未来统一起来的教育实践。有学者指出："在人们越来越受现实功利羁绊，越来越被现实主义限制了生命意义的拓展之时，由于教育体现着对人类生活最高境界的祈求，保留了对于超越实利的、非功利价值的追求，至少还可以寄希望于教育去使人对人在现实中的病态和畸形保持警觉，对人的纯功利冲击起到平衡和矫正作用。"[①] 教育是促使受教育者从原有发展水平向发展目标转化的活动。正是教育伦理关注人类未来生活前景、培养未来理想新人、铸造未来理想人格的根本属性，把教育实践建立在追求一种可能生活之"善"的伦理价值目标基础上。

二　抑恶与教育伦理的他律

从广义上来说，他律为除本体以外的行为个体或群体对本体的直接约束和控制。社会是一个自我组织和自我修复的有机体，为了使人们能够有效合作和共同发展，使个体具有集体观念和他者意识，在追求自我利益时不损害社会公共利益，就得运用伦理规范来抑制社会行为中的恶，这实际上是一种带有强制性的他律。从法律、宗教、戒律、制度到伦理，它们都具有外在的他律性，其功能首先是遏制和防范各种不道德行为。作为贬抑教育行为之恶的教育伦理，其宗旨也在于为教育者提供合理的行为准则，为教育主体的道德选择、道德判断提供一个普遍的标准，并通过有效的手段对教育者的道德行为进行必要的他律，从而抑制教育中各种"恶"的现象的发生。教育中恶的现象，既可能是因为在教育活动中没有行为标准而发生，也可能是由于未能充分发挥教育伦理的他律功能而发生，当然也可能是因为教育主体"明知故犯"，把教育伦理规定视同虚无，从而刻意做出有违伦理规范的不当行为。但不管怎样，要有效抑制教育中恶的现象，就必须要重视教育伦理的他律作用，通过教育伦理立法为教育者提供基本的行为模式，使教育行为有章可循，明确教育善与教育恶的界限，这是有效开展教育活动的前提。甚至

---

① 萧雪慧：《教育——必要的乌托邦》，福建教育出版社 2001 年版，第 173 页。

可以说，在教育道德形成的初始阶段，他律较自律更为重要。

（一）重视教育伦理的道德调控

重视教育伦理对教育行为的道德调控作用，旨在从客观上防止教育恶的发生。发挥教育伦理的他律作用，这对促进教育者的道德自律的形成也有手段上的意义。所谓教育伦理的道德调控也就是通过社会教育、外在舆论和习惯力量等的作用引导教育主体约束自我行为，按照一定的伦理原则和规范去从事教育活动，去遵守教育活动的基本法则，从而保障教育活动的有序和高效。教育事业的健康发展，需要以真律教、以法治教和以善律教。以真律教旨在使教育按教育规律办事，使教育工作科学化；以法治教则体现了国家、政府、统治阶级的意志，具有强制力，它重在明确教育中各类主体的权利和义务及其相互关系。而以善律教，就是要以正确的教育伦理观念、原则和规范来规制教育行为，引导和监督教育者并抑制教育中恶的因素生发。例如在教育思想的变革中，教育伦理观念、善恶标准的确立和完善，教育内容的调整是否有利于促进教育公平，新的教学方法、教育手段和媒体的采用，是否体现了对人的尊重以及教育制度的改革需要有充分的伦理依据，等等。事实上，每一种教育活动，每一个教育工作者，都会受一定的基本价值观念和伦理原则的支配。离开了教育伦理对人们行为的道德调控，教育就没有是否标准，教育事业健康发展就没有外在的可能性。尤其在教育正处于社会转型时期，现实教育实践存在着众多道德失范情况，重塑教育的美好形象，祛恶净化教育环境，已成为社会关注的焦点。正如有学者指出："教育腐败对于基于行业比较的教育德性和基于自我规约的教育德性已经构成现实挑战。"① 因此，加强教育伦理的道德调控是势在必需，也是教育伦理实体的本质要求。

之所以要重视教育伦理的道德调控，还在于教育伦理调节是一种嵌入人的思想、情感、动机和灵魂的柔性调节手段，它以舆论的褒扬、感化、示范、指导、沟通等各种方式，指明行为的道德方向，提高人们判断教育善恶的能力，使人们自觉选择正当的行为模式。教育伦理调控从

---

① 王本陆：《教育腐败与教育德性》，《现代教育论丛》2004 年第 5 期。

人出发，针对人的品德和思想意识进行，它能对产生恶行的源头产生清理作用，它虽然涉及人和事，但主要是人。它帮助人们认识到"何以不可为"、"何以可为"以及"何以有为"，通过唤起对恶的羞耻心、道德感来促成教育主体选择正当的教育行为，从而使教育工作朝着预定的目标有效进行。教育伦理调控范围广于法律，它更彻底、更深入，涉及人的内在心性和思想意识，解决的是教育主体的价值观和品德问题，既影响人的德性，又规约人的德行。因此，在教育活动中，教育伦理调节能够维持教育秩序，减少教育活动中的道德风险，降低教育活动的不确定性，提高教育道德效益，使教育者的行为最大限度地趋于至善的境界。

教育伦理的道德调控在于运用社会的教育伦理观念、教育伦理原则、教育伦理规范对各类教育者进行行为规制及价值导向。教育伦理既是社会用来调整个体之间、个体与社会之间行为规范的总和，也是社会共同利益、共同要求、共同意志的反映，具有高于个体目标的要求，贯穿于教育活动的各个领域，所反映的是整个社会的道德要求，体现着道德规范的他律性。教育伦理作为一种社会立法，其主要目的不是传达社会对教育者的道德要求，而是为了最终影响教育者的道德观念、道德信仰、道德判断、道德行为，通过道德评价的方式对教育行为的善与恶作出裁定，从而对不道德行为给予贬斥和否定，抑制教育恶的蔓延。所以，抑制教育恶的发生首先要依靠教育伦理对教育行为的道德他律。因为，虽然教育行为的善恶是教育主体的一种道德选择，但是这种道德选择必须要有教育伦理给予其规范的约束。否则，教育者个体的道德就会演变为纯粹主观意志的行为，只是个人利益和价值的体现。而教育者的道德选择一旦缺失了应有的社会意义和伦理关系前提，教育恶的发生就是难以避免的自然行为了。由此可以看出，社会教育伦理与教育者个体道德之间的区别和联系。教育者的个体道德是指作为道德实践主体的个人，为实现自我发展、自我完善的需要，经过后天的教育、修养与实践而形成的道德意识、道德品质、修养境界和指导自身行为选择的内心准则。社会的教育伦理和个体道德是两个不同的维度。尽管善恶是来自于人的行为，是主体意志的反映，但它又折射出行为主体的内在道德，这种个体道德的合法性恰恰是由社会伦理来规定的。所以，教育伦理要在他律的意义上对教育者进行道德制约，使其树立正确的善恶观念，把消除教育中恶的现象作为协调教育人伦关系的重要目标。

其一，教育伦理的道德调控体现在对教育行为的外在约束力。在规范伦理学中，道德他律的直接含义就是，道德主体赖以行动的道德标准或动机首先受制于外力，受外在的根据支配和节制。因此，之所以要强调教育伦理的他律性，其核心也就是要表明在教育者在道德领域内没有绝对自由，其行为必须受制于由教育道德关系所决定的外在的必然性，并在这种必然性的前提下来行动。这种外在的必然性对于教育者而言，实质上乃是规定了教育者在教育活动中必须承担的道德义务。教育者履行这种道德义务是实现教育价值的要求，是教育者获得教育成功、幸福和自由的条件。所以，教育者遵循了教育伦理就走向了道德之善，背离了教育伦理就走向了道德之恶，也就必然会受到道德上的谴责和责难，其教育尊严就无法保证。所以教育伦理的道德调控是一种规劝、约束和教育，它有助于教育主体了解人生的价值、其在社会中的地位及生活的意义、社会责任的选择，从而驱使他们趋善避恶，构建良好的教育伦理关系和塑造理想人格。此外，教育伦理的道德调控及其抑恶功能还是通过对教育主体的道德评价来实现的。只有教育伦理规范而没有对教育主体的相应的道德评价，教育伦理的道德调控就会形同虚设，就无法使教育恶的现象得到及时的矫正。道德评价及其效用发挥得如何直接关系到教育伦理抑恶扬善功能的实现。道德评价正是通过赞扬和谴责、鼓励和批评、示范和劝阻、以肯定或否定教育行为的方法，约束教育主体的不当行为，将其道德行为纳入教育伦理本质所要求的轨道。

其二，教育伦理的道德调控体现在对教育行为的外在导向功能。教育伦理从外在约束力方面来看，似乎仅仅表现为社会对教育者个体的"防范"，教育理性对个体欲望的"束缚"。但我们不能把教育伦理的他律性及其道德调控理解为一种纯粹消极的东西，理解为一种道德禁欲主义，而是在强调伦理规范对人的制约性的同时，强调伦理规范对人所表现出来的价值导向功能。如果说，教育伦理的外在约束对教育行为之恶具有匡正和调适作用，那么，教育伦理的导向功能对教育行为之恶则具有指示和反思效应。所以，约束性和导向性，正是教育伦理进行道德调控的完整的表达形式。教育伦理作为教育者的行为准则，在约束教育主体的行动时也具有引导其行动的功能。它不仅告诉教育者不能做什么、从而规避恶的动机和行为，而且也告诉教育者应当做什么、从而激励其向善。从根本上来说，教育伦理的这种价值导向与道德约束力是同时并存、同时发挥作用的。没有约束，对教育行为的导向就失去了自己的轨道，没有导向，对教育行为的约束就失去了指定的目标。

因此，教育伦理的约束性从不应当的角度对恶的现象进行道德调控，教育伦理的导向性从应当的角度对恶的现象进行调控，它们的共同目标是指向于教育善。值得一提的是，道德的主体性本质决定了教育伦理的道德调控及其抑恶扬善功能的发挥，是依靠教育主体对道德的敬畏来确立的。所以，教育伦理的道德调控是规范性与主体性的统一，缺失了任何一方，教育的抑恶与扬善都是无法达成的。但尽管如此，教育伦理规范系统的构建和实施对于教育道德建设而言都具有逻辑上的优先性和基础性。只是在今天这样一个多元化社会，我们需要思考的问题是建立一种合乎实际的、更为有效和具有可行性的教育伦理体系，从而最大限度地实现其抑恶和扬善的价值功能。

（二）确立教育伦理底线

美国当代著名法学家富勒将伦理规范及道德应当划分为"义务的道德"和"愿望的道德"两种基本类型。这里，愿望的道德是较高层次的伦理要求，它意味着人的至善的某种概念。也可以说愿望的道德是一种美德、是社会所崇尚的，往往只有少数人能够达到的一种较高的善的境界，有着超越于现实的德性意蕴。而义务的道德指称的是一个有秩序的社会所必不可少的一些基本原则。由于这两类道德对行为主体的要求不同，社会对于这两类道德之实际履行的评价也不一样："人们不会因为履行义务的道德而受到赞扬，但如果违反它就会受到谴责和惩罚；人们因为履行了愿望的道德就会受到尊敬，但不履行此至多只会使人感到惋惜，而不会受到谴责。"[1] 这里所说的愿望的道德其实就是人的美德，它在道德价值体系中处于较高的地位。而义务的道德其实就是遵守社会的伦理底线，它处在道德价值体系的最底层。故而伦理底线就是指人人都应当遵守的最起码的社会伦理规范。它具有最广泛的可行性、可接受

---

① 沈宗灵：《现代西方法理学》，北京大学出版社1992年版，第55—56页。

性甚至某种必须性，是社会良序、人际合作最基本的需要。对此，我国伦理学学者也认为，道德可以分为两个层次，基本的层次是社会有序化的层次，它的内容是维护社会存在的基本道德义务；超越的层次是提高生命质量的层次，它包括对生命权的保护、对家庭利益关系的保护、对所有权的保护、对某些精神领域的权利的保护等等。① 中外学者对道德层次的上述区分，确是慧见所在，其对于教育伦理建设具有极为重要的启示，即我们既要对教育者倡导奉献和自我牺牲精神的美德要求，也要对教育者提出基于职责要求的道德底线，从而使教育伦理扬善与抑恶功能得到全面发挥。

由此推之，在教育活动领域，教育伦理底线作为教育者的义务的道德，正是教育者必须遵从的基本行为规范。它坚持规则优先理念，以"教育者必须怎样行动"为价值旨归，以他律约束为机制，要求人们在具体生活境况中作出正确道德选择。教育伦理作为教育者行为之矩，对教育主体进行正确的价值选择和采取适当的教育行为具有导向和规约作用。然而，由于人们德性水平的层次不同、价值取向的多元多样，没有教育伦理底线作为教育者最基本的行为要求，教育伦理对道德水平处于善恶边缘的人群就难以发挥匡正和约束作用，这部分教育者的行为之恶也就难以防范。因之，教育伦理规范对处于不同境界的教育者之道德要求应呈现出一个由低到高的规则体系。教育伦理要想完全地行使职能，发挥其在抑恶与扬善方面的他律功能，"既要包含教育道德理想以体现教育专业至善至美的道德境界，激励教育者形成高尚的职业行为，也要包含教育伦理原则对教育职业行为提供一般的指导和要求，还应包含教育伦理底线规则对教育者提出职业行为的最低要求：无论是肯定性要求，还是否定性要求，都不允许违背，以示约束功能及其对恶行的抵制"。②

教育伦理底线可以通过采用否定性或禁止性的语言格式，以明确在教育活动中哪些行为是教育者不允许采用或不能出现的情况。因此，如果说教育伦理对教育者较高层次的道德要求有利于行为主体在实践中表

---

① 唐凯麟、曹刚：《道德的法律支持及其限度》，《哲学研究》2000 年第 4 期。

② 傅维利、朱宁波：《试说我国教师职业道德规范的基本体系和内容》，《中国教育学刊》2003 年第 2 期。

现出更高的精神境界，以最大的空间弘扬教育之善，那么，教育伦理对教育者的道德底线要求则主要是为了防范和抑制教育行为之恶的发生。教育伦理之高标准是教育者道德向上的至善追求，没有止境，需要不断地进行道德修炼；教育伦理底线是对教育者道德往下的要求，对全体教育工作者具有普遍的约束力，也是教育行为的一道警戒线，是教育者所不能逾越的道德底线。一旦逾越，教育之善就会转变为教育之恶，那就要接受社会道德法庭的审判和社会舆论的谴责。可见，对于贬抑教育行为之恶而言，确立教育伦理底线是十分必要的，这也是多元化社会背景下加强教育伦理建设的客观要求。

　　然而，长期以来虽然我们关注到了教育者群体在道德上的层次性和德性水平的差异性，但在教育伦理规范的设计方面还是强调一个模式、一个标准，都是在普遍意义上对教育者提出一般的原则性要求，而没有对教育行为之应然提出明确的伦理底线要求，致使教育伦理在抑恶方面的功能发挥的不够理想，教育道德失范现象也时有发生。实际上，这种底线要求的道德规范很多时候还是停留于人们的观念之中，并没有真正运作于教育实践中，因为，社会对教育者的道德期待和要求总是要高于一般社会成员，所以认为教育伦理在标准上也应该高于大众伦理，但是教育者首先是公民，教育活动也有着特殊的专业要求，这些都不能完全依靠人的美德去实现，而是要纳入教育伦理底线的视野中。所以在教育伦理建设中，为了能对所有教育者的行为予以有效的规制，教育伦理规范必须做出相应的层次区分，必须设定广大教育者所应遵守的基本层次的道德要求。这一设定，既为教育者昭明了行为的底线，又是确立社会最基本的教育道德秩序的内在要求。

　　虽然对于教育者个人而言，他们可能因人生经历、生活环境和价值观念的差异，而呈现出不同的德性境界。对于这种德性境界上的差异以及教育者价值取向的多元化，我们应承认其现实的合理性，并给予应有的尊重和宽容，认可其具有行为选择和德性境界定位的自由。但是，行为主体的这种自由，乃是在道德规定的限度内选择的可能性，而不是超然于教育伦理之外的恣意妄为。也就是说，无论教育者个体的德性境界如何不同，其价值取向如何多元，社会对其的宽容是有原则的，教育者的行为选择是有边界的。这一边界，就是社会为制止教育恶的发生所设定的教育伦理底线。在教育伦理建设中，设定基本层次的道德规范，还是社会教育道德有序化的内在要求。所谓教育道德有序化，就是教育者对义务性规范的履行和对禁止性规范的规避。实现教育道德有序化，要求设定教育伦理底线，对教育者提出基本的道德规范，并使教育者自觉遵行，其实质是教育行为的抑恶扬善。

作为一种职业伦理和道德规范，教育伦理在发挥其约束和导向功能时，尽管是一种规定和准则性的东西，但它本质上还是通过感化和说服来唤起教育者的道德良知，所以不像法律规范那样采取必需的强制性命令语句。换言之，教育伦理规则的要求带有倡导性和建议性，在社会秩序体系不稳固和人们觉悟水平不平衡甚或低下的社会环境下，教育伦理的劝导性就会缺乏感召力而表现出乏力性。并且道德教化对人们品行的型塑常常是一种主体的内化过程，一旦教育伦理不能很好地被个体内化所接受，其作用状况就很难显现。教育伦理规范对教育者行为调控功能的有限性，决定了当教育伦理的效能不尽人意时，有必要将这种基本层次的伦理底线上升为制度或法律的要求，以保证社会对教育者的基本道德要求以及正常的教育伦理秩序由期望变为现实，这至少能够促进教育伦理抑恶功能的价值实现。诚如美国法学家博登海默所说："那些被视为社会交往的基本必要的道德正义原则，在一切社会中都被赋予了具有强大力量的强制性质。这些道德原则约束力的增强，是通过将它们转化为法律规则而实现的。"① 当然，这种教育伦理的法律化也只有那种旨在维持教育活动有序化层次的道德才可能法律化，即只限于教育活动中基本而必要的道德正当原则。因为，人除了是一个现实的存在之外，他还是一个超越的存在，他还具有超越现实的追求，这就是人对自身的精神完善、对道德理想和境界的追求。所以，教育伦理的法律化只能是从抑恶的意义上对教育行为的一种统一，而教育伦理的扬善主要是依靠主体的德性追求，其行为选择也很难有一个统一的模式和判断的一致标准，作为完善的途径也是多种的、开放的和可选择的，其真正探索的场所是一个人的灵魂和精神。

---

① ［美］博登海默：《法理学：法哲学及其方法》，邓正来译，华夏出版社 1987 年版，第361 页。

（三）拷问教育伦理责任

在社会生活中，法律和伦理作为规制人们行为和调节人际关系的社会规范，它们在价值目标上都是为了抑恶扬善，实现社会的和谐、自由和正义。但在功能和效力上又存在着一定的区别。伦理作为道德行为的法则是以"应该怎样"的形式出现，它的作用很大程度上依靠人的自觉。而法律以"必须怎样"的形式出现，它的作用很大程度上依靠国家的强制力。人们守法固然是因为法律代表着社会的普遍意志，尊重法律就是尊重人权。而且正是因为违法者必将要受到法律制裁，所以在法治社会人们必须对自己行为的后果承担法律责任，这是法律具有抑恶功能的特殊力量。同样，道德虽然本质上在于自律，但如果缺德者无视伦理的教化，肆意践踏社会伦理却又不承担相应的伦理责任及行为后果，那么，不仅伦理将形同虚设，而且还会助长人的不道德行径。因之，发挥教育伦理的抑恶功能还需要把规范建设与责任机制相结合。教育伦理的他律在某种意义上蕴含了对教育者刻意违反教育伦理之道德行为的问责，这有利于增强教育主体的道德义务感和责任感，加强教育伦理在教育活动中的道德调控功能，并运用道德评价的武器，适当地去纠正教育中恶的因素，恢复、维护和促进教育之善。

马克思曾经指出："作为确定的人，现实的人，你就有规定，就有使命，就有任务，……这个任务是由于你的需要及其与现存世界的联系而产生的。"① 所以，在教育教学活动中，要使学生愿意接受教育，能够受到教育，得到最充分的发展，教育者就必须明确自己的任务，切实负起对受教育者的伦理责任，以自己的伦理觉悟来调节和驱动整个教育活动，并对自己教育行为的方式、内容、态度以至于后果承担起道德上的责任。就本质而言，教育是一种需要有高度责任感、使命感的活动，教育的伦理价值和伦理规范离不开教育责任这一前提条件。可以说，教育伦理责任是实践教育伦理学的一个重要范畴。教育伦理责任，一方面指的是教育者意识到自己必须尽某种义务，他们必须担当起社会、家庭和学校对其行为的某种要求，这是一种与道德义务相对应的责任；另一

---

① 《马克思恩格斯全集》（第 3 卷），人民出版社 1960 年版，第 329 页。

方面指的是由教育行为带来的伦理责任，一个人意识到自己行为是完全由自己选择的结果，那么他就必须对自己的行为负责。因为，"教育既是一个体现责任意识，灌注责任理念，弘扬高度责任感并以之为前提和基础的人类活动领域，也是一种培养责任主体，生长责任人格的人之成长的过程"。① 在教育过程中，每一个教育行为主体都既是教育实践的责任主体，也是教育伦理的责任主体，他们都必须对自身所自由选择的教育行为及其后果的"合法性"问题负有伦理责任。实际上，教育主体正是在自由选择和承担责任的过程中不断提高自己的自由选择能力，使自身在教育道德实践中获得真正的自由。注入和培养教育者的伦理责任在贬抑教育行为之恶中的作用，在于从道德上增强教育者实践教育伦理的责任感，使教育者对自我行为有反省和反观自照、自我监督的意识，通过善恶因果律的效应，在教育行为主体思想深处确立正确的价值选择系统、道德生活图式，思考自己与国家、社会、受教育者等之间应然的价值关系，进而自觉地择善祛恶。因此，从赋予教育主体伦理责任的意义上提升教育伦理的他律功能，实际上体现的是对教育者的行为选择进行道德调控和正确导向的利益机制，可以使道德规范的纠偏功能得以更好地发挥。

从伦理学的角度说，人们道德行为的责任性，是人的自觉自主行为的特质。道德行为的本质规定，就在于它体现着一定的社会关系，是作为关系而存在的。有关系的规定，就有要求；有一定的要求，就有责任。在教育共同体中，教育者与受教育者是一对基本的社会关系，他们之间的关系既是教育的关系，又是伦理的关系。为了维护教育中的特殊伦理关系，使教育活动彰显教育伦理关系之应然，社会对教育者和被教育者都提出了一定的道德要求。对于教育者而言，这种道德要求同时也意味着教育者对自己的行为选择负有相应的伦理责任。因为，教育者是具有自由意志和自我意识的行为主体，道德行为产生的内在根源就是自觉、自主的意志。一切道德行为都意味着它或者是善的，或者是恶的，总是要联系着人们所生活的社会环境和社会关系。在教育生活中，人们对教育者道德行为的评价，虽然是给予行为本身的，但由于做出行为的

---

① 田海平：《教育权、教育责任、教育角色》，《南京化工大学学报》2000 年第 4 期。

人是执行意志抉择的主体，所以伦理责任的归属就是教育中的道德主体。也就是说，个人作为道德行为的主体，同时也就是受一定伦理制约的责任主体。责任意识不仅体现着一个人的人格，而且是对人的自由意志的最高规定。教育者之行为只有是出于对社会和教育事业的责任时，才具有道德价值；只有出于责任，并履行责任，真正实践了教育伦理精神，才能实现教育的道德价值。所以，教育意味着责任，教育伦理要求教育者对自己的道德行为承担责任。在教育伦理建设中增加责任维度对于抑教育之恶是有助益的，教育者把义务的规范转化为伦理的责任，在主观上有利于消除和抑制恶的动机及意图，在客观上对已经发生的不道德行为也具有评判、矫正和惩戒作用。

　　当然，强调教育伦理责任意识和道德反思，并不是否定教育者在教育活动中的自由选择权、主动权和创造精神。相反，教育者在教育实践中必须是自由自觉的人，是具有独立人格和自由选择的主体，否则，他们的任何教育行为都与教育伦理责任无涉。事实上，教育者正是通过自由选择自己的教育行为而实现自己的意志自由，显现自我的德性和价值，达到职业劳动的目的和效果的。教育劳动本质上是一种极富创造性的职业劳动。教育者自由地选择教育行为有利于他们开展创造性的教育教学活动和培养造就人才，也有利于他们运用道德手段调节教育过程中的利益矛盾、教育活动中的人际关系，从而保证教育活动的顺利开展。然而，教育者选择教育行为的意志自由，既然体现了教育主体的主动性和能动性，那么其意志自由就使道德选择得以进行并赋予了教育者以道德责任。这就是说，教育者的教育行为选择既受到自我需求和道德需要这一内在价值尺度的支配，也必然受到社会伦理观念和教育传统习惯这一外在价值尺度的制约。教育者的行为选择一旦背离了社会的教育伦理就可能导致教育恶的产生，行为主体就需为之付出必要的代价，这就是道德选择带来的伦理责任。

　　教育伦理对教育者的他律及其抑恶功能是属于道德领域的工作，也应当是教育者自觉自愿的行为。在目的性上，道德是指向于人的幸福和自由的，人们的从善之举按理应当是积极主动的。然而，利己的自然性冲动又使得人们常常逾越道德的阈限，从而受到社会的道德责难，这实际上就是承负行为的伦理责任。纵观人类社会道德生活的历史，道德绝不只是与赞美和褒奖相连，而且社会道德生活也是同一定形式的制裁或赏罚联系在一起，人们把这种道德生活中赏善罚恶的现象，称为道德赏罚或道德制裁。当然，对于教育伦理建设而言，我们对教育者的道德表现应更多给予鼓励和奖赏，这有利于教育善行的发挥。但为了发挥教育伦理的抑恶功能，必要的道德治理和问责，也有利于构筑教育者的责任意识和责任精神。正如斯密所说："凡被视为感谢的对象，应得到酬谢，凡被视为憎恨的对象，应被责罚。"① 一个教育工作者如果没有一定的责任担当，无视教育伦理的外在约束，就很容易做出不道德的行为。因此，全面发挥教育伦理的功能需引入道德赏罚机制。当然，对教育者的道德赏罚要运用的合理适当，否则把道德看作是获得名利的手段，本身就歪曲了道德的目的。作为发挥教育伦理抑恶功能的一种手段，道德赏罚的目的是为了教育者确立责任观念，使他们走向道德自觉。

当教育行为主体因其不道德行为或恶劣的品质而受到社会集体的利益处罚时，这一处罚作为强大的外部压力迫使行为主体不得不慎重考虑自己的行为后果，并基于这一利害权衡而改邪归正、弃恶从善。同时，这一责罚对那些道德素质较差的人也产生一定的威慑作用。教育道德赏罚通过引进利益机制，使善恶与利害产生恒常联系，促使人们趋善行、避恶行，使善行变得普遍，恶行变得少见，从而维持教育伦理的运作，促进教育者提升自己的道德责任感。而且，如果从道德内环境建设的角度说，教育伦理的道德赏罚也可以立足于教育主体的道德情感，通过舆论衰贬等唤醒人的荣誉感、自豪感、幸福感、羞耻感、自卑感、痛苦感等，从而达到激发人的道德良知，改善人的道德品质之目的。

三　扬善与教育伦理的自律

在致力于抑恶的实现过程中，进行教育伦理建设的宏旨在于进行教育伦理立法，从而使教育者在教育活动中"有法可依"，以发挥教育伦理对教育主体的他律作用。但在促进教育者扬善的实现过程中、则更应注重于教育者的自律精神、自我意识，发挥教育者的道德主体性。也就

---

① 周辅成：《西方伦理名著选辑》（下卷），商务印书馆 1987 年版，第 185 页。

是说，要使教育者自觉信守这种教育伦理，扬教育之善还有赖于教育者自身的良好道德。教育伦理建设为抑恶提供外在条件，教育道德建设则以提高教育者德性，为扬善提供内在保证。一个有道德的教育者不是迫于外在的伦理压力而做出善的举动，而是尊崇自己内在德性所表现出来的一种行为方式。所以教育伦理之扬善功能的发挥，并不是仅仅依靠伦理本身就能够解决的，还必须通过教育道德建设把教育伦理的外在他律转化为教育者的内在的道德自律。教育善的实现需要教育伦理为他们通过必要的道德路标，但更需要自觉认同、自愿接受和主动践行教育伦理的道德素质和实践精神。因为，道德只有从规范转化为人们的思想品德和外在行为，才算是真正得到了实现。正如黑格尔所说的："一个人做了这样或那样一件合乎伦理的事，还不能说他是有德的；只有当这种行为方式成为他性格中的固定要素时，才可以说是有德的。"①

社会教育伦理之普遍性、他律性特点决定了它必须向教育者个体道德转化，只有转化为特殊的、自律的个体道德，它才能实现自身的价值，发挥其作为道德规范的功能。因为，"任何一个社会的道德原则和道德规范，只有内化为个体道德的自我意识，从而形成个体的道德品质，才能发挥其道德的功能，以达到更好地按照这些原则和规范调整个人和他人、个人和社会的关系的目的"。② 教育伦理作为教育者应有的道德价值意识和行为规范体系是一种他律，必须被教育者内化，成为他们的自我意识、自觉追求，才能转化为一种道德自律。正如社会心理学学者南婷所说："在社会化过程中，当个体具备了自我意识，接受了一部分道德规范之后，个体消极地接受外在影响的情况就越来越少，其道德社会化日渐成为一个主动的过程。"③ 传统的道德内化观在一定程度上揭示了道德内化的规律，但由于忽视道德内化过程中个体的主体性作用，因而在解释现实生活中的道德问题时往往陷入困境。其实，我们现实生活中诸多道德问题之所以会产生，关键在于社会伦理规范没有内化

---

① ［德］黑格尔：《法哲学原理》，王哲等译，商务印书馆1979年版，第170页。

② 马奇柯：《社会公德、职业道德、家庭美德、个人品德关系论析》，《学术交流》2008年第2期。

③ ［美］玛戈·B. 南婷：《儿童心理社会发展》，丁祖荫译，人民教育出版社1993年版，第5页。

为主体的内心自觉，在于个体之道德主体性精神的缺失。这也是麦金泰尔面对社会道德沦丧的现实，提出要回到传统、追寻美德的一个重要缘由。因此，若要实现社会教育伦理向教育者个体道德的顺利转化，促进个体德性的生成完善，就必须要重视个体的主体性作用，张扬个体道德的主体性精神。因为，道德作为人类把握现实世界的一种实践精神，是规范性和主体性的统一，没有主体德性的参与，再好的道德规范就无法从他律走向自律，应然的善也就无法呈现为实然的善。我们需要看到伦理与道德概念之间的区别，更要看到道德的本性及其与人的发展的关系。教育伦理并不只是对教育行为的一种限定，更重要的，它还是教育者获得自我发展、自我实现、自我完善的重要手段和实践方式，既具有社会价值，又具有个体价值。这就是说，从本质意义上说，伦理和道德既是社会现象又关涉个体自身，道德不只是约束人和限制人，更重要的是丰富人和完善人，道德的根本在于寻求人性的完美和个性的成熟。我们要改变过去的不人道做法，使伦理道德不再沦为一种约束人、限制人甚至压抑人的工具，而是以人为目的，成为提升和改造人性的载体。也就是说，发挥教育伦理的扬善功能，加强教育者的道德自律，应将教育道德建设作为一项重要的主体性工程。

（一）培养教育者的教育道德理性

培养教育者的教育道德理性，是实践教育善的理念之开端。就一般意义而言，教育的过程也是主体不断超越自身德性状况之实然而向教育伦理所昭示的应然状态切近的过程。因此从逻辑上讲，能否从理性上自觉到这种教育伦理及其内在合理性是形成良好教育道德的首要环节。人们只有对一定的道德关系及其道德要求有清醒而深刻的认识，才能培养起良好的道德行为和道德品质。亚里士多德指出："人的特殊功能在于根据理性原理而具有的理性生活。"[①] 所以，人的理性是道德的基础。这意味着，教育活动中任何一个具有正常理性和自觉意识的教育者，对于自身的行为应遵循何种教育伦理，这种教育伦理具有何种合理性都有一定的理性自觉。教育者总是在一定动机的支配下，从自己所扮演的社

---

① 周辅成：《西方伦理学名著选辑》（上卷），商务印书馆 1964 年版，第 287 页。

会角色出发，对社会所昭示的教育伦理进行理性认识，对行为准则给予缜密的审视和斟酌，从而做出一种契理性合目的的正确选择。由此可见，教育者的道德理性实质上是对教育伦理合理性的深刻理解和自觉认同，也是教育者实现以善律教，主动从善的内在条件和认识论前提。所以，若要通过教育者的自觉实践而实现教育伦理向教育善行的有效转化，就必须致力于教育者科学教育道德理性的培养。

　　教育者是从事教育职业的实践主体，代表社会承担着"教书育人"的根本任务，其行为必须体现社会对教育工作的伦理要求。教育者把社会对教育行为的伦理要求内化为自身的道德品性、道德素质的过程，与教育者实践教育伦理、弘扬教育之善是同一个过程。从教育伦理到教育道德的转变和发展是教育主体在对教育行为之应然进行理性认知和科学理解的基础上，把教育的外在律令转化为教育的内在律令的结果，是教育道德理性的生成过程，又是教育主体对教育的价值意义、道德属性以及对教育伦理精神自觉体认后所形成的精神品质。教育伦理的自律性其实就是指教育者把社会的道德要求转化为自我的道德要求，然后自觉地在教育活动中按照教育伦理规范的指令和方向处理各类教育关系，并努力提升自己的德性境界和道德水准。如果说，教育伦理对教育行为的规定具有一定的强制性，那么，一个具有教育道德理性的教育者对教育伦理的遵行一定是自觉的、主动的，而不是盲目的、被动的，他把对教育伦理的自觉遵循看作是获得道德行为自由的前提及其对教育道德义务的履行。因而，对教育伦理所昭示的教育善恶观念及其价值尺度是非常清楚的，具有明确的道德判断标准，并做出合乎理性要求的自律行为。所以，教育者遵行教育伦理是对教育善的自觉追求和道德实践，没有教育者科学的教育道德理性就无法做出正确的道德选择，它内蕴着教育者选择教育行为的自觉与理智。没有自觉与理智驱动的教育行为，只可能是偶然的或被强制的行为，而不是教育伦理主导的道德自律行为。苏格拉底在谈到道德的属性时指出，美德即知识。道德善首先是来自于行为主体对善的认知和自觉。亚里士多德在论述"公正"时也曾经说过：不管做事公正还是不公正，都要有意地来做。如若是无意的，那就不是做不公正的事，也不是做公正的事，而是凭着机遇。这里所谓"凭着机遇"的"无意"行为，即是不自觉的、缺少目的和意图的"自发行为"。教育者不是基于教育道德理性而做出的不自觉的教育行为，虽然有可能在表面上与教育伦理要求相一致，但由于不是出自真实的自由意志，也就没有自律性，因而不是真正的教育伦理行为。所以，如果教育行为仅仅依赖于教育伦理规范与制度的他律，虽然也会导致某些表面合乎伦理要求的行为，但却难以造就具有内在德性的道德主体，教育善就有可能因为教育者缺少科学道德理性的内在支持而难以持久。

发挥教育伦理的扬善功能，要求教育主体把教育伦理的实践精神变为自己的教育道德理性，并在这种科学的教育道德理性指引下，展示出应有的道德表现。因此，培养教育者的教育道德理性，就必须提高他们的道德认知水平。一般而言，道德认知是指对道德规范系统的认识，对道德范畴、原则、规范的价值和需要的理解，以及能根据社会伦理的要求对人们的行为作出判断和评价。教育者的道德认知是将教育伦理进行道德内化和选择道德行为的先导，起着理性指导作用。它也是促使教育者道德信念形成的认识基础，构成教育者道德自律的导向性机制。一个道德认知水平低的人不可能自发地产生自律行为。现代心理学派行为主义的"社会学习理论"认为，人的行为是从对榜样的模仿学习中得来的。这种理论强调环境对人行为的影响作用，但行为的模仿毕竟是外在的，未必出自主体的内心认识和需要。换言之，教育者没有对教育伦理的深刻认知和内在诉求，即使有良好的榜样行为，因缺乏价值动力也不可能内化为自律行为。教育者的教育道德理性即对教育伦理的自觉及其践行，是对自身角色所担当的社会责任和教育使命的体验，以及对教育道德关系和行为价值的觉解和思考。人"只有对生命有清楚的自觉，对生命的资源有清楚的自知的时候，才能发展内在的自由，他才能依据生命的自觉及其资源，以自由意志去追寻人生中道德的尊严与创造的经验"①。

教育的发展关键是取决于教师的道德素质和职业水平，其中教师是否对自身承担的使命具有清晰的认识，是否有献身教育的职业信念，是否具有道德影响力，是否具有可信的教育观、人才观、质量关、学生

---

① 林毓生：《中国传统的创造性转化》，生活·读书·新知三联书店1998年版，第68页。

观，都将成为新时期教师道德使命感的重要标志，也是能否做好教育工作，促进教育事业发展的核心因素。教师的道德成长不仅是促进自身职业发展的重要动力，也是保证学生健康成长的必要条件。教育者需要把"育人"与"育己"结合起来，前者是对学生人格的塑造，后者是对自我的主观改造。只有不断推进教师职业道德认知的发展与深化，使教育者认识教育职业的生命内涵，使教育道德理性由自发、自觉升华到随心所欲不逾矩的自由境界，才能把教育伦理之道德善转化为教育者的价值追求和道德行为。如果说，处于自发阶段的教育道德认知意味着教育者道德心理的不健全和不成熟，处于自觉阶段的教育道德认知意味着教育者道德理性已经走向成熟和完善，那么可以说，处于自由阶段的教育道德认知就标志着教育者道德心理的成熟和臻美，标志着作为教育道德主体的教师道德社会化的真正完成，这是教育伦理能够扬善抑恶的重要认识论基础。

（二）　增进教育者的教育道德情感

教育者自觉信守并实践教育伦理，不仅需要教育者具有科学的教育道德理性，而且需要教育者具有深厚的教育道德情感。如果说教育道德理性决定了教育者对教育伦理及其合理性的认识程度，那么，教育道德情感则决定了教育者对于教育伦理的主观态度和内心意向。教育伦理对教育者的道德自律，应该是教育者对教育善自觉自愿的价值追求和行为选择。心理学研究表明，人的行为表现不仅由理性因素决定，而且受到感性因素影响，人的情感和情绪也左右着人的行为选择。列宁曾言："没有人的情感，就从来没有也不可能有人对真理的追求。"[①] 一种教育伦理行为的实施，需要教育者在教育道德理性上的自觉，而要使这种自觉到的"应当"成为教育者行为的实际导向，使教育者在情感上自愿地而不是勉强地接受它，就必须形成高尚的教育道德情感。从教育道德行为的实践来看，虽然主体在理性上自觉认识到某种教育伦理之意义及价值，但是由于情感上不满或抵触而拒不履行甚至故意反其道而行之的事例在现实中并不鲜见。这就说明了教育道德情感也影响着教育伦理能

　《列宁全集》（第25卷），人民出版社1988年版，第117页。

否被教育者践履及其被践行的程度，它是实施教育伦理行为的心理基础，也是实现教育善的主观条件。教育道德情感是积淀着教育道德理性的感性形式，它是主体主动选择和实践教育伦理的内在动力，对于教育行为的扬善抑恶具有内部支持的作用。教育者只有产生了积极的教育道德情感，才能使教育伦理见诸行动，真心而持久地服膺于教育"应当"。高尚的教育道德情感在教育伦理自律和教育善实现过程中的作用，在于教育者将根据教育伦理去行动看作是人生价值的实现，生命本质的对象化，以及自己生命活动中的精神追求。因此，"能和教育道德理性一起结合成教育者坚定的教育道德信念，成为教育者实践教育伦理的动力。如果没有这种高尚的教育道德情感，教育善就根本不可能得以实现"。①

在现实生活中，人们对于周围发生的道德事件，包括对自己和对别人的所作所为都有反应。道德情感是人们根据自己所掌握的道德规范对社会现象的真假、美丑、善恶表现出的喜怒、哀乐、爱憎、好恶的情绪情感体验，包含了道德的公正感、责任感、义务感、自尊感、羞耻感和荣誉感，等等。一个人的荣辱感越是强烈，其道德情感也就越强烈、深沉。实现教育善与教育伦理的自律，尤其是教育者的道德修养是分不开的，这也是教育者道德认识、道德情感、道德信念、道德意志、道德行为等因素所构成的综合反映。在这些构成因素中，道德情感对其他因素的生成、发展和相互间的联通、合成发挥着重要的作用。

其一，教育道德情感伴随着教育道德认识而产生，同时又影响着道德认识的完成。这种影响既可表现为道德情感积极地影响人的道德认识，使人愉悦地接受教育伦理；也可表现为道德情感阻碍道德认识，使人形成接受教育伦理的"情感障碍"。在教育实践中，没有教育道德情感的支持，教育道德理性所把握的教育善也难以在行为中呈现。其二，教育道德信念的形成也伴随着教育道德情感的活动。高尚的教育道德情感促使教育者积极接受教育伦理教育，努力掌握有关的道德知识，并推动道德知识转化为道德信念，甚至是构成道德信念必不可少的因素。教育道德信念是教育者对教育道德理想和伦理原则的正确性和正义性所持

---

① 刘云林：《教育善的维度与实现路径》，《教育理论与实践》2004 年第 8 期。

有的笃信，这种笃信离不开教育道德情感的支持。正如教育家苏霍姆林斯基所说："情感——这是道德信念、原则性和精神力量的核心和血肉。"① 其三，教育道德情感是生发教育道德意志的内在动力。人的道德活动总是伴随着一定的道德心理和情感需求。教育者在行动中所倾注的感情越强烈，其意志就越坚定；与之相反，教育者在行动中所投入的情感越淡薄，其意志也就越薄弱。坚定的教育道德意志是教育者具有正确的教育伦理观和道德荣辱感的体现，它的核心在于形成热爱教育事业的高尚教育道德情感。其四，在教育者把道德认知转化为道德行为的过程中，教育道德情感起着中介作用。心理学研究认为，人类活动的内驱力的信号需要具有一种放大的媒介，才能激发有机体去行动，起这种放大作用的就是情感。英国伦理学家休谟曾言："没有道德情感，就没有道德行为，只有当下直接的情感才能激发意志，产生行动。"教育道德情感的形成标志着社会教育伦理真正内化为教育者的心理特质和个性品质。只有从情感上真正产生了这种道德需要，教育者才会感到自己有责任在无人监督和无外在压力的条件下也慎独地践履教育伦理。因此，教育道德情感是教育者道德素质的要素之一，是教育伦理自律的重要环节，对于教育善的实现是不可或缺的内在力量。

　　教育伦理的自律更多的是强调教育主体的自我要求和道德信念，需要教育者具有良好的道德情感体验以及高尚的教育道德情感。因为，人本身就是理性和感性的统一体，也是世界上最讲感情的动物。发挥教育伦理的扬善功能，需要教育行为接受教育道德理性的指引，也需要教育行为获得教育道德情感的支持。否则，即使教育者有了理性的认知也难以产生心理上、情感上的共鸣。教育伦理实践必须以教育道德理性为基础，但道德理性本身并不代表教育善的实现，而必须内化为教育者的道德信念，外化为道德行为。在这个转化过程中，教育道德情感起着中介和催化剂的作用，是推动道德理性进一步深化，转化为内心信念，驱使教育主体扬善抑恶的重要因素。高尚的道德情感对教育者的行为具有巨大的推动、控制和调节作用，是一种自我监督和自我反省的力量，它可

---

　　① ［苏］苏霍姆林斯基：《苏霍姆林斯基选集》，王家驹译，教育科学出版社 2001 年版，第 231 页。

以使教育者保持爱憎分明的态度和积极向善的行为，并避免主观上的行为过失和外界不良因素的干扰。在从事教育活动的过程中，没有道德情感的教育者，即使凭理智去做了教育工作，他也是显得很被动、很勉强，甚至对好的、应该做的爱不起来，对错的、不应该做的恨不起来。

作为人类社会发展到一定阶段的产物，道德的本质与人的本质是同一的，它既蕴涵着理性的光辉，又潜藏着情感的力量。正是在这个意义上，情感不是附着在道德之上可有可无的附加物，而是道德内涵中的固有内容；它对道德的作用也不仅仅体现在激励、选择、评价等外在方面，还体现在内在的、深层次的生发功能上。对此，有学者甚至认为：“从一定意义上讲，没有情感就没有道德，道德与情感之间存在着同构关系。”① 长期以来，在道德理性主义的影响下，人们习惯于把道德与理性等同起来，片面强调理性的道德对情感的节制和提升，而较少关注情感对道德的引导和充盈。这是道德问题研究中的一个偏颇。为此，教育伦理研究也要回归人的生活世界，要使教育者在教育道德生活中获得积极的道德体验。要把教育过程当作一种生活过程，从而在有效的师生对话与互动交往中获得道德的情感体验，因为只有教育本身是道德的、富有情感的，它才能成为一种善的、感化的教育，它所教化的人才可能真正臻达至善的境界。体验道德情感就是教育者在教育中要真诚付出、热情关爱教育对象，从中获得心灵的质感、精神的慰藉，去建构一个温情脉脉的人性化的教育生活世界。伦理学在根本上是为了生活的。道德源于生活，同时也是要返归生活的。只有把教育道德的发展根植于教育道德生活的土壤之中，才能得到真实的道德体验，并在这种积极的道德体验中培育教育者高尚的道德情感，从而形成一种和谐的教育道德生态。这是加强教育伦理自律的一个主体性条件，同时也是实现教育善的内在驱动力。

（三）提高教育者的教育道德能力

提高教育者自主选择教育伦理的道德能力是教育者高尚的教育道德

---

① 李建华：《道德情感论——当代中国道德建设的一种角度》，湖南人民出版社 2001 年版，第 85 页。

情感的逻辑发展。心理学研究表明，不仅需要产生情感，而且情感亦会产生某种需要，教育者在教育活动中产生的追求向善的教育道德情感，内在地要求通过教育者自主选择一定的教育伦理体现出来。然而，当今世界面临的种种道德危机，正是由于人类抛弃了精神和伦理的追求，忽视了自己所具有的构建伦理社会的才能。它昭示我们：提高教育者的教育道德实践能力对于防范和避免教育道德危机的发生和蔓延至关重要。尤其随着现代社会的发展，教育活动形式越来越多样化，人们遭遇到的道德冲突也越来越复杂化，主体的文化价值观念也走向多元化，教育者在具体的道德境遇中有一个如何抉择教育伦理的问题，即在特定的社会历史条件下，选择合乎事物发展规律和具有客观必然性的教育伦理准则。例如：当新旧对立的教育伦理之间发生冲突时，或在不同等级价值体系的抉择面前，教育者是为善还是为恶，是选择价值内涵为大或为小的行为，都是自主的选择。它需要教育主体在实际生活中将某种伦理原则予以具体化，体现道德的情境、智慧和灵活。只有教育者具备了高超的道德判断能力、选择能力及实践能力，才能真正使教育伦理的精神客体化，教育者的行为方能充分扬善，即教育善的目标才能得以最大程度的实现。所以，教育者教育道德能力的高低对于教育善之获得无论在质上还是量上都是举足轻重的因素。

　　能力是一种个性心理特征，是主体顺利实现某种活动的心理条件。人们从事任何一种活动要想实现其目标都需要一定的知识、方法和能力，在多种综合能力之中，道德能力又是其中的一个重要方面。罗尔斯在其《正义论》中，把道德能力看作是主体获得正义感和善观念的能力，它表现为主体在社会伦理规则面前的主观能动性、积极性和创造性，以及获得道德自由的实践能力。一般而言，人的道德能力主要由以下几种成分构成：道德认识能力，即人们对客观存在的道德关系及处理这种关系的道德原则和规范进行认识的能力；道德判断能力，即人们运用道德概念对他人或自己的行为进行道德评价的能力；道德意志能力，即人们在道德活动过程中克服困难和阻力、控制行为方面的能力；道德行为能力，即人们在一定的道德意识支配下，自觉履行某种道德义务和选择行为的能力。教育者的教育道德能力是指教育者正确认识、理解和把握教育伦理及其实践方法，在面临各种教育道德问题时能够鉴别是非善恶，作出正确道德评判和道德选择，并付诸教育行动的能力。

教育者在教育道德实践中要处理好所遭遇的伦理问题和道德困惑，确保正确地选择自己的道德行为，实现教育行为的扬善抑恶，并非是仅仅具有一种善良的愿望和善良的情感就能奏效的，还必须具备一定的教育道德能力。换言之，教育善的实现并不是教育者善良动机、善良认识和善良情感的直接产物，而是其道德动机、道德认识、道德情感和相应的道德能力有机结合的产物。舍掉相应的教育道德能力，仅凭善心、善知和热情不一定能结出"善果"，有时甚至还会结出"恶果"。比如在教育工作中，一些教师具有教书育人的强烈愿望，也非常期待学生得到良好的塑造，但由于自身行为不理智、情感冲动、未能有效化解所发生的冲突，导致"好心没办好事"以致"好心办了坏事"的情况时有发生，结果事与愿违、甚至适得其反，不仅侵犯了学生的受教育权利，而且违背了教育伦理的价值精神，这不能不说是教师教育道德能力的一种欠缺。

教育者的教育道德能力包含了两种基本类型，一是教育伦理的价值选择能力；二是教育伦理的价值实现能力。所谓教育伦理的价值选择能力就是教育主体客观地判断自己面对的道德情境，并依据一定的道德知识和价值标准正确选择自己的道德行为的能力。这一能力是对教育者选择正确教育伦理目标的要求，亦是实现教育善的前提条件，体现了处理教育善恶关系的原则性问题。所谓教育伦理的价值实现能力指的是教育主体将其选择的教育伦理目标转变为道德价值事实的能力，亦是实现教育善的思维方法，体现了处理教育善恶关系的灵活性问题。在教育活动中，如何进行教育伦理的价值判断反映的是教育者的教育德性，如何进行事实判断反映的是教育者的教育智慧，人的道德品质结构应当是德性与智慧的统一。如果说教育德性反映的是教育者在道德上的高尚与否，那么，"慧性"反映的则是教育者在道德上的成熟与否，评价教育者的道德品质是否优良，既要看其是否高尚，也应看其是否成熟。例如，"学雷锋"的老师傅之所以作了不当的选择，就是因为他没有辨别真假，帮助了不该得到他帮助的人，他的道德品质或许是高尚的，但不能说他的道德品质是优良的。在传统的教育伦理观念中，教育者在进行道德选择时注重的是从"良心"和"善良动机"出发，不大关注道德选择的条件和情境，更不注意选择的后果如何，信奉的是"凭良心做事"。然而，有良心而无能力并不能保证教育善的实现。

首先，提高教育者的教育道德能力必须发挥教育者的道德主体性。主体性是人的本质力量的显现，道德主体性是道德精神的实质所在，也是教育者道德实践能力的确证，教育崇善更是发挥教育者道德主体性的结果。在一个复杂的道德境遇中，教育善的实现需要教育主体具有事实判断能力、善恶辨别能力和逻辑推理能力，也要依靠教育者严谨自律，摆脱鉴定服从或机械奉守某种固有的、外在的价值标准的状态，自主地确定自己的内在的价值追求和道德规范，在教育伦理实践中达到随心所欲不逾矩的境界。没有道德主体性，教育者在道德行为实践中就难以有自己的独立思考和创新精神，甚至在僵死的道德条文和伦理规则的束缚下无所作为。在文化多样化和价值多元化的背景下，追求道德真理、抑教育之恶、扬教育之善必须提高教育者的道德主体性。它表现在教育者道德能力的获得上是独立自主的，并主动地学习道德知识，在实践中对道德做出独立自主的选择和判断，培养自我道德意志力。教育者独立自主的教育道德能力既是现代人主体性增强的重要标志，也是教育者扬善抑恶的前提。人的主体性表现在道德能力的获得上就是道德能力的主动性与积极性不断提高。

其次，在教育伦理建设过程中，应结合教育实践注意提高教育者的道德反思能力。教育实践是一项较为复杂的社会活动。在一个具体的教育情境中，教育者遇到的道德问题要比教育伦理理论中的假设更为丰富、多变。针对不同的教育客体和教育对象，自觉而合理地选择道德行为，需要教育者对其道德行为及其效果具有一定的预见能力和反思能力，从而规避教育行为的随意性、情绪化和主观臆断。尤其在面对道德冲突时，提高教育者的道德反思能力，有助于他们处理好"经"与"权"的关系，根据价值最大化原则来选择最合适的教育行为，坚持"两利取其大、两害取其小"的原则。因为教育中的许多现实矛盾和问题，需要教育者把动机、手段和效果统一起来全面考虑，对照教育伦理本性的要求，进行价值的善恶取舍，使道德选择既以有利于人的成长为指归，而在方式上又不至于出现行为过失或道德失范。这样，教育者的道德反思能力其实就是教育主体在实践中由自觉的理性的道德选择到不自觉的自由的把握教育行为的良好素质和实践智慧。

再次，提升教育者的教育道德能力应促进教育者良好道德习惯的养成。西方有句谚语：行动养成习惯，习惯形成性格，性格决定命运。可见，习惯尤为重要。教育者的教育道德能力不是在想象中形成的，而是在长期的教育实践中不断修炼和积淀起来的；就是说，教育道德能力的形成和发展过程也是教育者良好道德品质和道德习惯的形成过程。这就是说，教育者的教育道德能力在现实中也表现为一种良好的道德习惯和行为模式，而且，良好道德习惯的养成也会促进教育者教育道德能力的巩固和发展。良好道德习惯不是一种纯粹的自然行为，而是在道德训练中形成的择善去恶的实践能力，它内蕴着教育者高尚的道德品质及其深厚的道德修养。正如亚里士多德所言："德性基于天性，成于习惯。"教育道德能力不仅表现为教育者处理教育活动中偶发问题的伦理智慧和判断能力，而是表现为日常教育生活中的道德语言、道德心态、道德素养、道德形象、道德交往、道德行为等诸多关涉道德习惯和习性方面。教育者良好的道德习惯是其美好内心世界的体现，是一个人走向成熟的标志，它也见证着一个人的道德知识、道德能力和道德素质。教育者良好道德习惯的养成不是一朝一夕的事情，而是一个积善成德的行动过程，是践行教育伦理和道德能力自我升华的逻辑必然，它的形成对受教育者的道德成长也具有深远的影响力、感染力和吸引力。培养教育者良好的教育伦理行为和习惯，既是进行教育道德培养的落脚点和最终归宿，也是形成教育者道德品质的根本所在。教育者要通过在教育实践中自觉履行教育伦理行为，检验伦理认识，发现行为的缺陷，进而改过迁善，就可以极大地提高个人的道德素质。

总而言之，要全面有效地发挥教育伦理的抑恶与扬善功能，既需要教育伦理的规范建设及其他律作用，也需要加强教育者实践教育伦理的道德自律，特别是注重提高教育主体的道德修养和道德境界，把教育伦理要求转化为教育者内在的道德需要和自我价值追求。从应用伦理学的角度说，教育伦理学应注意对教育者的教育道德理性、情感和能力等方面的德性要素与教育伦理自律之间关系的研究和探索。这不仅是优化教育道德系统的内在保证，亦是进一步深化教育伦理建设，促使教育者道德行为扬善抑恶的有效途径和正确方法。

第六章

教育伦理的研究视域

　　教育是按照一定社会的要求来培养人、塑造人和影响人，无论对于受教育者个体的发展而言，还是对于社会整体的进步和发展而言，教育的存在均具有十分重要的价值和意义。在教育活动中，教育主体首先是以教育者个体的形式呈现的，人们一般也都会特别关注单个的教育者的教育行为及其道德问题，或者对某一个教师群体的伦理水平及其道德表现较为注意，但是，不大关注一个社会、组织和制度等更为宏观的教育伦理问题。这使得人们往往产生一种错觉，似乎教育伦理只是针对教育者个人的一种行为规范，与社会环境、政府组织、教育决策等没有什么关系。因为，在他们看来，道德本身就是个人的事情，道德行为也个体意志的反映。所以，教育伦理也是为教育者个体进行"立法"和行为规制。他们没有看到伦理既是社会的，也是个体的；道德既具有社会性，又具有个体性。这种对教育行为主体理解上的偏颇，导致了教育伦理学研究范围、研究对象以及研究视域的狭隘。正如同把教育者仅仅看作是学校的教师一样，这并没有对教育者形成一个完整的概念。所以，为了从整体性出发，在更为广阔的视野下来探讨教育伦理建设以及教育至善的问题，教育伦理学要将目光从个体投向社会，从微观教育领域转到宏观教育领域，在一个相互联系、相互影响和相互作用的教育系统中，不断拓展现代教育伦理研究和建设的空间。

一　从个体善走向社会善

　　如果说传统的教育伦理作为一种规范性实践伦理，主要是昭示个体教育行为之应然，将个体善的实现作为学术研究之旨归，那么具有现代意义的教育伦理却不应忽视对社会教育行为之应然的研究，不能放弃对社会行为的教育善恶评判和价值导向，应该要求社会对自身行为的教育伦理后果担负起相应的责任。因此，将教育者个体或仅仅把学校教师视作教育伦理行为主体的全部，教育伦理道德的价值追求仅仅局限于个体教育善的实现。这在理论上使得教育伦理学的研究视域过于狭窄，从而导致教育伦理学作为一门学科在功能实现上存在缺憾，也有悖于活生生的社会发展现实对教育伦理学的价值期待。

（一）个体善走向社会善的理论阐释

从学科的价值追求而言，教育伦理学作为一门引导教育行为主体不断超越"现有"而趋向"应有"的学问，乃是通过对教育行为主体具有"应然"意义的规定来实现自身功能价值的。行为主体之行为与这种"应然"的契合程度，影响着教育伦理学的价值实现程度。而在教育伦理学的视野中对教育行为主体如何认定，便直接决定了教育伦理科学价值实现的范围。在传统教育伦理学的研究中，行为主体仅仅被限定为各个具体的个人，从而教育伦理学所探寻的即是教育行为个体的至善之道，探讨的是教育个体的教育伦理及其实现问题。然而，教育行为个体的至善不能完全实现教育善，教育事业的社会属性及其公共产品属性决定了教育善的实现还依赖于社会教育善的构建，即现代教育伦理研究必须关注社会的教育伦理问题，教育伦理的价值实现理应是个体教育善与社会教育善的结合。

从理论上而言，按照道德行为主体的不同，伦理学科可以划分为个体伦理学和社会伦理学。依据这一行为主体意义上的划分，针对教育主体存在个体与社会之分野，我们也就可以将教育伦理学划分为个体教育伦理学与社会教育伦理学。个体教育伦理学研究的是个体教育行为的伦理规范和道德发展，以及个体教育善的实现问题。社会教育伦理学研究的是作为教育主体的社会、组织和政府等公共性机构的伦理取向和道德发展，以及社会教育善的实现问题。如果说，教师良心、教师义务、教师修养、教师幸福、教师仁慈、教育爱、教育慎独等德性与活动大多数是针对教育者个人而言的，属于个体教育伦理学范畴的话；那么，教育公正、教育公平、教育正义、教育民主、教育人本、教育关怀、教育权利等则主要是对机构、制度、组织的要求，直接涉及政党、政府、领导、教育职能部门以及整个国家关乎教育的思想和行为所体现的伦理性质和意义，因而属于社会教育伦理学的范畴。也就是说，教育伦理学不仅应研究教育者个体行为之应然，而且必须关注社会、群体的教育伦理行为应该如何的问题。个体教育伦理关系到从事教育工作的教育者个体善的实现问题，而社会教育伦理关系到教育善能否在一个更大的社会背景中被实现以及实现程度的问题。因为，个体与社会是辩证统一的关系，个人是社会的个人，社会是有个体组成的社会，个体与社会相互依存；没有个体之教育善，教育善无法在教育活动中得到具体的落实，没有社会之教育善，教育善就不能完整地得以呈现，教育善的实现就缺少强大的社会力量和制度支撑。

如果说，传统的教育伦理研究更为关注教师的道德问题，追求的是个体教育善的实现，因而主要还是一种狭义的教育伦理学的话；那么，现代的教育伦理研究则应进一步关注教育系统中更多的教育主体以及教育政策等方面的教育道德问题，追求公共领域中社会教育善的实现，因而可以称其为广义的教育伦理学。之所以需要强调社会教育伦理以及社会之教育善的实现，是因为，作为社会存在物的人是在社会中生活的，人的德性作为其社会化程度的指标，在一定程度上是社会风气的反映。我们甚至可以这样说，有什么样的社会就有什么样的人的关系，有怎样的社会制度存在，就有怎样的人的发展空间。虽然人固然有自己的独立性和自主性，但人的社会本质决定了个体在条件、能力和环境等方面总是难以超越历史条件的制约，总是要受到社会实践水平的限制。对于教育善的实现而言，个体之教育伦理实践及其教育善是在社会教育伦理框架下来构建的，也难以从全局上和根本上超出社会伦理实践及其教育善的高度，因为整体总是大于部分，个人的力量是很微弱的，但我们知道组织和集体的力量是巨大的。

实际上，作为伦理学分支的教育伦理学也应当关注伦理学研究在当代的转变和发展，这就是随着社会发展的日益成熟，人们开始关注和重视社会伦理问题，也致力于追求和实现社会的公共福利和公共善。著名伦理学家罗尔斯指出：正义是社会制度的首要价值，正像真理是思想体系的首要价值一样。他所关注的重点就是社会自身发展的伦理合理性问题。如果说，正义作为一种善，在亚里士多德那里，它主要是用于人的行为，侧重于社会成员的个体善。那么，在近现代西方思想家那里，正义的概念越来越多地被用来评价社会制度的一种道德标准，被看作社会制度的首要价值。罗尔斯在《正义论》中还表达了这样一种思想观点：社会制度公正优先于个体善，个人的美德、情感只能在一个公正的社会中形成。正义原则要通过调节主要的社会制度，并从全社会的角度处理这种出发点的不平等，尽量排除社会历史和自然方面的偶然任意因素对于人们生活前景的影响。① 这就意味着，如果社会的伦理合理性水平比较高，比较符合道德精神，那么，即使某些个体不道德的行为，他对社会的危害也会受到抑制。如果一个社会不合理，甚至不道德，那么生活在这个社会中的个人的道德行为就很难起到多大的社会作用，而只能作为独善其身的手段而已。美国学者尼布尔在其所著的《道德的人与不道德的社会》一书中就非常深刻地指出："个体可能做出对社会而言是不道德的事情来，同样，社会也极有可能做出对个体而言是不道德的事情来。"② 由此可见，社会的教育善对个体教育善的形成和发展具有尤为深刻的影响力。因此，在教育伦理及其道德建设过程中，对社会教育伦理及其善行的关注具有十分重要的意义。社会教育善是个体教育善的前提，没有社会、组织对教育至善的追求，就难以形成个体向善而行的道德氛围，从而也就难以实现整体性的教育善。

比如教育制度善作为社会善的一个重要内容，对于个体教育善的呈现就是一种系统性的支持力量。制度好比是糅合社会成员的"水泥"一样。学者康芒斯就此把制度解释为："集体行动控制个体行动。"③ 教育制度以其独特的规范功能发挥对道德建设的作用，规范着人的行为之善。教育制度不仅是参与教育活动的个体所必须遵守的，而且也为参与教育活动的群体所遵守。它的这一群体性特性，关心的核心是群体善、群体意识、群体修养和群体行为，并通过集体行动对个体行动的"抑

---

① ［美］罗尔斯：《正义论》，何怀宏等译，中国社会科学出版社1988年版，第168页。

② ［美］尼布尔：《道德的人与不道德的社会》，蒋庆等译，贵州人民出版社2009年版，第70页。

③ ［美］康芒斯：《制度经济学》（上册），于树生译，商务印书馆1962年版，第86页。

制、解放和扩张"，把个体教育行为之个体善纳入到群体教育行为的群体善中，在群体善中实现道德的进步。因此，社会的群体善、组织善和制度善对于教育中个体善的形成和发展具有强大的影响和促进作用。进一步说，教育制度为人的道德的形成提供了这样的抑制环境，它能使人们对于教育制度的规则或规范，从不适到习惯再到自然，正是在这一过程中，它使人养成一种良好的道德习惯。制度的好坏表征了社会善的价值原则和伦理水平，它对人们的价值选择和价值取向有着重要的导向作用，既可以引导人们积极上、努力向善，也可以限制人们向恶甚至趋恶。正如邓小平所说："制度好可以使坏人无法任意横行，制度不好可以使好人无法充分做好事，甚至会走向反面。"①

在教育活动中，师生之间的交往也是在一定的制度结构约束下进行的，一种基本合理、公正、健全的教育制度无疑使教育有一种基本稳定而有序的交往关系范型及其基本的教育行为模式。在这种交往关系范型中，合乎善的教育行为不仅是美好的、应当被称赞的，而且也是具有现实功用的、能够给人们带来现实利益的。社会成员在这种教育生活范型中进行创造性活动，他们在改变自己教育生活环境的同时，也在改变着自身。公正合理的教育制度对于全体受教育者是一种社会善，对于维护应有的教育伦理秩序又是一种公共善。一个基本公正的教育制度环境，将会促进和鼓励社会成员彼此协作、互助互利、抑恶扬善，使一个原本品行不端的人可能教育行为得当。一个人生活在一个基本公正的教育制度环境中，较之生活在不公正的教育制度环境中，会更易于确立一种合理的意义系统，塑造善良的人性、克服自身的弱点。如果社会能够提供一种事实上比较公正的教育制度体系与行为规则，那么，这无论是对于教育者和受教育者的身心自由发展而言，还是对于教育自身的自由发展而言，都是具有普遍意义的善治。公正合理的教育制度体系是守护教育伦理秩序的重要武器，其本身就是社会善的一种实践形式，为教育善的全面实现提供了外部的根本性保障。

当然，将教育伦理学的研究视域从个体扩展至社会，并不是要否定或者忽视个体教育行为的伦理意义以及个体教育善的重要性。从发生学

---

① 邓小平：《邓小平文选》（第 2 卷），人民出版社 1999 年版，第 333 页。

的视角而言，伦理源自于对个体行为规范调整的需要，道德首先是个体必须具有的情怀。社会运行的现实也表明，没有由于伦理道德功能的有效实现而造就的大批有德之人，社会的稳定和谐与持续发展就失去了基本的前提。教育伦理科学的历史发展更是昭示我们：教育伦理学的研究对象首先就是作为个体的教育者，没有对个体教育行为应该如何的探索，教育伦理科学就不可能因其丰满的体系和社会作用而在伦理科学领域占有重要的一席之地。但是，教育的善恶矛盾遍布教育的方方面面，绝不是直接从事教育工作的个体教育行为就能完全囊括的，因而，教育伦理学的研究视域将触及整个教育领域。它既涉及教师职业道德，还要为教育行政与管理者、家长、教育决策者和社会的各部门、所有社会成员立教育道德。

这种对社会存在的价值基础或者说内在依据的合理性追问，我们可以从历史上的思想家包括马克思那里找到理论根据，在实践上也有利于社会教育公正的实现。就前者来说，"历史上的思想家对一种制度或社会的批评与颂扬，总是以其对人性的态度（是摧残还是解放）为标准。对'吃人'社会的谴责，就是由伦理意义而进至政治选择，对美好社会的向往也是以其直接解放人性而富有魅力的（无论是现实的还是理想的、幼稚的）。马克思主义之所以反对资本主义制度，就是因为它阻碍了社会生产力的最大可能的发展，并且存在着雇佣者剥削劳动者这一非人性的一面"。[①] 从这个意义上说，对于社会的伦理学考察，在马克思主义和早先的思想家中是早已存在的。马克思主义不仅是关于社会发展的科学，而且是对社会存在合理性的道德追问。这对教育伦理学从个体善到社会善的关注，是富有启发意义的。

作为一门实践科学的教育伦理学，它的研究领域包括家庭、学校、社会多方位的教育状况，涵盖显形教育和隐形教育，涉及教育主体的思想和行为，总揽教育的理论和实践以及教育的形式和内容，它关注上至教育观念和思想，中至教育制度和规范，下至教育活动和评价。也就是说，教育伦理学中的教育是一个大教育观，一切与教育有关的人和事，教育中的一切人和事，都应在教育伦理学的视野内。教育伦理学要对整

---

① 陈根法、高国希：《市场经济转轨与社会伦理新课题》，《社会科学》1994 年第 11 期。

个教育以及各种具体的教育现象进行善恶省察和规约。这意味着现代教育的制度、思想、活动方式、组织管理，都要合乎先进的教育伦理规范，体现先进的教育伦理理念和教育伦理精神。或者说，评价一种教育体系是否是现代化的教育，其中就内在地包含着教育伦理的评判。总之，教育伦理学对社会善的关注和研究，是建立一个人性化教育环境和公正教育体系的重要步骤，它旨在树立一种先进的教育伦理观念和规范，建立起这种伦理思想落实和实践的制度和运作系统。

（二）个体善走向社会善的现实依据

在致力于教育善的实现过程中，如果说没有教育行为个体善，教育善的实现就没有具体的依托，那么没有社会善的存在，个体善也就失去了根基。在教育关系、教育秩序、教育伦理受到冲击的今天，社会至善问题更显突出。教育善的全面实现需要个体善与社会善的融合，既有学理的依据，亦有现实的依据。

在社会现实生活中，教育者事实上是一个广义的范畴，它不仅指学校的教师，而且家庭的家长、单位的领导、组织、政党、政府等在一定意义上都往往扮演着教育者的角色，因此他们向被教育者所实施的教育行为本身也有一个道德上是否应当的问题。他们必须对自己教育行为的方式、内容、态度以至于后果承担起道德上的责任，从而教育伦理学也存在一个对其行为进行道德价值评判和导向的任务。[①] 固然，教师的教育道德问题应该成为教育伦理学十分重要的研究内容，教师在教育活动中所表现出来的德性对于正处在成长过程中的青少年学生有着至关重要的意义，我国庞大的教师群体的职业道德状况将通过被教育者这一中介影响他们的家庭以至整个社会的精神文明建设。然而，我们仍不应忽视对其他教育者提出伦理道德方面的要求。只有当所有教育者的教育方式、教育内容、教育态度和教育人格符合社会的伦理道德要求时，我们才可以说整个社会具备了良好的教育伦理。例如：社会应该对其宏观环境、育人效应承担何种责任，政府所倡导的教育理念和制定的方针政策将会对教育产生何种伦理后果，政党对

---

① 刘云林：《教育善的求索——实然与应然》，《教育理论与实践》2003 年第 5 期。

受教育者所实行的教育是否符合时代精神等，对这一系列问题的解决状况都直接关乎教育善的最终实现，从而理所当然地应该被纳入现代教育伦理的研究视域。

从教育的现实看来，社会教育伦理确实是一个迫切需要关注和研究的问题。在推进教育改革和发展的进程中，教育伦理视域中同样存在着教育的弱势群体需要道德关怀。正如有的教育学学者在对目前我国教育发展存在的不均衡问题进行考察和研究后所指出的，"当有的地区已经吹响普及高中阶段教育号角的时候，有的地区还在普初线上苦苦努力；当有的学校开始以集团化的现代企业管理模式在八方经营教育品牌，收取教育红利时，有的学校却找不到一方供孩子们活动的操场，有的民工子弟学校甚至在非法惨淡经营；当有的教师已经可以在收入上议价的时候，有的教师仍然在拖欠数月工资的生活水平线上劳作；当有的学生的私房已经被书籍、文具、电脑、游戏卡充斥的时候，有的学生连'286'的电脑还没有见过"。[①] 时至今日，社会的教育伦理问题得到重视和关切，政府加大了教育的投入，提高了教师的工资待遇，改善了学校的办学条件，教育政策的制定也相对向一些落后地区、薄弱学校和弱势家庭倾斜，并采取了捐资办学、助学贷款、社会救济等许多措施，情况已发生了一些改观，但教育发展不均衡的问题并没有彻底解决。尤其是重点校政策以及重点班的做法不仅严重违背教育发展规律，而且对全体学生的平等共同发展以及整个国民素质的提高都带来了相当大的负面影响。由于经济上的贫富差距以及公共教育资源分配和使用的不当，导致人们受教育状况的差别仍在拉大。特别是受市场经济的影响和渗透，教育产业化、社会化、市场化的运作，不仅对教育的伦理特性构成了威胁，而且加剧了社会的教育不平等，致使现代教育遭遇一种从未有过的道德困境和危机。因此，个体善走向社会善，是社会现实的呼唤，是教育事业健康发展的安身立命之本，也是教育关怀的伦理需要，是教育伦理学研究视域的拓展和延伸。

教育的市场化取向有利于社会资本投向教育领域，缓解政府教育资金投入不足的压力，推进教育办学主体的多元化。但是，作为公共产品

---

① 康宁等：《教育理念的反思与建设》，《教育研究》2003 年第 6 期。

的教育，政府在其中又应是最主要的责任主体，教育社会善的实现离不开政府对教育市场的监管和调控，甚至可以说，教育的文化属性和育人本质决定了不能把教育完全市场化。

事实上，如果完全放任市场主导教育事业，教育的公共性就有可能受到侵袭，教育的公平性就有可能受到背弃，社会的长远利益也将因此受到损害。如此，教育也可能演变为市场主体相互角逐和博弈赢利的工具，从而教育就有可能异化为一种供资本牟取利益的特殊商品。所以，对社会教育善的追求要求政府始终应该是公共教育的最大供应者，在保证维持基本的教育水平的基础上，应将伦理关注点投向教育处境中的不利人群和弱势群体，必须倡导和促进教育的均衡发展，这正是社会教育公共善的体现，也是对教育长远利益的考虑和诉求。正如康德在《教育论》中所说的那样，教育又不能只为了当前的利益，它更应当是"为将来人可能改良的一种境界"。教育的市场化有利于教育与经济活动的互动，解放生产力，促进经济繁荣，但是教育不是经济的附属品，更不能因市场经济而牺牲教育的伦理价值，使教育道德因此而沦丧或倒退。相反，教育应成为社会全面发展的推动力量，教育的存在意义不是为了眼前利益，而是为了人与社会的健康持续发展。

教育作为一种社会活动有其特殊性，它必须传承优秀文化、弘扬先进文化，必须使人向善，而非只是使人趋利避害。教育不仅要适应现存的社会生活，而且还要发挥自己特有的社会功能以改造社会，促进社会进步。因此，教育不能只是被动地适应经济体制的市场化，而对市场经济背景下社会价值观暴露出的问题熟视无睹。恰恰相反，"教育对市场经济发展的最重要、最有意义的作用不在于通过职业训练开发劳动力资源，而是借助追求人的全面发展来弥补这种训练对人性的片面化"。①就是说，我们既要看到教育市场化的作用，也需看到市场化对教育的伦理基础构成的挑战和侵蚀。排除或减少市场经济对教育道德的负面影响，以及保持教育市场化的限度，这不是个体所能解决的问题，而是关涉到国家和政府对教育改革的主张以及政策走向，因而是一个社会教育

---

① 项贤明：《经济体制市场化与教育的伦理学困境》，《教育理论与实践》1994 年第3 期。

伦理范畴，属于社会教育善的内容。

尤其在现代社会，随着人类文明的发展，人的独立性增强，社会成员的主体意识、发展意识和权力意识空前凸显，人们对教育的期望值可谓是普遍地越来越高，对社会之教育善的期待要求使教育面向全体社会成员，教育不再是少数特权阶层的奢侈品，而是广大人民群众的必需品。在知识经济时代，知识的价值使人才显得尤其重要，对人才的需求又使得教育的地位更为凸显。如果说在传统社会，教育的价值主要体现在它的社会价值和文化意义，那么在现代社会，教育的价值主体和价值意义可以说更为多样化，教育不仅是提升国家竞争力的重要基础，也是加速社会发展的推动力量，还是一个人提高社会地位、获得生活尊严和人生的最好发展的必要途径。因此，教育在发挥其社会价值的同时也更加显现出它的个体价值和对幸福生活的重要意义。可以说，在教育价值显著提升的今天，正如联合国教科文组织提出的"教育——财富蕴藏其中"，教育的发展受到了大众空前的关注，平等地享受社会所供给的公共教育产品成为人们共同的愿景。在他们看来，教育是提高个人生活质量的基本手段，教育投资成为能够带来回报的生产性投资。教育能够增加个人的经济收益和提高个人的社会地位，其作用就是通过教育授予人知识和能力来实现的。也就是说，教育能够通过授予人知识和能力，给公众提供一个平等的社会上升的机会，尤其可以帮助弱势群体改善其不利的生存状态，改变不利的社会地位，缩小社会的差距。

换一个角度来说，个体弱势的存在，也源于能力的欠缺和教育的匮乏，因此，教育在某些程度上起到了与"转让税"相类似的作用，一定的教育在于缩小和消除社会成员之间的差距，而不是加剧社会的差距。所以，教育是一种社会资源再分配的手段，是社会公正的调节器，而教育的这种作用也使得保障社会教育公正对教育发展显得十分重要。没有社会教育公正，弱势个体有可能不能通过教育来摆脱其弱势的地位和处境，社会富裕阶层和弱势群体之间的差距会越来越大。人们对教育权利的普遍要求在实质上就是对社会之教育善的公共利益关切，就是对社会教育伦理和道德发展的深切地呼唤。它使得人们开始期盼教育机会均等、希求教育资源共享、希望接受优质教育，等等。质言之，对教育善的大众化期望也不断地浮现出来。所以，在教育社会化发展的背景下，应该将所有的教育主体及其教育行为都放入教育伦理学的研究视野，接受教育伦理的规约和审视。我们认为，社会主义制度下的教育伦理，最本质的价值旨趣应该体现于教育"为人民服务"的精神实质。如此，诸如教育立法机关如何使所制定的教育法律法规积极推进和保障全体受教育者全面发展问题，就应该成为教育伦理学研究的一个重要内容。即在视角上教育伦理学要从个体教育伦理关注走向社会教育伦理研究，在价值追求上从个体之教育善走向社会之教育善。

教育既是一项社会公共事业，又是公民的一项基本政治权利。受教育权，是现代人权体系中不可缺少的一项重要权利，各国法律，特别是宪法也大都明文规定了公民的受教育权。公民的受教育权针对的主要是国家，而其社会权的性质决定了国家的义务不只是消极的不侵害公民受教育权，而是要积极主动地创造并提供公民受教育权实现所需的各种条件。这种受教育权可以称为"教育上的收益权"，即人民在受教育方面，得请求国家给予适当之教育环境与机会，以享受获得智识、发展人格之权利。公民受教育权的实现要求国家和社会承担一定的教育法律责任和道德责任。因为，保障公民受教育权既是一种法定的权利，同时它也是教育民主、教育平等、教育公平等教育伦理权利。国家有要求公民履行受教育的义务，所有社会成员都有为国家建设和社会发展尽自己最大贡献的义务和责任。公民不履行受教育的义务，不仅有违法律的精神，而且在道德上也是一种"恶"，因为每个人都应该通过接受一定的教育去担负相应的工作职责和社会责任。同样，受教育权作为公民的一些基本政治权利，它的实现又要求国家对公民承担一定的教育义务和责任。国家既要保证公民在条件允许的范围内平等地接受相应的教育，而且必须以先进的伦理理念引导教育的发展，使公民能够享受一种优质的、好的教育。从这个意义上说，国家应该为公民提供尽可能多的公共教育，并要求参与教育活动的所有行为主体都肩负起伦理责任，这实际上就是社会之教育善的体现。因此，只有当公民受教育权的义务对象锁定为"国家"后，公民的这项基本人权才可能得以实现，这项义务就是国家的教育责任。"教育的国家化"赋予教育以应有的地位，充分发挥其振兴民族、国家的作用。而把教育纳入国家活动之中，可以用立法手段保证国家对教育的影响与控制，国家用行政手段发展公立学校，确立国民教育制度，以实现国家对教育的干预与管理。

归结起来说，在目前，我国的教育伦理学研究尤其要关注两大社会现实问题：一是政府所制定的事关教育的大政方针的伦理合理性何在，它将会产生何种伦理后果；对于不良的伦理效应，政府应采取何种应对措施予以矫正和消解。二是如何实现教育公正。尤其是在地区之间经济发展不平衡和社会各人群之间贫富差距客观存在的情况下，作为社会主义性质的国家如何体现和落实教育公正原则，如何解决好教育发展过程中公平与效率的关系问题。相信对这类社会教育伦理问题的关注，将会丰富教育伦理学的学科体系，促进社会教育善的发展以及教育善的全面实现，从而也将有助于推进中国教育事业的健康发展。

二　个体善与个体教育伦理

教育伦理学的要旨在于依据一定的伦理价值体系和原则规范对教育者所实施的教育行为进行伦理的评判和导向。这里的教育者首先指的是直接从事具体教育工作的个体。教育伦理学必须研究个体教育伦理，使他们的行为契合教育善的规定，没有个体善的呈现，教育善的实现就是抽象的。而要弄清个体善与个体教育伦理的内在关联，应该阐明个体教育伦理的意义和内涵。

1. 个体教育伦理之意义

在传统的教育伦理学研究中，对个体行为善的关注是占主导地位的。教育伦理学所探寻的即是个人至善之道：教育伦理原则是个体行为必须依循的准则，教育伦理规范是对个体行为的限定，教育伦理范畴是个体必须具有的自觉意识。而教育伦理评价和教育道德修养则是个体从事的教育伦理实践活动。教育劳动有自身的特点，它是一项集体性和合作性的社会活动，但教师的具体劳动过程具有个人性和自由性。由于教师劳动的个人性和自由性，教师的劳动就表现为"良心活"的特点，教师个体的德行就显得很重要。实际上，教育道德首先就表现为教育者个体的道德，中国传统伦理中所说的"德行"是指具有社会身份并起社会作用的个人，是具有一定善恶价值的行为。教育善的实现首先依托于教师个体的道德境界、道德行为以及道德素质。从教育实践来看，个体教育伦理作为教育者行为之应然，对于教育劳动中社会关系的调节，对于教育事业的促进作用以及对于整个社会的精神文明建设都有十分重要的意义。

首先，个体教育伦理为教育者提供基本的行为模式，调节好教育关系。教育伦理使教育个体认识自己在处理与他人、社会和教育对象的利益关系中应有的价值取向，形成正确的道德观念和教育道德判断能力，并以此来引导和推动行为活动。个体教育伦理作为教育者应该与不应该的界限，教育者只有正确的理解并遵行，教育劳动才会达到理想的效果。苏联教育家契尔那葛卓娃和契尔那葛卓夫在《教师道德》一书中指出："教师的道德是在各种利益互相冲突的情况下，从调节教师行为的需要中产生出来的，以便把教师的行为协调地纳入职业集团的活动中去，纳入社会中去，从而保证所有参加教育过程的人都能合作相处。"①个体教育伦理旨在帮助教育者处理好各类教育关系，从而提高教育工作效率。

无论从组织文化的角度，还是从教育活动主体间心理契合的程度来看，教育关系都是教育生活中的重要方面，它展示了教育的全部内涵和生命活力。在社会学意义上，关系本身就意味着秩序、规范和价值，和谐的教育关系是和谐教育的基本前提。和谐的教育关系有助于教育者和被教育者共同致力于教育目标的实现，使教育活动受到事半功倍的效果，反之，不和谐的教育关系，就等于为教育活动的顺利进行设置了人为的障碍，师生之间心灵的默契和思想的共鸣就难以达成，势必就影响知识文化的接受程度。和谐的教育关系需要以情感和理性为纽带，后者又直接关涉教育者的伦理水平和道德状况。所以，建立起良好的教育关系要以好的师德师风为基础，而师德师风的建设是要依靠个体教育伦理来加以规范和调节的。虽然从主观上看，师德师风是教师个体的德性和德行的反映，但客观上它又是外在的个体之教育伦理的内化，是教育伦理向教育者个体行为的实践转化。个体的教育行为及其教育者个体道德的形成和发展都是受个体教育伦理理念、原则和规范约束和指导的。换言之，个体教育伦理是对教育者行

---

① 钱焕琦、刘云林：《中国教育伦理学》，中国矿业大学出版社 2000 年版，第 83 页。

为之应然的规定，为教育者提供基本的行为模式，从而有助于调节好各类教育活动关系。

作为一种特殊的社会关系，教育关系包含师生之间的伦理关系、法律关系、管理关系、心理关系、人际关系等，但居于最高层次的是伦理关系，因为教育具有示范性、人文性和向善性，是伦理精神的文化传承及其实践形式。因而教育关系的实质就是伦理关系，调节师生之间的伦理关系当然需要一种具有个体行为引导意义的教育伦理体系。例如中国传统伦理在教育共同体的建立方面，其伦理实体的文化特性是非常明显的，诸如"养不教、父之过；教不严、师之惰"，"事师如事父"，便是中国传统教育伦理关系的最好写照。这种具有世俗性、人情味的教育伦理关系强调的是教师身份、角色的特殊性，要求教师合乎伦理地对待学生，不能任意逾越这种教育伦理关系的道德阈界。但是，这种教育伦理关系并不是意味着教师就是道德上的权威，可以对学生进行道德教育和道德评判，而不允许学生有自己的道德主张和道德判断，这将造成教师在知识和道德方面的垄断和不民主，从而会压抑学生道德个性的发展以及对真理和自由的追求。恰恰相反，对教育者行为进行教育伦理规制，是个体取得教育成功的条件，同时它应成为教育本身向前发展的推动力量。这就是说，个体的教育伦理观念必须与时俱进。

教育者的个体道德不是天然生成的，也不是源于人的善良本性，相反它是后天教育实践的产物，是个体对社会所设定的教育伦理的自觉践履的一种成就。因此，从逻辑上讲，没有教育伦理关系就没有教育伦理规范，没有个体教育伦理就没有个体教育道德，或者说，脱离个体教育伦理的个体教育道德只是教育者自家的准则，不具有普遍性和确定性意义。个体教育伦理是具有多种属性的综合反映，它包含着教育主体的伦理自觉，教育过程的伦理监控，教育结构的伦理评价，这一切既以教育关系的互动的形式体现出来，也以教育者的道德素养、道德水平和道德行为表现出来。如果说，没有规范的师德是盲目的，那么没有德性的规范也是毫无意义的。个体教育伦理对个体行为的约束，对教育关系的调节，同教育者的道德形成和发展是同一个过程。"假如教师的行为需要一个'自监督'的机制存在。这个监督的机制实际上就是教师的职业道德。"①

其次，个体教育伦理可以不断激励教育者坚定从善的决心，倾心于教育事业，在教育追求中逐步切近和达到教育伦理精神的理想境界。教育劳动是一个具有知识和道德内涵的专业工作领域，既要求教师具备相当的专业技术水平，也要求教师具有良好的职业道德和专业伦理精神。这种个体教育伦理及其教师职业道德对教育价值的理想实现具有重要意义。教育劳动的对象具有复杂多样性，每一个学生都是一个特殊的世界。由于人们的家庭背景、人生经历和生活环境的差异，不同的学生在生活方式、价值观念、行为表现、理想信念、态度情感等方面存在着差异性和多样性，教师不可能用统一的标准、模式和方法对待所有的学生，而是要"一把钥匙开一把锁"，做到因人而异、因材施教，这样才能产生有效的教育劳动，使教育取得成功。这也就要求教师是一个有心人，必须关心和爱护每一个学生，使他们都能得到健康的成长。为此，教师必须具有爱岗敬业的道德品质，甘愿投入大量的时间、精力和心血到教育工作中去，以高度的事业心、责任心去做好自己的本职工作。他需要走进学生的心灵世界，去了解教育对象，把握教育对象的个性特征，为实现教育成功奠定一定的工作基础。一个没有教育伦理精神的教师或者说一个缺少职业道德精神的教师，很难把自己从事的教育工作当作生命中的事业去奉献，也就很难最大限度地实现教育应有的内在价值和外在价值。而只有使每个学生的心智都得到最大发挥，使每个学生在思想道德上都有完善和发展，使每个学生都确立符合自身特点的人生目标并为之积极奋斗，我们的教育才能说是成功的。而这一切的实现不仅要求教师具有渊博的学识、高超的技巧，还必须具有良好的专业伦理品质，这样才能在教育工作中付出艰辛的劳动，耐心细致的做好教育教学工作，完成好教书育人的任务。教育劳动的大部分工作是依靠教师独立完成的。教师是否全心全意地搞好教学工作，尽心尽力地提高教育质量，高效优质地完成育人任务，很大程度上依靠教师的个人自觉性和责任心，外界很难进行直接的监督和检查。因此，教育劳动的个体形式要求教师践

---

① 檀传宝：《教师伦理学专题》，北京师范大学出版社 2000 年版，第 12 页。

行个体教育伦理及其社会的核心价值观，以高度的责任感和良好的自律精神履行好自己的工作职责。由此，我们可以看到个体教育伦理与教师工作态度、职业追求、行为取向以及教育成功之间的内在联系，前者正是后者的精神动力和信念支撑。教育者在教育伦理的熏陶下，恒定道德准则，保持行为一贯，由此焕发的教育责任感和教育使命感，对提高教育工作质量以及促进教育事业成功意义重大。

作为教育者之实践理性的个体教育伦理，它具有价值导向、规范行为、协调关系等多方面的作用，但是如果仅仅从规范行为和调节教育关系的意义上来认识个体教育伦理的意义则是不全面的、不深刻的做法。因为，教育伦理作为教育者应有的一种道德观念和价值意识，不仅是调节人们教育活动中各种关系的行为规范，而且也是教育主体把握教育活动的一种自觉的实践精神。它确定着教育主体对教育选择的价值取向，体现着教育主体行为的精神态度，是教育主体科学把握教育活动的一种特殊方式。个体教育伦理是教育者尤其是教师在教育活动中的一种精神态度。这种伦理精神态度包括勤奋、敬业、进取、奉献、诚信等，它不是基于一种利益原则，而是教育主体对自己意志、品德和行为的一种自我完善和发展的要求，也是教师主体自身教育活动高效和优化的一种自觉意识。这种伦理精神蕴含了对教师道德品质和教育德性的要求，它调节教育者自身的教育行为方式，激发教师主体内在能动性的发挥，从而促进教育活动优质高效地进行，并趋向于教育善的理想境地。道德在本质上是人类精神的自律；个体教育伦理的实践将推动个体教育道德的发展，教师道德的发展终究会超越教育伦理的制度规制而走向自由，这是教育主体对于自身精神成长的理想。如果说教师是人类灵魂的工程师，那么，教师的道德就牵引着人类灵魂的走向。从这个意义上说，每一个教师都应守护教育伦理这一精神家园，成为道德高尚的人，成为每一个心灵成长道路中照亮前进方向的明灯。

教育者的职业使命是靠身上精神性、灵活性的东西去完成的。这就需要从事教育职业的人具有相对于一般职业而言更为高尚的道德品质，尤其要具有这一职业特殊性所内含的教育伦理精神。正如卢梭所说："有些职业是这样高尚，以致一个人如果为了金钱而从事这些职业的话，就不能不说他是不配这些职业的：军人所从事的，是这样的职业；教师所从事的，也是这样的职业。"① 要使教育者树立起教育伦理精神，在强调教育伦理规约的同时，还要给予情感关怀。因为，情感本身也是伦理及其道德的基础，是维系一定伦理关系的重要纽带。因为过度的伦理规制导致人在道德上的依赖性和惰性，而情感上的关怀则会激发和强化人的道德情感和道德能力，使人对自己的道德理想和道德信念充满信心。在现实教育中，"教师们往往会面对来自学生、家长以及社会等各个方面的压力，承受着繁重的教育教学任务。在这种生存状态下，他们更需要的是情感上的关怀和支持"。② 这种关怀和支持也许比外在的制度性的规约更能触动他们，更能促使他们热爱工作，热爱学生，以苦为乐，诲人不倦，走向献身教育、甘为人梯的崇高境界。

再次，个体教育伦理作为从事教育职业的人们应该遵循的行为规范，是教育行业范围内的特殊道德要求，而教师道德就是其在教育生活中的具体体现。教育主体以教育伦理为标准和导向而形成的教师职业道德，其意义不仅表现在学校教育过程中，而且还会通过各种途径和方式，直接或间接地影响社会风气，是促进社会形成良好道德风尚的催化剂。教师是与家庭、社会有着广泛联系和对社会有特殊影响的职业，教师的健康人格和优良品质可以净化社会风气，对社会大众文化也具有一定的影响力和渗透力。学校并不是与世隔绝的"象牙塔"，教育生活与社会生活之间也存在许多的联系和互动。个体教育伦理及其教师道德在社会活动中传递出正能量，有助于推动整个社会的精神文明建设。而且，从广义上说，作为个体教育伦理人格化的教师道德本身就属于社会主义道德建设的一部分，因而加强教育专业伦理和教师职业道德建设，提高教育者的职业道德素养，营造良好的行业之风，对于其他职业乃至整个社会的道德建设都将产生积极的影响。

事实上，我们社会中大多数人的人生成长经历都是从家庭到学校再到社会，他们都接受过学校教育，都受到自己的老师和导师知识上的传道授业和道德上的言传身教。教师的人格魅力、道德品质、敬业精神和行为表现，影响和带动学生品德的形成。学生品德或多或少会打上教师

---

① ［法］卢梭：《爱弥儿》，李平沤译，商务印书馆1983年版，第27页。
② 檀传宝：《走向新师德》，北京师范大学出版社2009年版，第67页。

道德的印记，从某种意义上说，有什么样的教师道德就会有什么样的学生品德。而学生又不可能总是在校的学生，他迟早会走向社会，走向一个由众多社会成员、社会部门、社会领域组成的并充满各种矛盾的社会，学生将带着教师道德的烙印走向社会各个领域、各个部门，影响社会的每个人。所以，在建设社会主义精神文明中，教师道德的地位和作用很重要，教师道德经过学生扩散到社会上，影响着整个社会道德建设和社会风气。在中国传统文化里，教师通常被尊称为"先生"，视其为文明的象征，看作最有教养、最有德性、最讲文明纪律的人，所以教师言行所体现的社会道德，往往成为人们判断是非、善恶、荣辱的一个标准，从而形成一种积极的社会舆论，促进社会正气的树立和弘扬。

教师道德除了通过学生渗透到社会道德的各个方面，对社会主义精神文明发生深刻影响和促进作用外，我们还看到了由于教师的为人师表、职业操守，受到学生家长乃至整个社会的尊重和爱戴。所以，教师道德也直接影响学生家长和教师周围的人们，并间接影响整个社会，在社会主义精神文明建设中起着巨大的辐射和感染作用。正由于教师道德在精神文明建设中有着如此重要的作用，肩负着传播精神文明种子和培养社会主义新人的重托。因此，教师道德必须符合社会主义精神文明建设和发展的主流方向。在个体教育伦理研究与建设中，我们必须把师德建设与树立和践行社会主义核心价值观紧密结合起来，将社会主义核心价值观作为教育伦理的内核和灵魂，融入教师职业道德建设的系统工程之中，从而以正确的价值观念和价值导向推进新时期教育专业伦理和教师职业道德的发展。

2. 个体教育伦理的基本内涵

作为教育者在教育活动的行为选择之"应当"，个体教育伦理的价值和意义毋庸置疑。个体的教育之善就是个体教育伦理的实践形式和表现方式。伦理是善的精神，没有伦理也就没有善的准则，没有教育伦理也就没有教育善的价值准则。这种教育个体的伦理规范体系，从价值等级上可分为理想层次、原则层次和规则层次；从其调节的范围看，包含了对待教育事业的伦理要求，对待教育对象、教育同侪群体及其他社会人员的伦理规定。但就其主要内涵，我们认为有以下方面：

（1）颂扬"利他"的教育伦理精神。这是指教育者在社会主义核心价值观、社会主义道德观、为人民服务人生观的指导下，在处理个人与集体、学生、社会以及教育事业发展的关系上，采取的利他主义价值取向。马克思在对职业的社会意义发表看法时认为："我们在选择职业时所应遵循的主要方针是人类的幸福和自我完善。"① 任何一种职业的存在根据首先在于它具有一种"利他"的社会价值，为人类幸福和不断发展所需。教师职业更是如此。教师的职业选择以及职业道德修养都是与人类的幸福和自我完善密切联系的，它也可以为教师自身带来幸福和快乐。人的幸福最为重要的就是人的本质力量的实现，就是不断地去实现对自我和现实的超越。所以，教师的幸福既具有物质性，更具有精神性，也许他们在物质上不是最富有的人，但在精神上他们可堪称是最富有的人。教师的幸福也是教育的幸福，是在教育劳动的创造中收获的欢快，是在培育学生成长中收获的欣慰，也是在获得尊重和荣誉中体验的满足。因为，教育劳动具有利他性，这是教育者应有的一种教育伦理精神。

　　教育具有崇善的本质和"为他"的道德属性，教育者的公共性角色以及他们所担负的社会责任，决定了教育劳动的特殊性。教育者从事的是一份有利于文化传承、学生成才、社会发展，关系到国家和民族未来的高尚事业。正因为此，人们把教师看作是"太阳底下最光辉的职业"。这充分表明，教师职业所具有的利他性、可赞性和奉献性。从生活的角度说，教师职业对于个人而言，也许是一个谋生的手段，是一个人获得社会地位和物质利益的职业选择。所以，我们不能否认教师职业与其他职业一样都具有为我性，都首先是为了满足人们生存和生活的工作需要。如果看不到这一点，把教师看作是"不食人间烟火"的圣人，那就是对人性的不完整的理解，也会把教师职业过于理想化。但是，从人的更高需要和理想追求来说，仅仅把教师职业看作是一种谋生的手段，并不能满足教师自我实现的价值期待。而教师的自我价值实现也是通过其社会价值的实现为前提条件的，这个前提条件其实就是教师通过自己的教育教学、科学研究、社会服务、人才培养等途径来体现一种利他的伦理精神，这种利他精神的实质就是为社会创造价值，就是对教育

---

① 《马克思恩格斯全集》（第40卷），人民出版社1970年版，第7页。

事业的热爱与贡献。教师职业本质上是利他的工作，但在这种利他的价值实现中，教师也满足了利己的生活需要，以及对自我价值最大化实现的更高追求，这是辩证统一的，而不是自相矛盾的。如果把利他的教育伦理精神看作是对教育者正当利益诉求的否弃，或者把利他与完全的无私奉献简单地等同起来，则是不妥的。

但我们知道，道德的基础是利益，准确地说，道德是正确理解的利益。实际上，从个体教育伦理的角度说，由于道德本身就意味着利他的价值取向，至少是利己不损他的行为，而且道德还意味着主体或多或少的自我牺牲。这样，教师在教育工作中颂扬利他的教育伦理精神不正是教育道德的本意吗？因此，个体教育伦理的一个基本内涵，就在于作为教育者的教师必须确立一种利他的价值取向和伦理精神，通过自己的教育劳动对学生、社会、知识和道德的发展产生积极有益的影响和作用。有史以来，人类社会对教师的评价一直推崇的"园丁精神"、"人梯精神"、"红烛精神"就非常形象地表达了这一教育伦理精神的内涵。这就是说，教育的利他是一种公共善。不过，虽然上述对教师职业地位及角色特征的表述，体现了社会对教师辛勤劳动、默默奉献的认可，对激发教师的工作热情和敬业精神也起到了鼓舞和鞭策作用。但这种对教师教育伦理精神的理解还是较为片面的做法，因为教师劳动的利他本质与利己回报、成就他者与成就自我不是对立的。也就说，教师要成就他者，首先要成就自己；要给别人道德，首先自己要有道德；要给学生知识，首先自己要有学识。把教师利他的伦理精神只是看作奉献付出，而不是实现自我价值，就不能激励教师不断地自我提升和自我发展。它"忽视了教师职业的内在尊严与创造性劳动的快乐，忽视了教师在劳动过程中生命本质和高级需要的满足，忽视了教师教育生命的成长与发展"。①

因此，在社会伦理和教育伦理转型的时代条件下，需要我们对教师角色进行传统反思和重新定位，赋予教师的利他精神更为丰富的内涵和特质。要打破传统的教育观念束缚，在保持奉献取向的同时偏向教师职业发展取向；超越教师角色的传统定位，用自己的学识和品格去影响学

---

① 傅道春：《教师的成长与发展》，教育科学出版社 2003 年版，第 127 页。

生，在塑造和教育学生的同时提升和实现教师的自我价值和生命质量。

（2）追求"慎独"的教育道德境界。个体教育伦理作为教育者行为之应然，对教育者的道德选择具有反思批判意义。教育者应具有什么样的德性和善行不是由其自身的主观意志来决定的，而是以个体之教育伦理为判断标准的。换言之，合乎教育伦理精神的教育行为在道德上才是善的、好的，也是应该的、合理的。但这种个体教育伦理作为客观的道德法则又内涵了对教育者的道德期望，也必须内化为个体的教育道德或者说教师的师德。这就是说，个体教育伦理实质上乃是个体教育道德的依据和内容。伦理为道德提供现实内容，道德是客观伦理的主观内化。因为伦理是关系及其处理关系的原则和道理。相对于道德而言，具有本体论意义。虽然道德本身也具有关系属性，且只有在关系中才能被把握，然而，道德的这种关系属性却是由伦理所提供或所规定的，即道德的关系内容就是伦理。

教育伦理指的是一种客观的教育关系，教育道德则指的是个体自身对这种客观教育伦理关系及其要求的体认、践行，以及在此基础上所形成的个体情感、意志、品质等，是教育主体的主观修养操守。个体教育伦理为个体教育行为寻求价值合理性根据及其存在方式。所以，教育者要依据个体教育伦理来进行道德修养和道德实践，做到自觉自省，即自觉进行内心的反思、省察，用道德良心来评价自己，用道德意志来支持自己。在教育工作中，教育者常常自我省察、自我解剖、自我监督、自我评价，不断改进不足，将不断完善和塑造其良好形象，提高自身的教育道德能力。但个体教育伦理的最终目标指向还不是止于教师的"养心"、"自讼"和"内省"，而是要求教师在教育活动中追求"慎独"的教育道德境界。无论何时，教育者实际上都在接受教育伦理的监督，但是这种道德监督的实质不应是外在的压力，而应是内在的自制。如果一个人独处时，能自觉保持一种道德自觉性，自觉践行个体教育伦理的内容，达到了"慎独"的境界，那么他就已经可以自由地驾驭自己的道德行为，这是教育伦理向个体美德的转换，也是教育者践行教育伦理的最高道德境界。

由于教育劳动在时间上存在限定性和非限定性，在空间上具有灵活性和机动性，使得教育劳动在时间控制上无法界定，在空间选择上相对自由。例如，教师的教学行为具有独立和个体的特性，教师工作多数情况下是无人监督的。虽然有教育对象的面对，但由于学生的未成熟性，以及师生关系的不对等性，学生往往也没有全面监督教师工作及其质量的能力。因此，"慎独"的美德对于教师十分重要。"慎独"之德可以理解为一个人应谨慎自己在独处时的言论和行为，强调个体在独处的时候仍要遵守道德规范，保持道德操守。在无人监督时不仅不能放松，而且要更加坚定自己的道德信念，所思所想、所言所行都要小心谨慎，并在"隐"和"微"处下功夫。"慎独"是我国儒家创造出来的具有中华民族特色的自我修身方法，在中国伦理学史上是一个特有的道德范畴。教育伦理学视域中的"慎独"是指教育者在教育伦理行为上要保持"诚心"和"正意"，将此精神作为个体修身养性、独善其身的推动力量。就教育者而言，他不仅要积极传承和大力弘扬中国优秀传统文化，特别是接受儒家伦理思想的浸染，同时面对当代社会急剧的变化和激烈的竞争，更需要时时处处事事从内心深处反省自己，坚持做到"慎独"，"出淤泥而不染，濯清涟而不妖"，通过不断的修炼以达成人格的和谐与完善。

在教育活动中，教育者要自我尊重，所做的一切工作都要与自己的身份相符，真正履行好自己的职责，增强教育伦理的义务感、责任感和使命感。在市场经济的大潮中，教育者应该有自己的生活准则和伦理底线，自觉抵御各种腐朽思想和生活方式的侵蚀。面对外界利益的诱惑以及义与利的冲突，要不断警告自己不要违背教育伦理原则和规范行事，要以别人的教训来告诫自己不要重蹈覆辙。因此，教育者要想臻达"慎独"的道德境界，必须确立正确的人生目标和价值追求，要用远大的理想、科学的信念来激励鞭策自己，踏实工作，开拓进取，奋发有为，努力在本职岗位上建功立业，使自己真正成为实践教育伦理的智者和善者。

（3）秉持"师范"的教育道德人格。作为一名教育者无论是在学识方面，还是在道德品行方面都应当成为学生的楷模和典范。所谓"学为人师，行为世范"——这是社会对教育者个体的伦理要求。教育劳动是一种以培养人为目的的特殊的职业劳动，教育者不仅用学识教人，而且用品格育人，不仅传授知识真理，而且用灵魂塑造人格。教育工作的特殊性质就在于以人格影响人格的形成和发展。教育者必须德术兼备，没有较高的精神境界，不能为人师表，不学无术就会误人子弟。作为"人类灵魂的工程师"，古今中外的任何国家或阶级，对教师的道德要求总是处在一定社会道德较高的水准之上。教育事业的神圣性和向善性，教师在教育活动中担负的主导角色，要求教师具有内蕴教育伦理特质的道德人格，在教育中做好教育对象的表率。德国教育家第斯多惠在谈到教师职业时指出："他希望引导别人走正确的道路，激发别人对真和善的渴求，使别人的素质和能力得到最高的发展。因此，他应当首先发展他本身的这些优秀品质。"[1] 教育影响着人的发展，又寄托着国家的希望和民族的未来，对于每一位教师，这既是一种荣耀，也是一种责任。没有高尚的职业道德品质是无法担此重托的。所以捷克教育家夸美纽斯甚至称："教师应该是道德卓异的优秀人物。"我国著名的教育家徐特立也曾说："做教育工作的人，一般总是先进分子。"

陶行知先生说过："教育无小事，事事皆教育；教师无小节，处处皆楷模。"教育者的一言一行对受教育者都具有重要的道德影响力。教育者不仅要讲授道德理论，更重要的是起到道德的示范作用。由于教师在知识素质、人生经验、社会阅历等方面比较丰富，因而学生往往把教师作为自己仿效的榜样，并有意模仿教师的行为。这就是教育心理学讲的"向师性"。教师本人的理想、智能、德性、人格、言谈举止、为人处世的方式以及事业心和奉献精神等都是强有力的"影响源"和教育力量。它对于学生的成长，是任何教科书、任何道德箴言、任何惩罚和奖励制度都不能代替的一种教育力量。在学校教育中，受教育者不仅从书本里学习善恶观念，更多的是直接从教师在教育劳动中表现出来的道德意识和道德行为中汲取是非、善恶的观念，寻找做人的榜样。因此，每一位教师都应深刻理解和把握教育的伦理特性，努力塑造美好的教育德性，以对学生、对社会、对国家的现在和未来负责的态度审视自己的言行，充分展现教师的人格魅力和良好形象及其育人功效。

我国古代教育家孔子在阐述教育者"师范"人格的影响时强调："其身正，不令则从；其身不正，虽令不从。"认为道德个体"默而识

---

[1] 《西方资产阶级教育论著选》，人民教育出版社1979年版，第350页。

之，学而不厌，诲人不倦"是教育工作者所应追求的教育境界。叶圣陶先生认为："教育工作者的全部工作就是为人师表。""'身教'就是'为人师表'，就是一言一动都足以为受教者的模范。"① 教师不仅把科学文化知识传授给学生，传道、授业、解惑，而且将自己的品德、人格、情操、爱心、责任感和献身精神传给每一个学生，从而对学生起到熏陶、感染和潜移默化的示范作用。正因为此，教育道德人格反映的不是个体的价值偏好，而是超越意义上的教育职业领域的共同精神追求和心理趋势。它旨在引导和同化教育者个体并将其意志凝聚起来以维护教育理想的实现和主流文化的传承。教育哲学把美德与智慧作为教育的本质、内核和本原。只有伦理才是教育的灵魂、教育人文精神的原点，由此形成的教育道德人格是教育者认识到教育存在的重大意义和价值后形成的一种深厚的情感，它是一种教育道德素质，亦是教育道德实践的力量之源。教育者一旦形成了"正德厚生、笃学敏行"的道德风范、职业操守和职业精神，就能彰显出教育道德人格的实践力量，并展示了"教育作为一项杰出道德事业"的精神实质。在社会主义市场经济条件下，这种教育道德品质尤为珍贵，它是个体教育善的最好诠释。诚如爱因斯坦所言："一个人对社会的价值，首先取决于他的感情、思想和行为对增进人类利益有多大作用。""一个人的价值，应该看他贡献什么，而不应当看他取得什么。"② 塑造健康的教育道德人格，需要教育者在学习和实践中思考，在思考中领悟，通过学习和实践使自己在人格心理素质方面形成完美的个性特征，以宽容的态度、平和的心态，适应现实、超越现实，将道德人格变为实现教育善的道德行动。

　　总之，个体教育伦理内涵丰富，已远远超出了教师职业道德范畴，它不仅包含师德，也蕴涵教育者应有的世界观、人生观、价值观、教育立场和态度、伦理思想和伦理行为等，是教育者应有的道德理性、道德情感、道德意志、道德信念、道德价值的概念体系，直接关涉个体教育善的实现，影响着国家和民族的未来。

---

① 《叶圣陶教育文集》（第2集），人民教育出版社1994年版，第555页。
② 《纪念爱因斯坦译文集》，上海译文出版社1980年版，第51、68—69页。

三　社会善与社会教育伦理

教育善包括个体善和社会善两个基本维度，教育伦理是个体教育伦理和社会教育伦理的有机统一。在现实生活中，教育总是按一定社会发展的要求自觉进行的一项实践活动。从宏观上说，社会、政党和政府是教育活动的设计者和组织者，他们的具有道德意义的教育行为对教育善的彻底实现更为根本，决定着教育事业的性质和方向。因而，现代教育伦理学必须探讨社会教育伦理的意义和内涵。

1. 社会教育伦理之意义

首先，研究社会教育伦理具有重要的理论意义。教育伦理学包含教师伦理学，但不等于就是教师伦理学，不能把教育伦理学理解为就是教育者个体的伦理学。教育伦理学从伦理道德的视角关注社会教育行为之应然，对关涉教育的一系列思想和行为后果进行价值分析和善恶评判，克服了传统教育伦理学在研究视域上只关注个体教育行为的缺憾，进一步拓宽了学科研究的视野，也变换了分析问题的视角。而这将会不断丰富和发展教育伦理学的理论体系，使教育伦理学理论研究不仅在广度上，而且在深度上随着时代的发展向前迈进了一步。在目前，我国教育伦理学研究尤其应关注政府制定的各项方针政策的伦理合理性何在，它将产生何种伦理后果这一问题，以及对教育组织行为、教育法规、教育制度、教育决策等的合道德性予以追问，这将有利于教育伦理学从理论走向实践，促进社会教育伦理建设和社会教育善的实现，全面提升教育伦理学的学科价值。

研究社会教育伦理也有利于推进教育道德建设。道德是一个复杂多样的社会现象，包含了社会道德与个体道德两个基本维度；教育道德也包含了个体的教育道德和社会的教育道德两个基本层面。社会道德建设是一个相互联系、相互影响的整体系统，在这个系统结构中，教育道德建设可以说是整个社会道德建设的重心。因为，教育是关涉全社会的公共性事业，教育对人的生存和发展状况之意义深远。教育道德建设作为一项系统的社会文化政治工程，不仅直接从事教育实践的教育者必须具有良好的职业道德素质，事实上整个社会成员的教育道德状况都关乎教育事业的健康发展，尤其是教育立法部门、行政部门、督导部门的价值取向和教育理念，是社会教育道德的根本。对教育公正的反思和呼唤，对教育人文价值和意义的重视，可以从形而上层面引导教育思想、教育制度、教育政策朝向人民大众所期望的价值目标，促进社会主义教育本质的实现，从而全面推进整个社会的教育道德进步。

我们知道，善恶是客观存在的社会现象，善恶斗争贯穿于人类活动的各领域，教育概莫能外。在教育领域，教育善恶问题是"教育价值的核心"。教育如果背离了人类和个体不断完善、发展的追求而走向这一追求的反面，那它就没有价值可言。因此，社会教育善恶的问题关系到教育的价值取向及其教育价值的实现程度，是社会教育伦理学需要加以关注和研究的方面。目前，尽管有关教师职业道德的论述相当丰富，也有人对教育者的丑恶现象加以揭露和批判。然而，教育本身和整体的善恶问题却没有引起人们足够的重视和注意。其实，对于社会的教育伦理问题，历史上是有经验教训的。20世纪上半叶，日本出现了军国主义教育，德国和意大利在搞法西斯教育，尽管至今仍有极少数人在这些教育辩护，但在绝大多数人看来，它们都不是什么好的教育。因为，它是反动统治者利用教育这一手段和文化这一工具为霸权主义和强权政治服务，这一做法本身就是对教育伦理精神的背反，也是对教育道德行为的亵渎，因而它是反人类、反社会、反理性的。在极权政治的绑架下，善的教育走向了一种恶的教育，教育善遭到了教育恶行的扭曲。在我国的教育历史上，北洋军阀政府在教育上实行的一些倒行逆施之举在当时就遭到了进步力量的反对。但它终究出现了、存在过。这些教育恶的客观事实提醒我们，社会的教育伦理问题是教育伦理学所应关注的研究视域。

时至今日，随着我国社会主义制度的确立，教育事业也已经迈入了一个新的时代。教育的法制化、大众化进程逐步得到推进，教育的改革与发展正朝着人民群众所期待的方向在不断变革和前进。教育对社会进步的贡献以及对人的发展所起的积极作用可以说是前所未有的。但是，社会的教育伦理研究与建设相对于现代教育科学发展的需要仍显得相对滞后，教育伦理学对教育善恶的省察还是不够，还没有真正确立起现代教育自身的善恶标准，没有有效地实行道德的自我追求和约束，以至于在今天的教育中仍存在着多种多样的违背教育善的思想和行为。例如，教育中教师与学生的权益保障问题，不同地区和阶层受教育权的平等问题，教育管理中的主观主义、形式主义、假集体主义问题，等等。诸如此类的一系列现象表明，社会教育伦理是教育伦理学研究中不容忽视的构成部分，是教育崇善的内在要求。

其次，研究社会教育伦理问题具有重要的现实意义。第一，它有利于推进教育的均衡发展。2008 年国务院《政府工作报告》指出"没有全民教育的普及和提高，便没有国家现代化的未来"。这表明，"全民教育"这个舶来品在我国已经取得了十分重要的地位。然而长期存在的城乡二元结构以及区域经济发展的不平衡，导致城乡之间以及区域之间教育发展的不均衡，教育经费、教育设施、教育师资等资源分配在不同地区、不同学校及其不同学生之间存在巨大差异。教育发展的不均衡，削弱了教育伦理的平等理念和公平原则。尤其是义务教育，如果教育发展水平差距过大，不仅不能保证公民受教育权利的充分实现，而且将直接导致人们受教育机会的不同和受教育质量的差距，进而会影响全面教育的顺利实施和国民素质的整体提高。因此，只有促进教育的均衡发展，深化教育行政体制改革，构建教育资源均衡配置机制，努力缩小区域之间、层次之间、学校之间的发展差距，才能实现真正意义上的全民教育。

义务教育是一个国家经济发展和民族复兴的基础，承担着为国家培养人才和提高国民素质的基本任务。一个国家、一个民族的国民素质首先取决于义务教育的普及水平，义务教育的发展也为高等教育的发展奠定基础。普及义务教育内涵了人们在受教育方面的平等权，也预示着这种教育的均衡发展。因为没有教育的均衡发展，就意味着公民受教育条件和机会的不均等，也就是教育起点的不公平，而起点的不公平将直接影响着教育过程和教育结果的公平。义务教育是国家立法规定的每个公民平等享有的一项基本人权，作为一种公共物品，它也是由国家和政府提供的"社会性福利"。因此，从社会教育伦理的角度对教育公平的关注、对教育平等权的倡导，有利于政府在全民教育的意义上推进教育制度的伦理化、大众化进程，从而促进教育的均衡发展。正如《世界全民教育宣言》中指出的："教育是全世界所有人一项基本权利，不论他们是女性还是男性，不论他们的年龄如何，理解教育可以有助于确保拥有一个更安全、更健康、更繁荣的世界，每一个成人、青年和儿童都应能够受益于旨在满足他们基本学习需要的教育机会，要使教育做到公正，必须为所有人提供机会以达到和保持一个令人满意的学习水平。"义务教育的均衡发展是教育善的重要体现，又决定着个体善的实现程度；国家在教育政策、制度、实践层面落实教育的均衡发展，体现着社会之"善"。推动我国义务教育均衡发展，可以在制度及实践层面促使有限的公共教育资源实现更为合理有效地配置，使受教育者在起点公平与过程公平的基础上，提升个人素质，有助于教育效率的最大化实现，推动我国现代教育道德走向更高的境界。

对于社会而言，均衡发展既是一种教育理想，也是一种教育价值。均衡发展作为教育伦理的命题，又是政府实现教育平等的调节手段。因此，教育均衡发展不仅包含了经济意义上资源配置的均衡，也包含了教育机会和教育权利分配上的均衡。也就是说，当社会的政治、经济和文化发展到一定水平后，义务教育就要为更多的人提供充分的、尽可能好的基础教育。当然，由于受地区经济条件、自然环境和文化历史传统的制约，教育的均衡发展是包含着有"差距"的均衡。它并不是要遏止部分经济发达地区教育的发展速度，而是合理控制教育差距，使其不至于危及教育平等的基本自由权利。一切旨在遏制或降低这种不平衡和不公正的努力，在伦理道德上都是值得鼓励和肯定的。因而国家必须在政策及制度层面，从物质上促进教育均衡发展，使每一个儿童，无论其民族、地域、出身，作为国家的公民都能平等地享受优质教育资源，享有公共性教育的福祉，受益于义务教育，提升个体的生命价值，体现社会教育善的人文精神和伦理关怀。

第二，有利于促进社会的和谐共存。教育是现代文明、国家发展和民族振兴的基石，也是构建社会主义和谐社会的基石。实现社会和谐需要协调好社会成员之间的利益关系，化解利益冲突和利益矛盾，而教育作为人们获得社会竞争力的基础和个体发展的重要方式，不只是一项个人权利，而且是关涉人们长远利益和理想实现的一种潜在"财富"。这样，教育之竞争无形之中也是一种利益的争取，教育矛盾的协调也蕴涵着社会公共资源和公共利益分配的协调。教育伦理抑或教育道德的基础在于教育利益的正确理解和实现。合理地认识和处理教育活动中主体之间的利益关系，是教育伦理的根本旨趣，也是教育和谐的基础。教育的和谐关联着社会的和谐，社会的和谐包含了教育的和谐。教育的和谐既是教育系统内部的和谐，也包含教育系统外部的和谐。教育系统外部的和谐取决于作为公共教育责任主体的政府如何对待教育问题，如何体现社会的教育善，如何从制度、政策、理念和行动上嵌入社会教育伦理，促进教育善的全面实现。因此，通过社会教育伦理建设不断提升现代社会教育道德的水准，实际上就是要求政府和国家在公共善的意义上协调好教育中的利益矛盾，使教育能够满足全体人民的需要，增强人们对教育事业的满意度和认同度。因而，社会教育伦理的发展有利于推进教育的和谐发展，而教育的和谐发展则有利于整个社会的和谐共存和共同发展。

社会和谐需要一定的社会公平为前提。社会公平的一个重要尺度体现为教育的公平。因为，教育权不同于经济权，它表面上是基于法律的权利，而实质上是基于公民的政治权利，是社会对公民一种基本人权的确认。在教育活动中，正式和非正式的教育制度资源配置都是影响教育公平的因素。教育改革一味追求功利和效率，冷却了对人的教育关怀，淡忘了教育的公共产品属性，教育资源分配的不公允，容易造成人的差异扩大甚至人们之间的嫉恨和敌视。而关注社会教育伦理，正是为了从制度上保障权力平等、资源共享，体现正义精神和补偿原则。它有利于消解社会矛盾，促进社会合作及社会关系的和谐，从而凸显社会主义制度的优越性。教育涉及千家万户，惠及子孙后代，受教育机会是否均等、教育公平与否关系到所有人的切身利益。长期以来，教育作为公益性事业在改善民生、缩小社会差别方面发挥了积极作用，成为保障社会公平正义、维护社会和谐稳定的重要手段。因此，加强社会教育伦理建设，树立先进的教育伦理理念，进一步促进教育公平的发展，为人民提供更多更好的教育条件，使人民群众享有平等接受教育的机会，是实现好、维护好、发展好最广大人民的根本利益的需要，是促进社会公平、社会和谐的需要，也是党和政府义不容辞的职责。

和谐教育是和谐社会的重要内容，和谐社会需要相应的道德基础，和谐教育也需要有相应的教育道德基础。和谐本身就蕴涵着道德，就具有一定的伦理意蕴。如果社会的教育行为主体不讲教育伦理，没有教育道德，那么不仅教育和谐无从谈起，也必然会影响整个社会的和谐。关注和构建社会教育伦理，对所有的教育活动主体的行为进行伦理审视和道德省察，这将有利于加强教育系统和整个社会的教育道德建设，对这部分人进行必要的伦理规约，提高他们的道德水准，从而以教育的和谐促进社会更加和谐。万俊人教授指出："和谐社会不仅是指一个社会生活秩序或状态的和谐平安，而且甚至首先是指人们精神心理秩序或状态的和谐宁静。在某种意义上我们甚至可以说，没有人们和谐宁静的心理精神秩序，就不可能有真正持久的、和谐的社会生活秩序或状态。"[①]杨国荣在《伦理与存在——道德哲学研究》一书中说过："作为人的社会性的一种表征，道德构成了社会秩序与个体整合所以可能的必要担保。"[②]道德总是提醒人们追求正当的个人利益，并把个人利益与他人利益和社会利益联系起来。

近些年来，社会道德腐败现象也在向教育领域蔓延，教育系统的政府官员和教育机构的管理人员利用手中的权力谋取私利，损害了公共利益和他人利益。如果任由教育腐败泛滥，教育的声誉和生命终将毁于一旦。因此，必须从社会教育伦理建设入手加强各类教育主体的道德自律，才能把个体善与社会善统一起来。教育作为传承文明的事业，需要有伦理准则和行为规范，教育系统应努力扬善惩恶，对教育中种种丑恶行径要动用各种力量，自觉地进行斗争，从而不断净化教育环境，提升教育道德水准。

2. 社会教育伦理的基本内涵

对具有普遍社会意义的各种教育现象进行价值分析和伦理审视，是教育伦理学的重要使命。社会教育伦理精神及其实现集中体现在组织、制度和观念的层面，它的主要内涵表现为：坚持以人为本，推进教育民主和追求教育正义。

（1）坚持"以人为本"。这不仅是现代社会发展的根本理念，而且应该是教育发展的指导原则。一般意义上的"以人为本"，就是要把人

---

① 万俊人：《"和谐社会"及其道德基础》，《马克思主义与现实》2005年第1期。

② 杨国荣：《伦理与存在——道德哲学研究》，上海人民出版社2002年版，第28页。

民的根本利益作为一切工作的出发点和落脚点，不断满足人民日益增长的物质文化需要，促进人的全面发展。人的全面发展，既包括提高人民物质文化生活和健康水平，保障公民政治、经济、文化权利，创造人们平等发展、充分发挥聪明才智的社会环境，也包括提高国民的思想道德、科学文化和健康素质，保障公民受教育权。所以人的全面发展离不开教育，人只有通过教育才能真正获得全面发展的知识、素质和能力。教育是促进人的全面发展的必要途径和基本手段。教育要实现人的全面发展，就必须坚持"以人为本"的伦理原则。

　　教育的本质属性在于培养社会所需要的人，"教育为未来社会培养人"在当代正逐渐成为一种世界性的共识。不管怎样，教育的基本价值在于促进人的全面和谐发展。"人"始终是教育的中心。"以人为本"应该成为社会关心教育的价值主张：把教育与人的幸福、尊严、自由和终极价值联系起来，使教育真正成为人的教育。即关涉教育的一切都要为了人的发展。好的、有利于人全面发展的现代教育制度，它所包含和落实的价值体系必须坚持"以人为本"的价值原则，以促进人的全面发展为价值旨趣。合乎伦理的教育制度首先应该是一种"以人为本"的制度，是把"人的世界和人的关系还给人自己的制度"。① 因为"人是制度的主体和目的，制度仅仅是手段和工具"。② 现代教育的制度体系，体现以人为本意味着制度的设计、安排和运行以现实的人为中心，通过制度安排、伦理规范，丰富、提升和完善人性。教育制度以人性为基础，以人权为原则，以促进个人的全面发展为价值取向是社会教育伦理坚持"以人为本"的本质要求。所以，对社会教育伦理的追问，主要体现在人本意义上的制度伦理追寻，体现在制度层面的道德性。人总是在一定的社会制度中生活和发展的，人的全面发展离不开制度，人的全面发展需要从制度的视角进行教育伦理探讨。教育伦理学对一切有关教育的规则、政策和方针的道德追问，是以如何更好地促进人的健全发展为目标指向的。这种道德追问，可以使教育淡化功利色彩，远离世俗世界中不良因素对教育系统的负面影响，从而使教育的内在德性得到张

---

① 《马克思恩格斯全集》（第 1 卷），人民出版社 1956 年版，第 43 页。
② 吴向东：《制度与人的全面发展》，《哲学研究》2004 年第 8 期。

扬。即克服教育的庸俗化、异化、功利化现象，使其真正成为传承文明的事业、改造生命的力量。正如康德在《教育论》中指出的："教育不能只为了当前的利益，它更应当是为将来人可能改良的一种境界。"①

作为国家在教育事业方面的意志体现，教育政策对国家教育事业的发展起着主导性作用。教育是培养人的活动，承担着社会文明薪火相传的职责，实现着人的不断完善与自由。作为教育活动重要调节手段的教育政策也应该以人为本，体现伦理关怀，以伦理关怀为前提，达至教育"善"的终极目标。教育政策伦理是指在整个教育政策活动过程中既包含了伦理规范，也包含了伦理原则。"以人为本"是教育政策研究、制定并执行的基本价值取向，也是教育政策应追求的永恒主题。教育政策作为社会公共政策的组成部分，在于调整教育内部关系及其与外部诸因素的关系，追求教育的公共利益。教育政策伦理在物质层面上追求优质教育资源的相对均衡配置，从而为受教育者提供相对平等的教育机会与条件，使受教育者在就学过程中得到同等的对待与支持；在意识层面上关注每个儿童潜能的最大程度的发展，并为之提供最适宜的发展环境及条件。

教育的主体是人，教育的对象是人，教育的目的是塑造人，在教育活动中，人无疑处在中心的位置。一方面，教育肩负着向受教育者传播"人是根本"理念的使命，使他们懂得和学会尊重人、关心人、相信人；另一方面，教育管理、教学活动、教育内容都应当体现对人的尊重和关注，应当有利于调动和发挥人的积极性、主动性，有利于人的才能的发挥，有利于人的健康成长。如果说社会经济是关乎"物"的生产，那么，以培养人才为宗旨的教育直接关乎人的发展；前者以追求利润的最大化为目的旨趣，后者以追求人的自由、完善为终极目标；前者价值追求的本体性基础是经济利益，后者价值追求的本体性基础是伦理关照。若以发展经济的价值取向来指导教育的发展必然会导致追求"善"的教育演化出诸多"恶"的行为，使教育把"人"当作物品来进行生产，从而背离了教育的人文本性。因此，"人的发展"才是教育的真正

---

① 项贤明：《经济体制市场化与教育的伦理学困境》，《教育理论与实践》1994 年第3 期。

目标。"以人为本"作为一种价值取向，其根本所在就是以人为尊，以人为重，以人为先。当我们将"以人为本"作为社会教育伦理的价值选择时，教育便具有了创造人的价值的意义。它以充分开发个体潜能为己任，以丰富人的知识、精神世界，培养完整健全人格为目的。

（2）推进教育民主。教育民主之所以是社会教育伦理的一个重要内涵和内容，是因为教育民主由教育系统的外部民主与教育系统内部民主有机地整合起来的一种伦理实在。它不仅是指教育的内部民主，即创造一种民主的教育生活方式，最大限度地满足人的自由个性发展要求；而且它还是指教育的外部民主，即反映了政治民主和经济发展的要求，构成了社会民主的重要部分，指向教育权利平等和教育机会均等。因此，教育民主是政治民主在教育领域的扩展，它要使受教育成为每个公民的基本权利和义务。它的基本含义是：个体获得越来越多的受教育机会，个体享有越来越多的民主教育。

教育民主化作为世界教育的趋向，其核心是教育机会均等。它内涵了人的入学机会均等、教育资源投入均等和教育结果的相对均等。这里，需要指出的是教育机会均等并非就是实现教育平均主义，而是意味着在教育权利平等的前提下，"人和自然的、经济社会的或文化方面低下状况，都应尽可能从教育制度本身得到补偿"。[1] 如我国颁布实施的《义务教育法》、《教育法》及《教师法》，就是以法律的形式来保障教育民主化的进程。接受教育是公民的基本人权，也是人的生活质量的基本保障。教育在提高人的社会生存能力之外，应立足于体现政治正义以改善人的整体处境。教育伦理所要求的教育民主精神是人类消除灾难和歧视以保障人的自由平等权利的重要思想武器。

随着社会民主化进程的推进以及教育民主化程度的不断提高，人民群众越来越希望自己能参与到社会公共事务中来，并逐渐成为干预教育决策及走向的一支重要力量。为此，让社会力量参与政府教育政策的制定和社会教育伦理规则的设置，是贯彻和落实教育民主的必然要求和趋势。在进行教育决策和设立教育规范的过程中，只有多方参与，才可能

---

① 查尔斯·赫梅尔：《今日的教育为了明日的世界》，中国对外翻译出版公司1983年版，第68页。

使有关各方的利益诉求和价值期待在教育政策和社会教育伦理规范中得到合理的体现，从而也才能汇集各方力量，调动各种积极性以推动社会教育善的实现。作为不同的利益主体，社会和教育者、教育者和教育管理者，教育者和被教育者等存在利益上的矛盾是现实生活中的正常现象，关键是如何对此进行合理的安排。当有关各方在确定教育政策和社会教育伦理规范时能全部"到场"，充分发表自己的价值主张，使自身的利益诉求在教育决策和教育规范中得到合理的体现，我们的教育政策、教育伦理制度就能得到各方面的道德认同，从而也就获得了实现自身的必要合力。教育政策、教育制度的制定不仅是为了保障公民的受教育权利，还必须有利于思考、处理和解决教育改革和发展进程中面临的新情况和新问题，有助于实现社会教育伦理的转型发展以及社会教育善的更好实现。对这一公共性决策，仅仅依靠少数人甚至某一群体往往都难以担此重任，它需要发挥教育的民主精神，并充分调动诸如社会、教育管理者、教育者本人和教育对象等诸多主体的积极参与方能奏效。只有通过多方的参与而集思广益，才可能理清教育中的各种矛盾，认清教育活动的特点，把握教育发展的规律，明确教育活动中人际关系的应有模式，准确把握教育发展和改革的基本走向，从而在此基础上制定出科学的教育政策和教育制度体系。

对于社会的教育发展而言，如果剥夺了民众对社会教育事务的民主参与权，压抑了民众行动的教育民主精神，广大民众关心和建设教育事业的积极性和创造力必然要受到扼制，这不仅将影响到政府和教育行政部门教育决策和教育伦理的民主化，也将影响民众的教育利益在公共政策和社会制度中的实现程度，甚至会损伤民众的国民素养、文化理念及其潜在的创造力。同样，如果在人才的培养中缺乏教育的民主精神，"以一种蛮横专制的文化制约着科学发展观文化形态下的教育文化，以昔日传统计划经济和封闭的环境来认识今天的教育，忽略教育理念的作用，不思考教育怎样适应今天的社会，对社会的变迁、经济的崛起、政治的需要不能做出与时偕行的选择，失去了办教育鲜明的个性和特色"。①

---

① 王继华：《教育新文化：促进教育民主精神的回归》，《教学与管理》2007 年第 1 期。

从根本上来说，民主是一种国家制度。所以，民主的教育与教育制度、教育政策的民主性、人民性是密不可分的。同时，民主也是一种社会生活。民主的教育与教育伦理有关，与教育生活方式有关。正像杜威所认识的，民主不仅是一种特殊的政治形式，一种管理政府的方式，更看作一种生活方式。无论是教育管理，还是教育行为本身都应该体现一种民主精神，这种民主精神蕴涵了现代自由精神、平等精神及宽容精神。如果不以这些现代性伦理精神为支撑，那么就无法形成今天的教育民主。如果一种教育活动被一些思想狭隘的人所管理，教育管理方式必然是专制的。如果教育内容是封闭的、贫乏的，就必将阻止学生去探索，窒息他们的独立思考。因此，教育民主意味着给全体的接受教育的人员以平等、宽容、支持的机会和条件获得知识、发展兴趣、实现理想，提供造就人格的时间和空间。这不仅是为了个人的福祉，也是为了社会的公共善的实现。

（3）追求教育正义。亚当·斯密把正义看作是支撑人类社会的主要支柱，正义保护的是社会的整体的福祉。因此，正义是社会伦理学的一个重要范畴。正义作为社会道德的基石，体现着社会教育伦理的核心价值，是教育制度的基本原则。没有正义，社会的共同生活和基本秩序将被毁坏，教育将失去正当性和道德性，而缺乏正义的教育将成为道德沦丧的教育。正义是一个社会和谐发展的伦理基础，正义不受任何功利需要的限制。实际上，只有正义的制度才能形成社会的积极向上、团结的、道德秩序良好的社会。正义，一方面作为人的是非观念，被我们称作正义感，这个是无条件的道德命令；另一方面是作为协调人与人之间、人与社会之间利益交换和资源分配的规则，这个被称作正义观，这是有条件的社会规则。既然如此，作为个体的权利和自由的保障，都是要以正义的制度保障才可能得以实现；"如果没有这种外在的制度化，没有这种'道成肉身'，哪怕是真正崇高的东西，也难于在即便是少数人那里长久地坚持"。[①] 所以，人对自由和平等的要求，以及人的生命和权利只有在正义的现实力量的保障下才不会流于空谈。既然如此，从

---

① 何怀宏：《公平的正义——罗尔斯正义论解读》，山东人民出版社 2002 年版，第 57 页。

社会秩序这个角度来看，我们优先考虑作为社会价值的正义，正义优先于其他社会价值（效率、稳定）而被人们考虑的，这是指社会伦理方面的正义优先性，是正义优先于"好"，优先于功利。

教育的伦理性以及教育的道德化，首先取决于社会对教育正义的自觉追求和宏观把握。社会教育伦理就是要立足于教育正义这一社会善，对国家、政府、组织以及教育制度提出道德要求，以保障公民的学习权、受教育权不受侵犯。国家和法律是维护和实现人们受教育权利的最后底线，因而对教育正义负有责任，教育正义也构成了教育的规范批判的尺度。借助于教育正义的伦理审视，就可以区分合法的与不合法的教育制度、教育形式、教育安排，也是对国家和政府的教育行为、教育制度的道德限制，以及对公民平等生存权和发展权的价值诉求。也就是说，"国家、政府和教育本身在面对教育者的基本权利时应该做什么、不应该做什么，这必须在制度上和实践上有所保证、有所限制"。[①] 社会教育伦理旨在告诉人们应当从教育理念、教育结构和教育行动上正确认识和把握教育正义的价值指向，正确处理和改变社会和教育中的不正义状况。教育正义关乎社会在处理教育价值问题和教育权利问题时的态度；公共生活推崇什么样的教育价值、追求什么样的教育是表现社会正义的重要方面。国家、社会和教育本身是否在教育活动中保障了人们平等的教育权利，也是教育是否追求正义的重要表现。如果教育制度本身缺乏正义价值的约束，教育本身就会成为怂恿不公正教育的因素，教育权威也就更加倾向于以不公正的态度对待求教育者。

教育正义以教育公正为基准，又是对教育公正的超越。教育正义首先要求处理好公平与效率的关系，在教育公平与效率的选择上，坚持公平优先原则。因为教育对人的发展、对社会进步有独特的价值和作用，只有将教育公平放在首位，教育才会获得健康长远的整体效益。教育正义是教育制度的首要价值，它从根本上保障每个人接受教育的平等利益和权利。教育正义亦即从观念和制度上构筑起对受教育者人格的平等的尊重，生命价值的平等的关怀和基本权利的平等的保护的平台，在此基础上引导他们的精神品格健全和积极成长。教育正义还在于从制度和政

---

① 金生鈜：《教育正义与教育改革的转向》，《当代教育科学》2004 年第 20 期。

策上保护人在教育中的各类权利，并使人的最好发展成为可能。因为权利本身提供了一种教化条件，教育影响每个人的理想、价值、自我、人格的实现，一种教育制度或教育体系，本身就是塑造人的方式。

社会教育伦理的核心在于制度的正义：制度的正义才能孕育正义美德并遏制不正义，才能限制那些与正义美德不相容的愿望、抱负和行动，教育变革最为重要的是进行制度变革，使教育制度具有正义性，确定正义的教育普遍形式和具体内容。① 因此，教育正义是国家、政府和教育本身的合法的教育行动基础，是最为优先的社会教育善。罗尔斯在其社会公平的研究中，提出了"为了平等地对待所有人，提供真正同等机会，社会必须更多地注意那些天赋较低和出生较不利的社会地位的人们给予最不幸的人最大利益"的补偿。② 国家在保证学习机会公平的基础上，给予不同的受教育者以差别性的对待。具体而言，就是关注社会弱势群体，在义务教育领域，对各种处于社会不利境地的儿童给予额外的关怀和补偿。因此，教育正义包含有两个面的内涵：第一，国家公民享有公正、平等的教育权。无论其出生、性别、种族、宗教、能力、民族有何不同，其在国家教育制度层面人人拥有平等的受教育权。第二，国家公民享有公正、无偏私的教育资源。即无论其贫富差距多大，不管其居于何种社会地位，在公共教育资源分配过程中，都拥有平等的资源配置。

①　［美］罗尔斯：《正义论》，何怀宏译，中国社会科学出版社 1988 年版，第 252 页。
②　同上书，第 70 页。

第七章

教育伦理的实现机制

作为一门指导教育实践的价值科学和应用科学，教育伦理学研究的宗旨在于以自身丰富、系统的理论体系，在伦理道德的意义上促进教育善的全面实现。为此，教育伦理学要对各种教育现象进行道德反思，探索教育道德形成和发展的规律，并在此基础上建构现代教育的价值基础，确立教育者在职业活动中的行为准则，研究教育行为之应然转化为实然的有效举措，即教育伦理和教育善的实现机制。这种教育伦理的实现机制，需要讨论教育伦理系统在教育活动中，同外部诸因素之间的有机关联性，以及基于内部构成要素之间的有机关联性，探求教育德性生成和发展的策略和建设路径。这种旨在提高现代教育道德水准和提升教育者德性水平的实现机制，意味着要从构建教育伦理之外在保证体系和完善教育伦理之内在动力系统两方面做出努力，具体包括了教化机制、评价机制、激励机制和主体机制等。

一　教化机制

"教化"一词在中国古典文献中用得较为广泛，通常是指通过有效的教育、感化、范导等方式使统治阶级的政教伦理措施得以在社会中推行，使社会成员接受社会需要的政治、道德等规范体系，进而使社会成员能够遵循社会规范体系，以巩固政权、维护社会生活秩序。所以，社会教化的目标在于改造思想、规范行为、构建秩序。由此我们也可以看到，教化作为社会伦理介入社会生活的一种方式，其在使教育伦理规范转化为教育者的道德行为以及良好教育生活秩序形成中的意义和作用。

它不仅是把社会伦理转化为个体道德的一个重要手段、中介环节，而且，在推动教育者之内在德性和心灵秩序转变为外在德行和生活秩序的过程中起着重要的引导和强化作用。

在中国传统社会，政治和伦理的教化针对是全体社会成员，要求人们都能够"各司其职、安守本分，不缺位、不越位"，以保证社会生活秩序的安定和谐。所谓"明人伦，兴教化"，就是指如果要让人们明白做人的道理，正确处理各类人际关系，就必须要对其进行一定的教化和濡化，使其学而知"道"，克己复礼。教化就是为了使人们从认知、情感到心理上都归融于社会，接受社会主流文化的浸润和洗礼，以形成共同的价值标准、积极的精神态度和良好的伦理秩序。一旦这种伦理秩序及其情理意蕴进入了人们的心灵，成为他们的思维方向、行为方式、情感依托、价值根基，社会伦理礼仪就成为"风俗"了。这也就是所谓的"化民成俗"。古人云："君子如欲化民成俗，其必由学乎！"教化就是使人社会化。从个体角度说，"教化"在于使个人的心灵情感受到了某些有伦理关切的道德规范和价值理念的引导和塑造，从而涵养心性，获得教养，加深修养，形塑人格，完善品质。总的来说，社会教化注重的是非强迫性的情感归化、文化关切和良风美俗的成型，以形成一个强大的有本土传统特色的归融性软性力量，使这个注重人情义理的人伦秩序与人们的心灵情感水乳交融，并以此来规范人们生活的各个领域，使之成为人们的精神家园，使心灵得以转变并被充实提升，使个体能认识到善的本质及其价值的优越性，并把它整合为自己的本质和道德操守，从而达到"随心所欲不逾矩"的"化"境。可见，教化在中国文化史上既是一种传统，也是一种德育资源，其对于教育伦理和教育善而言，也是一种实现机制。

首先，提高教育者对教育伦理及其教育善的道德意识，需要一定的社会教化。教育伦理要实现其由应然到实然的转化，即通过教育道德行为转化为教育之善，首先要使其成为教育者自觉的道德理性。因为，道德作为实践理性，是人们行为的内在律令，伦理则是人们在道德上应坚持的原则和要求。所以，它必须要通过教化的手段使行为主体对教育伦理形成一定的道德意识和道德觉悟。教育者是否具有这种道德意识，其道德觉悟的水平如何，很大程度上可以反映出他们在教育伦理方面所具有的知识和受教化的状况。这就是为什么师范院校要对作为未来教师的师范生开设教育伦理学课程的一个缘由，也是为什么教师本身也要接受继续教育、终身学习的缘由。每个人在社会生活中都是一个道德主体，作为道德主体都有自己的道德主张、道德判断和道德行为，也就是说，每个人都是道德个体，也都具有个体道德，这是普遍的道德现象。但是，正如并非有知识的人都能胜任教师工作一样，并不是有了个体道德就有了教师道德，也不是从事教育工作的人就一定具有教育道德。所以，从专业的角度说，确实，教育伦理是一种具有专业伦理要求和专业精神内涵的教育职业素养；教育道德也是一种体现专业道德和专业品质的教师职业素质。这就是说，教育者要具有专业伦理知识，以及形成教师职业道德，进而在教育实践中实现教育善，就必须要接受政治和伦理的教化。

没有社会对教育者的伦理教化，他们可能就难以形成社会倡导的伦理观念及其道德意识，或者说他们对教育伦理的道德意识只是个体的、主观的、零碎的。教育伦理就无法在认识上构成其知识体系、信仰系统和价值体系的一部分，从而就难以见之于教育行为中。对此，普罗泰戈拉认为"德行可教"，教育者个人的道德品质同一般人一样，也是人为教育的产物，而不是凭天性或自发形成的东西。要想使其成为有教养的人，就应当运用自然的禀赋，在教化和实践中成就其德行。苏格拉底认为人一切天生的气质，都是可以通过学习和锻炼而得到提高，并提出"美德即知识"的命题。亚里士多德把人的德性、教化与幸福结合在一起，认为人类的目的就是通过教化心灵，实现美善的生活目标，即幸福。所以，教育伦理从理论走向实践需要运用教化机制，使教育者明确自身肩负的伦理责任和应该坚持的伦理价值方向，从而明确自己在处理与教育对象、集体和国家的利益关系中应有的价值取向和行为模式，形成坚定正确的道德信念和价值判断能力。

教育行为是复杂多样的，只有真正领会了教育伦理精神，并把它作为个人的道德信念，形成个人的教育伦理思想，才会选择真正具有道德价值的教育伦理行为。当前，中国处于社会转型时期，国民的生活方式、价值取向、道德境界呈现多样性和多层次的特点，这一现象也在影响着教育者的价值选择和道德观念，使教育伦理和教师道德面临严峻的考验。面对市场经济带来了巨大冲击，以及各种拜金主义、享乐主义和极端个人主义的迅速蔓延，新旧思想观念的碰撞和冲突导致一些教育工作者精神迷茫，无所适从。因此，在社会转型时期，在教育伦理受到外界挑战的今天，在教育者出现道德困惑的情况下，尤其需要运用教化手段来增强其职业道德意识、道德观念，激浊扬清、扶正祛邪。我们要以现代先进教育伦理思想和传统优秀教育伦理思想教化教师，培养其和谐人格，提升其道德素质。这既有利于抵御腐朽思想对教育道德阵地的侵蚀，以使社会主义先进文化和核心价值观在教育领域得到弘扬和践行；也有利于弥补传统文化在教育伦理领域的缺失，以教师群体之力来传播中华民族的文化精髓，彰显中华民族的文化底蕴。

其次，实现教育伦理向教育者精神世界的内化，需要进行一定的社会教化。教育者是教育人的，其职业道德品行具有典范性和深远的影响力。为把教育伦理价值取向从外在要求，转变为教育行为主体的道德良知、道德信念和自觉行动，使教育伦理价值目标成为其内在的约束力和推动力，对教育者施加系统的伦理教化是非常必要的。教育伦理作为社会提出的教育者应有的价值图式和行为规范，只有内化为教育者的道德素质和价值追求，成为其精神世界的一部分，成为其所归依的精神家园，教育善才能真正体现于教育行为实践之中。因为，教育善作为伦理精神的现实化，并非来自外力的强制，而是源自于教育者的道德良知、美好德性及其教育善行。所以，外在的教育伦理要转化为教育者内在的教育德性，是需要进行教化和培育的。

要实现教育伦理的内化，还必须通过教化来激发教育者的道德需要。道德需要相对于教育伦理而言，它不是强加的，而是个体自我肯定、自我完善、自我发展的自觉要求；它不是外部的，而是外在的道德要求转化为他们内在的道德要求。当教育者能够意识到道德规范的必要性与必然性，并把它作为自己行动的准则，教育伦理的他律与自律就达到了统一，社会的道德需要就内化成了教育主体的道德需要。从人的需要层次上说，道德需要才是人的需要的最高层次，是人的物质需要与精神需要升华的辩证综合。基于这种道德需要，伦理教化就可以为教育者提供一定的道德知识、道德经验和道德智慧，使其把道德权利与道德义务、德性与幸福统一起来，并收获教育实践的成功。因此，对教育者的伦理教化实质上就是道德的教化，使那些原本陌生的却有着道德意义和价值的东西变得熟悉起来，使高尚的情操，良好的风俗，优良的道德传统，道德典籍与他们的精神情感相融相洽，使之获得对教育伦理的感受力和践行力。

教化既是对传统的传承，又是对时代精神的颂扬。"道德传统和文化传统对于人们的重要性就在于，一旦我们与它们的联系被割断，我们立即就会回到野蛮状态。所以它们对人们有着永远的教化意义。"① 时代精神和道德精神对于教育伦理而言永远是活的灵魂，是民族文化的历史内涵和现实内容，所以它们对教育者也有着人性教化意义。赫尔德明确地把教化一词规定为"达到人性的崇高教化"。所以，教化在精神科学里，表现了其浓厚的人文意蕴和道德的救赎。教化就是指个人的情感感受和感性欲望受到理性和价值观念的引导和塑造，人的品性受到熏染。它可以使受到教化的对象产生一种深刻的精神转变，即摆脱了单纯只知追求一己之私的满足的冲动状态，而获得了某种普遍性的理智素质。它是知、情、意的融渗和化通。通过对个人内在精神的塑造，它赋予人以一种普遍的精神形式，使个体从个别性状态提升为普遍性状态，获得了整个生命的改善、默化。黑格尔明确把"教化"规定为使人的精神从个别性状态向普遍状态的提升，是人精神内在的、整体的生长。因为伦理教化是在精神领域里与人的情感、理智、意志、感受等打交道，因而是对教育者心灵世界的"建塑"。伦理教化不仅是教育理智的生成，而且是对教育者素质的培育，是增强其道德感受性的过程，是对整个生命的"改塑"、"造化"。因此，它是教育伦理向教育者精神世界内化，并成为其性格及其德行有机构成的一个不可或缺的环节。

社会教化机制包括三个环节：一是培育教育者的伦理共识。在多元社会背景下，教育者道德状况出现了多元化现象。也就是说，教育者个体道德在现代多元社会结构条件下具有了与传统社会不同的"异质性"和"分化性"特点。虽然道德本身具有个体性和主体性，但作为规范个体道德的社会伦理却具有一元性。因此，只有把一元的伦理与多元的道德统一起来，才能使道德的绝对性与相对性得到和解。这就是说，我

---

① 詹世友：《论教化的三大原理》，《南昌大学学报》2000 年第 7 期。

们需要培育一种共同的价值目标和伦理共识，从而对教育个体的多元道德给予指导和整合，以使得教育者现实的道德表现不至于偏离社会教育伦理的原则或轨道。正如万俊人教授所说："道德共识，是对某一确定范围内道德'公度'的共同认可。因此，它意味着存在一种可普遍化、可公度的道德。"① 教育实践中，如果没有基本的伦理共识，没有被普遍认可的伦理规范，教育者只能自己为自己立法，这种表面上的绝对自由其实恰恰是一种绝对的不自由。教育善的实现需要教育者对教育伦理的内心认同和普遍接受，这一共识的形成过程是一个对话的过程，同时也是一个教化的过程。只有当教育者达成了一定的伦理共识，社会的伦理教化才有一个可靠的基础。只有培育这种共识，人们都有对于教育伦理的呼唤和要求，那些愿意践履教育伦理的主体由于受到褒扬才更有动力去认真扎实地建设并践履教育伦理。

作为教育善的实践形式和现实载体，教育伦理共识既关系到人们对何谓教育善的界定和理解，也关系到对教育行为具有何种道德价值的判断和认定，因而对教育主体具有道德教化意义和行为引导作用。在社会转型的今天，培育契合时代精神的教育伦理共识，既需要教育者、受教育者和社会等多方面的主体共同参与，以确立符合各方利益和不同主体价值诉求的伦理道德体系；同时，也要本着历史主义的态度剔除由于社会价值观的变迁而失效的教育伦理，代之以与现代生活相适应的新型教育伦理。这也就是重建教育者的精神家园、再塑教育者的价值理想的问题。在这一任务中，首要的是研究和确立处理教育活动中人伦关系的具体准则。教育伦理建设要针对社会生活中出现的新问题，提供人们采取行动或对策的伦理依据，确定人们道德行为的边界。这样才能实现教育伦理的与时俱进以及教化内容和形式的更新发展。

二是加强教育道德的舆论引导。这是指教育伦理建设所依赖的社会舆论调控环节，它既可为教育者的道德选择提供价值导向，约束教育行为，也可促成教育伦理内化为主体的道德素质和道德修养。因此，这一环节对教育行为实践有着巨大的影响，是社会教化机制的重要构成。

为此，我们要为教育崇善营造良好的文化氛围，以一种先进的道德

---

① 万俊人：《现代性的伦理话语》，黑龙江人民出版社 2002 年版，第 70 页。

文化引领教育道德的进步，使之对教育者产生潜移默化的影响作用。教育道德作为社会道德的有机构成，既是社会道德文化的映射，亦受整个社会文化环境的浸润和感染。可以说一个社会的精神文明及其道德舆论提供着教育崇善的思想文化条件。教育的善恶标准总是体现着社会整体的善恶观念，是社会基础价值观的具体化。在社会转型时期，更需要有积极向上的文化氛围和道德舆论，为教育系统提供正确的道德价值导向。社会既要为教育者提供优质的精神产品，又应该坚持正确而健康的道德舆论。比如：提倡尊师重教的良好社会风尚，揭露教育关系中的庸俗化现象，鞭挞教育中的腐败行为，贬抑教育功利化行径，同时呼唤教育公平、教育民主，倡导教育人文关怀，弘扬教育道德楷模的先进事迹等，这些对确立现代教育伦理建设的目标和方向都具有重大作用。正如有学者指出的"在社会转型时期更需要成熟的社会舆论，剧变的社会更需要正确的社会导向"。[①] 良好的教育伦理文化环境和积极健康的教育道德舆论，本身就是社会教化的一种手段和工具。

教育道德的舆论引导作为社会精神文明建设的重要组成部分，对改善教育伦理建设的整体状况，促进教育道德向着社会所期待的方向发展，具有直接的制约作用。它为人们观察和解决教育伦理问题提供价值观的引导。当前，寻求教育道德进步的社会舆论支持，需要学习和践行社会主义核心价值观，把社会主义核心价值观融入教育伦理建设的进程之中。社会主义核心价值观反映了社会主义道德的精神实质和内在要求，对社会伦理道德建设具有普遍指导意义，也是教育伦理在当代所应追求的核心价值。以社会主义核心价值观为指导，从我国教育职业伦理道德建设的需要出发，加强教育伦理学的理论与实践，大力推进教师职业道德建设，是我国社会主义道德建设的一项重要任务。教育伦理对教育者提出了职业道德要求和应有的教育行为模式，而其根本的价值目标与社会主义核心价值观是一致的，因而它必须体现社会主流文化舆论的导向。

三是发挥教育伦理学科的指引作用。对教育者进行伦理教化需要教育伦理学的学科支撑。因为，教化不单纯是指思想道德教育，而且是理

---

① 邵道生：《中国社会的困惑》，社会科学文献出版社 1996 年版，第 232 页。

论向实践的渗透，是用科学的教育理论武装教育者的头脑，丰富和充实他们的精神世界。人类的实践离不开科学理论的指导。作为一门研究教育道德问题的专门学科，教育伦理学是现代教育道德实践的理论武器和理性指导，是教育至善的道德文化支撑。它对教育扬善抑恶的作用无可替代。作为教育学科群的一员，教育伦理学针对的是教育领域的善恶矛盾，是从伦理学的角度去研究教育现象，这是它的特殊性及其独立存在的根据。人类社会教育发展史昭示我们：教育有善恶之分，教育者行为有高尚卑劣之上下。教育善恶矛盾的消除需要教育伦理学加以研究解决。教育伦理学能够自觉、系统的对教育系统进行理性省察和价值规范，提高教育者扬善抑恶的意识和能力。因此，从学科的性质和功能看，"教育伦理学作为单一科学的伦理学，能够超越其他科学的观点，以引导教育的行动，并且建构伦理正确点，承担教育实际的合法性"。[①] 即教育伦理学可以以精神实践方式来把握教育世界的本性，提升和净化教育的道德视界，促成"教育崇善"局面的形成并力求取得良好的成效。

就整体上而言，加快我国教育伦理学科发展，是一项系统的大问题。它不仅要坚持马克思主义理论的指导地位，保障学科的健康发展，而且鉴于我国教育伦理学研究起步晚，总体水平不高的现状，学习和借鉴国外的研究成果尤为必要。为了提升学科地位，更好地发挥学科功能，通过开设教育伦理学课程，建立一支高水平的教学科研队伍，加强教育伦理学的教学与研究，实践证明是行之有效的举措。笔者认为，就目前我国教育伦理学研究所构建的理论框架雷同于母学科伦理学的理论框架，未能充分彰显本学科的学科个性之事实，我国的教育伦理学应以伦理学为理论基础，综合多门学科知识，从当今社会现实对教育者的道德要求出发，思忖教育道德之"实然"及受教育者的价值期待，来构建本学科的理论体系。即从实际出发，注重关切实际问题的，向着研究主体多样化、研究内容专题化和应用化方向延伸。在致力于教育善的实现中，教育伦理学要增强问题意识、时代意识和主体意识，积极发挥科学理论对教育实践的指引作用，对提高教育者道德素质的推动作用，以

---

① Benning, A. *Ethik der Erziehung*, Freiburg: Herder verlag, 1980, pp. 19—20.

及对教育者的教化和引导作用。这是进一步提升教育伦理学学科功能价值的需要，也是化理论为德性、化理论为力量的现实要求。

二　评价机制

教育伦理作为教育者道德之"应然"及教育行为选择之应有，要转化为教育者道德之实然以及教育者实有的行为模式，离不开教育伦理评价这一机制作用的发挥。一方面，教育伦理作为确立教育道德标准的依据、作为教育者道德行为的准则，本身就具有教育和评价功能，我们一般也把合乎教育伦理精神的教育行为称为是善的，把背离教育伦理精神的教育行为称为是恶的；另一方面，对一切教育现象中存在的善恶问题进行道德裁定，也需要运用教育伦理评价的手段，因而它对教育善的最终实现具有导向、矫正和反思意义。这就是说，教育伦理评价包括了教育道德评价，它既包括对教育者的道德行为进行善恶评判，还包含了对现存的教育道德观念、教育制度道德、教育活动目标等方面进行价值分析和价值判断。因为，一个现有的道德善不等于就是应有的伦理善。"伦理专指道德准则和社会道德观念，道德专指善恶，伦理是一种道理、规范，道德是人的善恶状况、实践属性，伦理是一定阶级或社会的，道德主要是个体的。在这个层面上，道德即成为'善恶的总称'，成为人在自己的行动中表现出来的一种以利他或损他为主要内容的主观能动性。"① 因此，道德带有较多的主观色彩，伦理是主观与客观的统一，是客观精神的真实体现，"主观的善与客观的自在作为地存在着的善的统一就是伦理"。② 这样看来，教育善应是合乎教育伦理精神的教育道德行为，具有必然性的社会教育伦理才是人们教育道德行为的根据。教育伦理不仅是关于教育善的理念，而且是借助于人的道德表现来实现的活的善。作为教育伦理实现机制的教育伦理评价就是现实社会的各类主体按照一定的教育道德标准对教育活动中的善恶现象以及个体或团体在教育过程中的行为所做的是非、善恶的价值分析和价值判断。教育伦理

---

① 郭永军：《道德评价根据的再认识》，《山东师范大学学报》（社会科学版）1999 年第 6 期。

② ［德］黑格尔：《法哲学原理》，王哲等译，商务印书馆 1995 年版，第 162 页。

评价是教育道德活动的一种重要形式，是使教育伦理观念、原则和规范得以贯彻并转化为教育者道德行为的保证和促进力量。

　　教育伦理评价以教育目标、教育制度、教育者的教育行为为主要对象，通过善恶正邪等范畴来改变、影响教育的道德观念和道德风尚，协调教育内部与教育外部的关系，实现教育道德从现有向教育伦理所昭示的应有转化。可以说，教育道德在教育实践中的调节、激励、教育、反思、纠偏作用主要是依靠教育伦理评价实现的。教育伦理理念、原则、规范的内化、教育者道德意识和道德品质的外化，也是通过教育伦理评价实现的。教育伦理评价既具有认识、反省和指导作用，也具有命令、规劝和实践功能，它可使准则性的道德命令同当前的教育处境和教育行为动机直接结合起来，以求得一个理想的教育效果。一种正确而广泛的教育伦理评价既可以向人们传递关于教育价值的特殊信息，也可以成为衡量社会教育道德水平的客观标准。它给予教育主体及其行为的道德赞许或道德谴责，是促使教育道德意识向教育道德行为转化的重要杠杆，因而是实现教育伦理价值的、维护社会教育道德的保障。

　　首先，教育伦理评价有助于增加教育评价的道德含量和人文维度。评价属于认识论范畴，但也是关涉价值实现的活动。它不仅是对客观事物的事实判断，而且是一种价值判断和价值创造活动。传统的教育评价无论是形成性评价还是终结性评价、定性评价抑或定量评价，更多的是关注教育活动的实效性和功利性，注重对教育实践结果与既定目标一致或吻合程度的量化评估与判断，而缺少了对教育对象的人文关怀和道德关切。也就是说，人在教育评价中缺席了。这种教育评价缺少一种基于生命关怀和人性建构的心灵对话与沟通，把复杂的教育现象简单化、表面化和僵硬化，失却了对教育中最有意义、最根本内容的关注，如心理健康、健全人格、主体意识、合作精神、创新思维和实践能力等，最终使受教育者成为被动接受知识的容器，扼杀了人的个性、主体性和创造性。教育伦理评价则主张教育工具理性向价值理性的复原，呼唤教育回归生活世界，主张在爱与关怀、尊重和发展的意义上，来推进教育道德的进步，把教育的终极价值定位于促进人的全面、和谐、自由发展，这是教育伦理学应有的人学视野和生命本质观照。

　　其次，教育伦理评价有助于道德原则和规范转化为教育者的道德行为。教育伦理体系蕴含了教育伦理原则和规范等一系列道德准则，是进行教育道德评价的标准，它们只有在教育道德评价活动中，通过对教育行为善恶价值的肯定或否定的裁决，才能使教育行为按照教育伦理的要求扬善抑恶，才能实现其规约和调节教育行为的作用。在一定意义上可以说，教育伦理原则和规范能够否转化为教育者的教育行为以及其作用发挥得如何，很大程度上取决于教育道德评价活动开展的广度和深度以及教育者道德评价的能力和自觉程度。教育伦理评价通过传递教育道德行为价值的信息，裁决既存教育行为的善恶，敦促教育者在教育活动中弃恶向善，不断检点和反思自身的教育行为，使教育道德行为与教育伦理规范保持一致和融通。通过行使道德律令的职能，实现教育伦理的约束和评判功能，不断指出教育行为在道德上的得失，从而激励教师更多选择积极的、高尚的道德行为，不断地改正那些不健康的、不道德行为，又起到捍卫教育道德原则和规范之权威的作用，并推动整个教育道德认识和教育活动的不断提高和完善。

再次，教育伦理评价有助于促进教育者道德素质的形成和发展。教育者道德素质水平的高低，不仅影响着对教育事业的忠诚、热忱和奉献程度，也影响着对国家、集体和个人三者利益关系的处理方式，还制约着对受教育者的态度、情感和行为，进而制约着教育活动的方式和效果。因此教育者良好的道德素质是实现教育伦理价值的人格担保。在教育活动中，对教育行为进行教育伦理评价，不仅可以告诉教育工作者哪些行为是合乎道德的、应该做的，哪些行为是不合道德的不应该做的，从而增强其职业道德意识，规避不良职业道德行为，强化好的职业道德行为，把道德意识与行为统一起来；而且可以深入到教育者的精神世界，作用于道德情感和职业良心，唤醒教育者的道德良知和道德觉悟，型塑教育者的道德人格，使其形成稳定的职业道德品质和道德品行。通过这种评价机制使教育者认识到教育工作的道德意义，教育事业的崇高与伟大，并极大地激发教育者的职业荣誉感、使命感和责任感，使其树立坚定的职业信念，确立正确的价值追求和道德观念，养成良好的职业行为和道德习惯，进而促进教育者良好道德素质的形成和发展。

复次，教育伦理评价有助于推动教育制度的道德建设。教育伦理评价包含了对教育者行为合道德性的伦理评价，也包含了对教育制度合道德性的伦理评价，前者有利于提升教育者德性、规范教育者行为、协调教育活动关系；后者有助于推进教育制度的道德建设，使教育制度更加趋于形式合理和实质公正，更加有利于实现人权和人的自由全面发展这一教育善的终极目标。教育是一项系统的社会工程，从思想到制度、从目标到过程，它都应合乎先进的伦理观念，都应内在地体现先进的道德理想和伦理精神。教育制度对各方面权利、义务和职责要求的安排和规定，乃是对特定伦理思想的具体化表达。先进的教育制度，必然是在进步的伦理基础上建立起来的。因此对教育至善的追求同样离不开对教育制度善的追问及伦理评价。教育制度伦理评价既包括对宏观层次的具有普遍意义的教育制度的审视和完善，也包括对微观层次的各种具体教育制度和教育方式的审视和匡正，前者涉及人们在教育领域的权利与义务及其关系；后者关乎人们受教育权利、机会平等以及教育资源利益合理分配的实现状况，关乎教育者对待受教育者的态度、情感和行为等实际问题。比如，通过考试选拔人才充分体现了受教育权利和机会的平等，这是对的、必须坚持的一项教育制度。但是，有些学校片面追求升学率，为了所谓的学校声誉，将学生划分为"重点班"和"普通班"，对重点班学生给予特别关照，集中优势教育资源进行"重点培养"，冷落了多数学生。这种教育活动安排合乎教育伦理吗？这是一种微观层面具体制度安排的不道德，因为它在同一环境下未能使受教育者享受同等的受教育机会、教育权利、教育资源，实际上就是一种教育的不平等；也是对"个性化教育"思想的误读和亵渎。对于诸如此类的现象，教育伦理评价应加以关注和批判，以促进教育制度和教育方式的道德化建设。

教育伦理评价究其实质而言是运用一定的道德标准对教育现象与教育行为的道德性质和道德价值作出是非、善恶的判断、并表明褒贬态度，以促进教育的扬善抑恶。对于教师而言，教育伦理评价应确立发展性的道德评价观。从评价的目的来说，教育道德评价可分为奖惩性评价和发展性评价两种基本类型。前者注重于评价的形式和结果，评价成为对主体道德状况的一种证明，但这种评价客观上也产生了一些功利性倾向，评价的效果和影响也存在着一定的局限；后者注重于评价的内容和过程，评价成为促进教师道德发展和教育关系和谐的重要手段，这是一种体现时代进步要求的道德评价理念。因为，评价之最终目的不是为了证明，而是为了改进教育道德状况。发展性道德评价要求我们必须用发展的目光审视教师的道德行为。教师职业道德素质不是一朝一夕形成的，不能以一次的成功与失败作为师德评价的终结，而应以动态、发展的眼光去看待教师的道德发展，关注教师细微的行为表现与进步，通过激励性的评价方式去促进教师道德的持续发展。

因此，发展性道德评价在于运用评价机制促进教师德性的提升，改善教育实践的道德状况。它不仅重视教师的现实表现，而且更加注重教师的未来发展；不仅要起到对教师教育行为的道德评判和鉴别作用，而且要起到对教师的道德教育和引导作用。道德之人类精神的自律特性，要求把评价的外在力量转变为评价的内在力量，才能显示道德追求的自觉性和能动性。因此贯彻发展性道德评价理念，必须体现"以人为本"的伦理精神，努力激发教师践行教育伦理的主动精神和职业情感，增强其道德践履的主观能动性和行为能力。要把教师职业道德评价变成促进师德转型发展的一种动力机制，做到尊重与宽容、自觉与自主、指导与帮助相结合，以此不断提升整个教师队伍的师德水平和道德素质。

教育伦理评价是依据一定的标准进行的，科学合理的道德评价标准将影响着评价活动的质量和实施效果。对教育者（教师）的道德评价标准包含了一般标准和具体标准。就一般标准而言，一是要确立教育道德的社会利益标准。由我国教育事业的社会主义属性所决定，教育的目的在于提高全民的素质，为社会培养有理想、有道德、有文化、有纪律的一代新人，为社会主义建设服务。因此，教育道德评价的根本标准在于为社会主义建设和发展培养合格人才。所以，以社会主义核心价值观为指导，"凡是符合教育规律，有利于社会主义教育事业发展，有利于培养社会主义'四有'新人的教师教育行为就是道德的，并应受到赞扬的；反之则是不道德的，就应该受到批评和谴责"。① 二是要确立教育道德的教育利益标准。教育道德评价要有利于实现教育的价值，使教育自身获得科学而健康的发展。教育发展是社会发展的需要，教育的发展需要教育伦理和教育道德为之保驾护航。因此，凡是合乎时代精神和

---

① 钱焕琦、刘云林：《中国教育伦理学》，中国矿业大学出版社 2000 年版，第 310 页。

教育本质要求，有利于教育发展的教育行为就是道德的，反之背离时代精神和教育本质要求，阻碍教育发展的教育行为则是不道德的。三是要确立教育道德的受教育者利益标准。教育的根本任务是育人，使受教育者成人和成才是教育的基本职能，受教育者成为教育道德的重要利益主体。因此，凡是符合教育规律和受教育者身心发展规律，有利于实现培养目标，促进学生健康成长和身心全面和谐发展的教育行为就是道德的行为，与之相悖的就是恶的、不道德的职业行为。

就具体标准而言，教育伦理评价应基于教育活动的特殊性和教育职业的专业伦理要求来确立道德评价的具体标准。这方面的标准体现了教育者对国家、社会、学校、学生等多方面的道德责任，包含了社会对教育者教育行为更为具体的道德要求。诸如教育伦理原则、教师职业道德规范、教育伦理范畴等实际上构成了教师职业道德评价的标准体系，是进行教育伦理评价的具体标准。这一具体标准的核心内容，根据2008年教育部修订的《中小学教师职业道德规范》包括了"爱国守法、爱岗敬业、关爱学生、教书育人、为人师表"六个方面的基本内容，根据2011年教育部修订的《高等学校教师职业道德规范》包括了"爱国守法、敬业爱生、教书育人、严谨治学、服务社会、为人师表、终身学习"六个方面的基本内容。当然，在进行教师职业道德评价时，我们还可以对此加以进一步的丰富、充实和细化，以使评价标准更具可操作性。

为了使教师道德评价标准更具可操作性，可据此制定出全面而具体的道德评价指标体系。在设计教师道德评价指标体系时，要体现价值目标的层级性。因为教师德性水平的层次性及教育者道德状况的多样性，决定了我们所设定的道德要求体系在目标上是一个由低到高的序列，使这种不同层级的道德要求对不同境界的教师都具有行为导向意义。从而充分调动广大教师投身于教育伦理建设的热情，最大限度地发挥教育道德的功能，使道德评价在科学的价值目标引导下取得理想的效益。我们认为，这一道德评价指标体系在层级上至少包含了对教育行为的底线要求、角色要求和美德要求等。

教师职业道德评价还应做到评价主体与评价方式的多元化。教师职业道德的评价包含了校内评价与校外评价、自我评价与他人评价等形式，要使评价成为教师本人、管理者、同事、学生以及家长等多主体共同参与的交互活动，从而对教师道德状况作为全面、客观、公正的评价。以往的教师职业道德评价，大都以学校领导组成的考核小组为评价主体，多是自上而下的总结性评价。教师并不会积极主动地去参与评价活动，这对于教师的最优发展来说并非有利。而且，评价信息来源单一，评价方式单一，教师处于被评价和被管理的位置，甚至成为评价者的对立面，产生怨言和抵触情绪。由于教师不能积极参与评价，教师职业道德评价的信度与效度大大降低，致使教师职业道德评价流于形式。因此，开展有效的教师职业道德评价，需要多方参与，通过不同的评价主体，从不同的视角收集多方面评价信息。但"不能过度追求量化评价，以简单的数字评价丰富的教师职业道德，要注重开展质性评价，应将总结性评价与形成性评价相结合，自评与他评相结合。通过整合多方面的评价信息，深刻准确地评价教师的职业道德行为，从而也体现出教师职业道德评价的民主性与发展性，营造尊重、理解、宽松和谐的人文环境，促使教师职业道德走向更高的境界"。[①]

　　教师职业道德评价机制的建构和完善是一个连续的、动态的过程，需要建立一个教师职业道德评价的考核—反馈—矫正—优化系统，通过对师德评价结果之优劣得失的分析、比较和判断，针对教育行为中存在的道德问题进行反思、总结，把社会的价值期待化为教师努力的方向，指导教师职业道德的改进与提高，进而收到以评促建、以评共建的效果。在此过程中，教师职业道德评价的反馈是一个师德评价的再评价的过程，是评价主体与评价客体的有效沟通。通过相互交流，使评价活动从一种单边的活动转变为双边的交互型活动，从而最终实现以教师职业道德评价提升教师道德水平、推动教育关系和谐之目的。学校管理者应把评价双方共同建构的评价结果，及时反馈给教师本人，指导教师职业道德的改进与提高。应谨慎地、有尺度地公布评价结果，并适当地将评价结果与奖惩相结合，同时建立教师职业道德档案。

---

　　① 王清风：《试论教师职业道德评价机制的建构》，《青海师范大学学报》（哲学社会科学版）2011 年第 6 期。

三　激励机制

从心理学角度讲，人的行为是由动机支配的，动机是由需要引起的，行为的方向是寻求目标、满足需要。激励的出发点就是考虑人的需求，满足人的正当需要。虽然伦理学要求道德主体做出有益于社会和他人的行为，但这并不妨碍一个人拥有追求幸福和美好生活的权利。激励就是运用各种有效手段，通过满足人的内外需要，激发人的热情，充分发挥人的内在动力，使其行为朝向组织所期望的目标而努力。激励是人与人之间一种施动与受动的关系模式，其目的是预测、控制人的行为，使预期行为从无到有，从弱到强，从低频出现到高频出现，因而它有着对行为动机驱动或抑止的特质，对好的行为具有正强化作用，对坏的行为具有负强化作用。通过激发人的动机，调动人的积极性、主动性和能动性，促使主体不断追求自我发展、自我完善、自我实现。由此可见，激励包含激发人的积极性和动力的内在价值取向。而且，任何激励其实都包含着对人或事物道德意义的肯定。也就是说，任何一种激励都意味着被激励的某种行为在道德上是被肯定的，都蕴涵着道德激励。道德激励就是在一定价值目标引导下，通过一定的形式和手段去引发、激活个体的道德需要和动机，激发个体合伦理行为的发生。弗朗本斯说过："你可以买到一个人的时间，你可以雇到一个人到指定的工作岗位，你可以买到按时或按日计算的技术操作，但你买不到热情，买不到创造性，买不到全身心的投入，你不得不设法争取这些。"[①]　这句话生动地道出了道德激励的重要性。

教育伦理建设不仅要规范教育行为，将教育活动中各类人际关系的和谐作为重要任务，而且要激发教育行为，将弘扬教育者美德作为重要的价值取向，这就需要运用道德激励机制来促进教育道德进步。道德激励是社会进行道德调控的一种内在机制，在教育伦理实践中其作用主要体现在两方面：其一，引导社会主流价值观。道德激励具有鲜明的时代性和阶级性，因为道德本身具有时代性和阶级性。任何时代道德激励所

---

① 俞克纯、孙迎选：《激励、活力、凝聚力》，中国经济出版社1988年版，第129页。

宣扬的道德观念、道德原则，所期待的道德模范、道德行为和道德品质总是与一定的社会道德生活环境密切相关，都是这个社会核心价值观的投射和映现。因此，对优秀教育者进行道德激励，既是为广大教育工作者树立起榜样和示范，为他们提升道德境界指明方向，同时这种激励又集中体现了社会的主流价值观对个体道德行为的期望和要求，反映着社会的价值取向和道德理想，这对培育和践行社会主义核心价值观具有引导和推动作用。其二，有助于促进个体道德完善。道德激励是社会或集体对教育者善良美好行为的一种积极肯定的评价，对当事人与其他行为人都具有强大的影响力和感染力。它有助于树立典型，营造学习先进的道德氛围，因而是一种群众性的正面道德激励活动。道德激励作为教育伦理的实现机制传达了社会所推崇的教育善，不仅社会倡导的教育伦理价值、原则、范畴、规范能从先进典型身上找到，而且可以敦促教育者不断进行自我道德反思、修炼和改过，朝着社会所期待的伦理目标前行，并促进个体道德的不断完善。道德激励有助于激发教育者的道德需要、道德情感，促使其形成一定的道德信念与道德习惯，坚定地追求和选择善的教育行为。教育善作为一种价值，包含着对高尚的精神境界的追求，是推动教师不断实现自我完善、自我升华的精神力量，具有满足他们高层次精神需要的特殊意义。

道德激励意味着道德不只是一种付出、义务和奉献，同时它也是一种收获、权利和幸福。如果我们把教育者道德高尚简单地等同于奉献和牺牲，却没有承认和赞美，那么道德就成了对人性的压抑，伦理便成了对人的束缚。相反，教育道德是一种教育智慧，是对人性的一种成就，而教育伦理既是教育自由的保证，也是对教育善的证明。实际上，中国传统伦理的基本精神和基本信念就是"德""得"相通。"德""得"相通是对人们在道德实践活动中产生主导作用的一种内在机制，它普遍作用于社会各阶层的不同主体。这里，"德"是主体认识和遵行社会的行为规范和准则；"得"既是得于人，将善行施之于他人，让众人得其所益，也是得于己，将善念存之于心，让身心各得其益，并得到社会和他人的美誉、肯定和鼓励。在传统德治社会，道德权威似乎凭借强大的政治力量而至高无上。然而真正的道德权威实属"德""得"相通机制在有效发挥作用。这就是对"得"的承诺与假设，德无论是对人还是对己都是有价值、有意义的。不仅中国有"德""得"相通之说，西方亦有德福一致之言，这也是道德激励的一个依据。黑格尔在评价康德时曾谈及当时人们从经验中感受到的一种现象："有道德的人常常遭受不幸，而不道德的人则往往是幸运的。"此乃历史上许多哲学家如黑格尔、康德所关注的"德福二律背反"现象。在一个不公正的社会，善的分裂，其实就是存在的分裂，就是利益的分裂，就是社会结构的分裂；在社会结构中，一些人专司义务，一些人专享权利，一些人专门牺牲奉献，另一些人专门享受牺牲奉献，就是德与福的分裂。所谓"德福背反"是指义务和权利的不对称状态。诚然，"德"与"得"、"德"与"福"并不总是对应的和一致的，但是至少不应是背反的。否则，乐意于道德奉献就很难成为一种普遍现象。只有通过运用道德约束的有效性与道德激励机制的作用，道德效力才能得以实现、伦理功能才能得以充分发挥作用。

　　虽然伦理学上的道德总是或多或少地以自我牺牲为前提，康德称之是"为义务而义务"。但是，这只是在突出道德行为的主体不应以功利作为其首要动机时才具有合理性，它并不表明现实生活中不存在与道德义务相对应的道德权利，更不能成为社会借以无视和否认个体道德权利的理论依据。道德义务和权利的关系，的确具有不同于其他领域权利、义务关系的独特性质。即道德义务从它产生之时起就不以获取某种权利为目的前提，行为主体对义务的履行更多地是出于道德上的责任感。但是，我们说履行道德义务不以获取道德权利为目的前提，决不意味着道德义务是脱离道德权利的孤立的义务。[①] 道德义务的先在目的性，道德行为的非功利性动机，不应当在理论论证上成为无视甚至否认道德权利的理由。在道德主体在履行了一定的道德义务之后，客观上理应得到相应的权利回报。尊重他人的人，应当受人尊重；奉献社会的人，社会应使他有所获得。这是道德权利和道德义务特殊关系的要求，也是社会公正要求在道德领域的特殊体现。作为权利和义务的统一体，当教育者履行了一定的教育道德义务之后，作为社会就应该赋予其相应的教育道德权利，这既是对道德行为主体及其善行激励和强化的需要，也是社会公

---

① 刘云林：《从传统到现代：伦理学研究中的三大转变》，《探索》2003 年第 5 期。

正目标在道德领域的具体体现。这也意味着教育伦理要实现传统的规范约束向现代的道德激励转变，使教育伦理建立在"以人为本"的基础上，建立在价值哲学的基础上。即通过柔性的沟通手段，使教育伦理由外部控制转向内部引导、自我激励，依靠人性解放、权利平等、民主管理，从内心深处来激发每个教师的内在潜力、主动性和创造精神，使他们能真正做到心情舒畅、不遗余力地为国家的教育事业、学生的发展做出贡献。

教育伦理作为指导教育活动的价值科学和实践科学，致力于使教育者行为与教育伦理所昭示的教育行为之"应当"相契合。教育善的实现是教育伦理作为教育者的道德规范及其道德践履的过程。没有主体的道德行为，伦理就无法在现实生活中转化为活的善。所以，我们将道德理解为"规范及其被践行"。也就是说，伦理侧重于规范和关系的理解，而道德侧重于主体和行为的理解。既然教育善的实现离不开教育主体对教育伦理的道德践履，那么为了给这种道德行为以有力的动力支持，就需要运用伦理的、情感的、道德的激励机制。然而，在传统的伦理学视野中，道德主要是作为人们行为的规范体系而存在的，道德对社会生活的作用主要表现为自身规范功能的发挥。这样，道德与伦理往往都是指社会的规范，似乎没有什么区别。而实际上，如果说伦理主要指的是社会规范、关系以及处理这种关系的原则和道理，那么道德主要指的是主体对伦理规范的自觉程度和行为实践，是内在德性与外在德行的统一。因此，现代教育伦理研究不仅应注重发挥教育伦理的规范功能，而且应发挥教育伦理的道德激励功能，探求其激励机制。

首先，规范功能虽然是道德的主要功能，但不是唯一的功能。将教育伦理仅仅定位对教育关系的调整和教育行为的限定是远远不够的。教育伦理不仅应关注教育生活的和谐有序以及教育行为主体不逾道德之矩，而且还应将促进社会进步和人类发展作为自身永恒的价值追求。而这一价值作为人们不断超越现实的结果是来自于教育工作者对更高层次价值的自觉追求。要实现这种价值追求，主要不是对教育行为设定规矩，而是要为教育崇善提供持久不息的精神动力，这就是发挥运用教育伦理的道德激励作用。其次，从教育者现实的德性水平来看，在多元社会条件下，他们的道德水准是呈现不同层次的。教育伦理对不同的人发生作用的状况也不尽相同。对于那些德性状况处于较低层次的教育者来说，教育伦理主要应发挥其对教育者行为的规范纠偏功能，明确规定行为的限度，并致力于纠正教育者的不当和失范行为。但对于德性层次较高的教育者而言，要使他们自觉追求教育至善的美好境界，并不是简单设定"不得为非"的行为限度就能奏效，它是人们在一定的激励机制促动下的主动选择。有效的道德激励不啻是教育者的精神需要，而且是一种影响人的思想和行为的能动性和创造性的巨大内在力量。

　　这种教育道德激励大体包含了两个方面：一是内在的自我激励，即教育者自己为自己设定向善乃至至善的动力机制。自我激励是指教育者在自我认识的基础上，鼓励自己为达到更高的道德水平、教育成就、人生价值而努力的过程。自我激励能力，是一种自觉的精神力量，它包含了教育者对职业的认同感、归属感、成就感、尊严感和荣誉感；这种内在激励的效果和作用，往往是外部激励所不能及的。就教师而言，"他们在职业生涯的挫折期、停滞期更需要自我激励，只有当教师职业成为一种体验幸福的职业，将教育善的实现看成是一种自我价值的实现，才能真正实现教师道德的自我更新和自主发展，才能充分体现教师内在的主体价值，丰富和提升自身的生命意义"。[①] 在传统的教育伦理观念中，教师是教育的工具、教书的机器，他们像蜡烛一样燃烧自己、照亮别人，为了学生他们默默奉献、呕心沥血，但是教师体验自我价值、寻求自我实现的现实愿望往往被忽略。教师自身似乎没有多少自己的价值追求，他们敬畏师德、践行伦理规范往往也并非出于自我发展的内在需要，而是缘于职业活动的要求、迫于外界道德舆论的压力而为之。如果教师没有形成道德的自我激励机制，社会对教师的"道德高标"以及"道德光环"就无法转化为其自身内在的驱动力量。因此，我们要促使教师道德的自主发展，就要关心教师的成长、期待、支持和帮助教师实现发展的愿望，为他们创造有利的机会、良好的条件和环境，以激发他们的内在动力。此外，教育者的高尚举动，一般是在一定机制的激励下对崇高价值目标理性认同和情感共鸣的结果，所以教育伦理建设要致力

---

① 宋宏福、方成智：《论教师自我专业发展的有效途径》，《湖南师范大学学报》（教育科学学报）2003 年第 6 期。

于培养教育者科学的教育理性，良好的教育情感，高尚的教育良心，将此作为教育者高尚行为的内在驱动。

二是外在的社会激励。这种激励可以是精神激励，也可以是物质激励。精神激励主要是满足人的尊重、信任、成就、自我实现等高水平的需要，是一种主导的、持久的激励形式，具有持续的内驱动力作用。任何一项事业的背后必然存在着一种无形的精神力量，做好任何一职业都离不开敬业精神。因此，学校要通过对教师的道德激励，长期不懈地致力于灌输职业道德标准和敬业精神，强化教师心目中的敬业观念，培育教师的敬业品质，提高教师整体敬业水平。教师既是人类精神文明的继承者与传播者，也是社会精神财富的创造者。社会对教师的行为规范要求、教育对象对他们精神文化方面的期待，使他们对精神文化有着特殊的爱好和兴趣，对更新知识、进修业务有迫切的要求，同时也使他们能够产生较高层次的理想和信念追求。因此，正是这些因素使教师的精神文化需要有了优越的发展条件，使其对精神文化的需要非常迫切。

教育是崇善的事业，教师的职业是教育人、成全人、塑造人。高尔基赞誉说"世界上最美好的职业就是做一个人民教师"。教育家夸美纽斯也曾经说过："太阳底下再没有比教师这个职业更高尚了。"支撑教师将毕生的精力和智慧奉献给教育事业的往往不是物质的东西，而是一种教育信念、一种精神的追求和满足。因此，教师需要精神上的激励和心理上的抚慰，需要来自尊严、荣誉上的关切。中国历来都有尊师重教的传统。在知识经济时代，知识和知识分子对经济建设和社会发展的作用更为显著，这必然促使教师尊重需要的进一步发展。在现实中，学生、家长、学校和社会对教师的尊重、关心和敬意，都会给教师一种精神激励。这种尊重、理解和赞誉，是对教师劳动的欣赏和肯定，能促使教师更好地去进行创造性的劳动，更加珍惜道德上的声誉和褒扬，从而坚定教育至善的决心，以更加饱满的热情和更优秀的品质投身于教育工作中。

从情感上说，精神激励要求信任、尊重与关怀教育工作者，以调动和激发他们的工作积极性。情感伦理中的希望与信任是重要的激励手段，教育者对自己的个人职业发展充满希望，会增加教师完成教育工作的热情和责任感。要把关心教师的工作与关心教师的生活结合起来，建立个性化和人性化的道德激励机制，满足教师的个性化需要。激发教师职业情感的最有效的方法就是对他们倾注道德情感。情感激励作为精神激励的重要内容，是一种重要的内在激励，也是最经济的激励手段。可以说，从尊重教师的劳动成果到尊重教师的人格，从关怀他们的政治进步到帮助解决工作与生活上的实际困难，则能产生积极的心理效应。事实上，教育者受其特殊的专业精神影响，再加上这个群体具有较高的心理成熟度，只要管理者以积极的情感投入，通过适当的精神激励，引导和发展他们的精神需要，尽管在物质条件相对差一点的条件下，教育工作者的积极性照样能够激发起来。

　　不过，重视精神激励并不是说要忽视物质激励。如果精神激励缺乏物质激励作为基础，精神激励的力度就显得比较单薄，因此二者是辩证统一、相辅相成的。过去我们在教育伦理建设中，过分强调精神感召和道德说教，忽视了物质激励的杠杆作用，却并没有收到预期的效果，教育道德效益并不理想。邓小平同志说过："不重视物质利益，对少数先进分子可以，对群众不行，一段时间可以，长期不行。革命精神是非常可贵的，没有革命精神就没有革命行动，但是，革命是在物质利益基础上产生的，如果只讲牺牲，不讲物质利益，那就是唯心论。"[①] 在社会转型时期，随着社会物质生活水平的提高，教师作为社会的人，也打上了社会经济发展中的一般人们生活的烙印，教师的物质需求也在不断增强，他们也有改善生活条件、提高生活水平的要求。古人云："仓廪实而知礼节，衣食足而知荣辱。"

　　为了调动广大教师道德实践的积极性和能动性，必须改变"君子喻于义、小人喻行利"，只讲奉献不讲利益的传统伦理观念，应该充分发挥物质激励的作用，尽量满足教师合理的物质需要。根据我国现阶段的历史条件、政治、经济特点、文化传统以及教师自身的特点，只有将物质与精神激励有机结合起来才能使教育伦理建设收到最佳效果。

　　道德激励之所以需要物质激励的支持，是因为"人们奋斗所争取的一切，都同他们的利益有关"。[②] 道德表达和反映一定社会或阶级的利

---

①　邓小平：《邓小平文选》第 1 卷，人民出版社 1994 年版，第 203 页。
②　《马克思恩格斯全集》（第 1 卷），人民出版社 1995 年版，第 82 页。

益要求，但并不排斥个人的正当性利益要求。"道德运行的基本目标及其内外机制，归根到底是以经济必然性为基础的，是由经济必然性所决定的。"① 这种道德运行规律以及历史唯物主义的方法论，对于我们优化教育伦理系统的物质支持具有指导意义。社会经济环境不仅影响教育者对物质生活舒适感的体验，影响教育伦理建设所需要的各种物质实施，而且离开了正当的经济收入，师德提高就很难保证和持久。而入学机会的均等以及社会教育公正的实现更是需要必备的物质条件为后盾。由于我国地区发展不平衡，人们之间贫富存在差距，落实教育公正问题日益突出。这一切都说明，教育善的真正达成，离不开社会经济水平的提高，需要对教育加大物质投入，来切实保证教育伦理实现的利益基础。

四 主体机制

历史唯物主义认为道德作为一种社会意识形态是社会存在的反映，作为道德主体自由意志的一种实践理性，道德的根本属性在于它的主体性。它表现了道德主体的自律性、能动性和自我完善性。道德本质上是人类精神的自律。教育道德主体性关注的是教育系统在教育善恶矛盾斗争中自觉和自律问题，即在教育善恶斗争中，教育系统、教育主体是否能够、应该怎样自觉地扬善抑恶并提升自身的道德水准。教育的主体性重在教育道德主体性的弘扬。教育系统是教育崇善的主体，是实现教育善的内在力量。教育至善的过程就是教育系统作为道德主体认识教育善恶的本质，形成教育道德情感和坚定教育道德信念从而自觉实践教育伦理的过程，也是教育自我约束和自我完善的过程，它表现为"教育选择和追求先进的教育价值观，变革、改造不合理的教育现实，创建新的教育思想、制度和活动方式，承担自身的历史责任"。②

教育作为人类杰出的道德事业，应该有自身崇高的精神追求。教育系统是社会的有机体，与社会的各种现象存在着一种互动的关系。而社

---

① 罗国杰：《伦理学》，人民出版社 1989 年版，第 98 页。
② 王本陆：《教育崇善论》，广东教育出版社 2001 年版，第 319 页。

会现象有善有恶，积极因素和消极因素共存，教育的道德主体性就是要求教育伦理系统摒弃一切恶的因素，避免消极因素的侵蚀，保持教育道德的纯洁性，在冲突和变迁中守住教育善的精神家园，不使教育善的本质变异，不背离社会对教育者的价值期待。教育的历史发展表明：没有教育道德主体性的发挥，就没有教育扬善抑恶的进步。主体性发挥越充分，教育扬善抑恶效果就越大。现代教育伦理学是服务于现实社会的，它要求的教育道德主体性体现在：教育应成为人们实现幸福和福祉的源泉，成为个体全面发展和人的本质实现的手段，这是教育伦理的内在价值。教育伦理精神必须贯穿教育价值全面实现的全过程。教育道德主体性追求的是教育应体现自身的本质规定性，使教育真正成为人的教育。

弘扬教育道德主体性，一方面要凸显教育的主体性，促进教育道德的完善。必须牢固树立教育主体思想，肯定教育系统具有自我发展的力量，在具体的教育善恶斗争中充分发挥教育主体性作用，在辩证处理好教育与社会环境关系的基础上，高扬教育主体性旗帜。另一方面，要发挥教育者的道德主体性，提高教育者的道德水平，为教育善的实现注入生生不息的生命力量。再一方面，教育要培养人的主体性，要帮助人类摆脱科学奴役、人性沦丧和道德危机，显示教育与人类超越现实的社会本质。

任何一种道德行为，都是在一定条件下行为主体根据自己的意志和信念自由选择的结果。教育伦理对教育行为的规范、制约和导向作用，是以教育者的自觉性、能动性为前提的，是教育者作为道德主体对职业伦理的主动践履和自主行动。

没有教育者道德主体性的发挥，教育伦理就不能内化为行为主体的道德信念、道德意志、道德精神，并落实于教育行动之中。我们不仅要看到教育伦理的规范性特质，看到其外在的调控作用，也要看到教育伦理的主体性特质，看到其内在的调控作用。因为，从根本上说，教育伦理价值的实现实质上就是教育行为主体道德价值的实现，是道德主体发挥自身主体性的结果。

所谓教育伦理的主体机制也就是主体内部各种影响因素之间相互联系、相互作用的关系及其调节形式，就是如何通过道德主体性的发挥实现教育伦理理念向现实善的转化。也就是说，教育伦理的实现是教育者主动实践教育伦理精神的过程，是主体道德知识与道德行为的结合，即"知行合一"的产物。所以，教育者既是教育主体，也是伦理行为主体或道德主体。践行教育伦理要求教育者成为道德主体，把伦理观念融化于自我意识和道德行为。教育善的实现需要教育者发挥道德主体的主体性和能动性，这是人的主体性在道德领域的具体体现。如果说没有人的主体性就没有真正意义上的道德，那么没有道德的存在，伦理就只能是行为之外的一种善的理念。然而长期以来，人们总是从规范性的意义上来理解道德，对道德的规范功能强调的较多，但对道德的主体性意义以及道德的主体本质认识不够，这就降低了道德的实践属性，影响着教育伦理建设的效益。因此，加强教育伦理建设，必须重视道德主体的机制构建，充分发挥教育者的道德主体性和他们在伦理规范面前的自觉性和向善性。

1. 努力提升教育者的教育德性。教育伦理能否在实践中实现其价值目标很大程度上取决于教育者的德性水平及其道德主体性的有效发挥。对现实的善而言，知善并不代表就是行善，善行是内在德性与外在德行的有机统一。所谓教育德性指的是教育者对教育伦理规范的真诚服膺、自觉认同和自愿遵行，以及以追求更善人生价值、更美人生境界为指向的优良道德品质。教育德性伦理关注的中心是作为一个教育者，"我应该成为什么样的人"的问题，它表现为教育主体在规则面前的主动性、神圣性和超越性。其实，教育德性伦理不仅是指教育者具有一种良好的教育美德，而且包含对教育伦理规范的践行及其意义的收获。正如麦金泰尔所言："一种品质能够被称为德性品质，是因为在具体的实践过程中，这种品质能够获得成功。德性是一种获得性人类品质，这种德性的拥有和践行，使我们能够获得实践的内在利益，缺乏这种德性，就无从获得这些利益。"[①] 他强调主体的德性品质在道德活动中的重要性。另一位伦理学家罗尔斯认为，道德之善只能在正义规则之后，而不可能在规则之先，所以他更为注重规范的确立。不过，道德规则如果不能内化为行为主体的德性或成为其自身的品质，那么遵从规范也不过是屈服于外在的压力，即使会产生一定的道德效果也并不能反映行为主体的道德需要。事实上，懂得掌握规则的

---

① ［美］麦金太尔：《德性之后》，龚群等译，中国社会科学出版社1995年版，第141页。

人未必就比一个不懂得规则的人更有德性。在教育活动中，只有真正将外在的教育规范转化为教育主体内在的德性品质，或者出于教育主体自身的内在良知而行事的人，才能把教育善的追求作为本然的教育道德义务。而教育规范在尚未被教育者接受时，总是表现为一种外在的教育律令，它与教育者的具体行为之间往往存在着一种距离。而且，教育规范的确定性、稳定性常常可能蜕变为理论的封闭性、僵化性，面对不断变化、丰富多彩的教育生活及其行为境遇，既有的教育规范可能会显得不适应、不够用。相对于教育规范伦理，教育德性伦理在视角上更为注重教育者自身的德性或道德品质，它把教育德性的形成、教育美德的培育看作是道德生活中最重要的事情。

首先，教育者应具有教育理智德性和教育道德德性。教育德性伦理建设的宗旨在于使教育者具有实践教育伦理的良好品质，以及使这种品质转化为教育善的知识和能力。而教育德性在内容上包含了教育理智德性和教育道德德性两个方面，前者指涉教育者对教育伦理规范及其价值精神的理性认知以及在教育中表现的实践智慧；后者指涉教育者在教育伦理实践中形成的教育道德品质、教育道德情感和教育道德习惯。一方面，教育德性伦理建设要培养教育者的道德理性和实践智慧，使得教育者在教育活动中，能够从自己扮演的社会角色出发，对应遵循的教育伦理及其合理性和价值精神具有理性的自觉和深刻的认知，并对其采取的教育行为从动机、目标和效果等方面给予缜密的审视和把握，从而形成实现教育善所应有的教育理智德性；同时，这种教育理智德性也是一种实践智慧，这就是教育者能够把教育德性的要求与特定教育情境中的特定问题结合起来，根据教育的伦理方向正确地做出道德行为的选择。当教育行为主体面对实际境遇中的道德冲突时，选择何种教育伦理以及何种价值等级的教育伦理行为，与教育者的实践智慧和道德能力密切相关，这种教育理智德性对于教育善实现的质和量都是至关重要的。

另一方面，教育德性伦理建设也要致力于使教育者形成应有的教育道德德性，它是关乎教育活动能否获得成功所必需的品质和品性。这种品质在教育行为中表现为教育主体对教育德性的自愿选择，所以它与教育道德情感相关；教育者只有形成了高尚的教育道德情感，才能将根据教育伦理去行动以及教育善的实现看作是人生价值的实现和生命本质的对象化。由于教育道德德性不是出于自然，而是由习惯养成而获得的品性。所以，稳定的教育道德德性又必须通过教育实践、道德教育、道德修养、教育善的累积而逐渐形成和发展。

其次，教育者要实现内在德性向外在善行的有效转化。在教育实践中生成的教育者德性作为一种精神价值，是实现教育善的内在保证。它虽然是一种善的获得性品质，但本身并不等于善的行动，因此教育德性伦理建设的任务还在于促成这种内在的教育德性转化为外在的教育善行。由于教育者的良好德性是内隐于教育者的人格和观念之中的，它只有通过具体的教育行为方能得以外显和实现。教育德性向教育善行的转换，实际上就是将教育伦理规范内蕴的价值因子由"应然"变为"实然"。因此，教育德性伦理建设必须要有一定的机制保障教育者内在德性向外在善行的有效转化。这一机制主要包含制度机制和良心机制两个方面。之所以对教育道德的保障机制作这样的规定，是由教育者不同的德性境界以及对教育伦理的不同行为反应所决定的。对于那些"消极守德"的德性境界一般的行为主体，制度机制主要是通过教育伦理制度建设，强化其遵守教育伦理规范的意识和行为，并提升其教育德性的层次。因为教育伦理规范对人们行为调控功能的有限性，决定了当教育伦理的效应不尽人意时，有必要将这种道德上的要求上升为制度化的要求，以保障德性与善行的一致。而对于那些"积极守德"的德性境界较高的行为主体，良心机制主要是通过培养教育者高尚的道德良心，将此作为促进其内在德性向外在善行转化的内在驱动。因为，教育良心是教育道德自律的最高体现，是教育者德性之灵魂，是对社会向教育者提出的道德义务的高度自觉精神和情感体认，也是推动教育德性向教育善行转化的潜在动力。因而教育德性伦理建设应重视主体教育良心的培育和养成。对于教育伦理实践而言，教育良心的形成确乎是教育德性完善的重要方面，是教育道德生命的根本所在，更是教育行为之"应然"转化为"实然"的一种不可或缺的内在精神力量。

2. 确立教育者的教育道德信念。教育道德信念是教育者对教育事业、教育伦理以及基本主张、原则的确认和信奉，是教育者在教育过程中评判自己行为善恶的内在力量。教育道德信念具有专一性、稳定性、执着性、精神性、主体性等特点。教育者应当树立高于一般社会成员的教育道德理想，这是教育职业伦理对教育工作者的特殊要求，也是教育的文化特质。同时，教育者也要把握教育伦理的原则、规范及其价值精神，并且能够透过价值、原则、规范看到其背后的伦理信念。一个具有教育道德信念的教育者不仅能在日常的教育生活中迅速进行定向，毫不犹豫地按教育道德常规行事，而且也能在复杂变化的、道德冲突的情境中运用社会倡导的教育伦理思想和方法去辨明是非、善恶，克服内心矛盾，作出合理的行为抉择并加以执行。当教育者做出了合乎教育善的行为选择，他就会感到心安理得或满足，否则就会感到不安或内疚。教育道德信念是教育道德行为的内部强大动力，也是教育主体自我监督、自我反省和自我强化的重要因素。

在教育伦理实践过程中，教育者可能经常受到外部因素的干扰，也可能面临价值标准多元化挑战的现实。改革开放以来，因为改革利益的分享和改革代价分担的失衡而引发的利益主体的日渐分化，教育者在价值的选择上面临着越来越多的困扰。因此，需要教育者勇于和善于对自己的教育实践作出深刻的反思和内省，在教育伦理的两难冲突中，始终不渝地坚定自我的教育理想和信念，培养持久的道德意志力。特别是在当前的市场经济条件下，教育者的教育活动面临着诸多伦理难题。如教育过程的长期性、教育作用的迟效性与市场调节的短时性、市场作用的速效性之间的矛盾，教师权力保障与学生权利维护之间的矛盾，教育改革发展的人本化、大众化与市场经济影响下功利主义、拜金主义倾向的冲击，教育自由与教育责任的统一，教育德性与教育幸福的一致，等等。近年来，人们关于社会道德爬坡与滑坡之争论，一定程度上也涉及对教育道德状况的担忧。在中国社会经济秩序由计划经济向市场经济转轨的过程中，面对社会生活、文化的多样化、道德问题的增多，教育者也会陷入一种价值冲突和伦理困惑之中。因此，在这个急剧变化的时代，在教育伦理不断受到现实拷问的今天，教育者如何恪守自己的道德良知、保持自身的道德操守，在积极适应现实的同时超越现实，在追求自我价值实现的同时最大限度实现教育的社会价值和教育善，这是教育伦理学应关注的问题。

确立教育道德信念意味着教育主体通过对教育伦理及其道德规范的认识和了解，在自身强烈的道德情感驱动下，对履行教育道德义务产生了强烈的社会责任感。在教育活动中，教育者既需要具有主体精神和自律品质，以发挥自身的道德主体性，在实践中创造性地运用教育伦理原则和道德智慧，也应在教育实践中做出深刻的反思和内省，坚定应有的教育理想和信念。只有这样，教育者才能把教育德性的生成与发展看作是实现人生价值的一部分。一个人在伦理的两难冲突中做出正确的道德选择，既体现了主体道德实践的一种境界，也是对道德信念的一种培养和坚守。如果说教育是一个伦理实体，那么教育者就是伦理主体、道德行为主体，他们在教育实践中不断完善和发展教育德性、教育良心，并在教育实践中化教育德性和教育良心为教育信念和教育德行，达到最终实现教育善的目的。

教育伦理的根本旨趣在于实现教育善，教育善的实现需要教育伦理的价值导向，也需要个体和社会道德主体意识的确立和增强。也就是说，无论外界的诱惑或干扰有多大，在道德追求中遭遇怎样的困境或阻碍，教育者都能坚持自己的信念、坚守道德的精神家园，自觉地趋善避恶。在一定意义上，道德是人类掌握世界和发展完善自身的"实践精神"方式，它既是外在的律令、行为活动，也是内隐的意识、信念、意志、品质等。道德进步的重要标志就是人的道德主体意识的深刻觉醒、全面确立和不断增强。

教育伦理原则和规范蕴含了对教育者的道德要求，也表达了社会对教育者的价值期待。教育伦理价值的实现过程同时还应是为教育者的价值实现提供有效支持的过程。也就是说，要从主体的角度来促进教育善的实现。教育伦理建设的目的应是实现教育者的个人价值和满足社会的价值期待的有机统一。既要以统一的社会教育伦理建塑教育者的精神家园和美好形象，又不至于使其失去应有的道德个性和自我实现的能力，同时还应有利于个人价值最大限度的实现。这就是说，要将充满个性特征和为社会所接纳认同作为教育者应有的思想道德素质，将个人价值的实现和社会价值期待的满足作为教育伦理的主体价值追求。这不仅有利于培养教育者的主体意识和主体精神，而且也为教育的发展提供了人的知识、能力和素质方面的保证，从而成为教育伦理价值实现之主体机制的构成要素。

参 考 文 献

1. 《马克思恩格斯选集》第1—4卷，人民出版社1995年版。

2. 《列宁全集》第1—4卷，人民出版社1972年版。

3. 《毛泽东选集》第1—4卷，人民出版社1993年版。

4. 《邓小平文选》第1—2卷，人民出版社1994年版。

5. 《邓小平文选》第3卷，人民出版社1993年版。

6. 黑格尔：《法哲学原理》，商务印书馆1979年版。

7. 柏拉图：《理想国》，商务印书馆1986年版。

8. 罗尔斯：《正义论》，中国社会科学出版社1990年版。

9. 西田几多郎：《善的研究》，商务印书馆1965年版。

10. 莫里茨·石里克：《伦理学问题》，华夏出版社2001年版。

11. 康德：《道德形而上学原理》，上海人民出版社2002年版。

12. 齐格蒙特·鲍曼：《后现代伦理学》，江苏人民出版社2003年版。

13. 尼布尔：《道德的人与不道德的社会》，贵州人民出版社1998年版。

14. 亚里士多德：《尼可马科伦理学》，中国社会科学出版社1999年版。

15. 麦金太尔：《追寻美德：伦理理论研究》，译林出版社2003年版。

16. 大河内一男：《教育学的理论问题》，北京教育科学出版社1984年版。

17. 康德：《实践理性批判》，商务印书馆1960年版。

18. 雅斯贝尔斯：《什么是教育》，生活·读书·新知三联书店1991年版。

19. 罗尔斯：《道德哲学讲义》，上海三联书店2003年版。

20. 杜威：《民主主义与教育》，人民教育出版社2001年版。

21. 王本陆：《教育崇善论》，广东教育出版社 2001 年版。

22. 钱焕琦、刘云林：《中国教育伦理学》，中国矿业大学出版社 2000 年版。

23. 鲁洁：《超越与创新》，人民教育出版社 2001 年版。

24. 王正平：《教育伦理学》，上海人民出版社 1988 年版。

25. 李春秋：《教育伦理学概论》，北京师范大学出版社 1993 年版。

26. 檀传宝：《教育伦理学范畴研究》，北京师范大学出版社 2000 年版。

27. 施修化、严缘华：《教育伦理学》，上海科学普及出版社 1989 年版。

28. 樊浩、田海平：《教育伦理》，南京大学出版社 2000 年版。

29. 黄济：《教育哲学》，北京师范大学出版社 2002 版。

30. 倪素襄：《伦理学导论》，武汉大学出版社 2002 年版。

31. 丁锦宏：《教育学》，南京大学出版社 2002 年版。

32. 罗国杰：《伦理学》，人民出版社 1989 年版。

33. 夏伟东：《道德本质论》，中国人民大学出版社 1991 年版。

34. 窦桂梅：《我的教育视界》，华东师范大学出版社 2013 年版。

35. 何建华：《道德选择论》，浙江人民出版社 2002 年版。

36. 胡晓风：《陶行知教育文集》，四川教育出版社 2007 年版。

37. 曾钊新、吕耀怀：《伦理社会学》，中南大学出版社 2002 年版。

38. 孙迎光：《主体教育理论的哲学思考》，南京师范大学出版社 2003 年版。

39. 程立显：《伦理学与社会公正》，北京大学出版社 2002 年版。

40. 叶澜：《教师角色与教师发展新探》，教育科学出版社 2001 年版。

41. 诺丁斯：《学会关心：教育的另一种模式》，教育科学出版社 2011 年版。

42. 熊川武：《实践教育学》，上海教育出版社 2001 年版。

43. 孙孔懿：《教育失误论》，江苏人民出版社 1997 年版。

44. 何怀宏：《底线伦理》，辽宁人民出版社 1998 年版。

45. 诺丁斯：《幸福与教育》，教育科学出版社 2009 年版。

46. 庞守兴：《困惑与超越》，广西师范大学出版社 2003 年版。

47. 卢梭：《爱弥儿》（上卷），商务印书馆 1978 年版。

48. 孙彩平：《教育的伦理精神》，山西教育出版社 2004 年版。

49. 钱焕琦：《教师职业道德》，华东师范大学出版社 2008 年版。

50. 华桦：《教育公平新解》，上海社会科学出版社 2010 年版。

51. 杨芷英：《教师职业道德》，高等教育出版社 2007 年版。

52. 檀传宝：《走向新师德》，北京师范大学出版社 2009 年版。

53. 杜威：《教育即生活》，上海辞书出版社 2014 年版。

54. 叶澜：《教育研究方法初探》，上海教育出版社 2014 年版。

55. 阿普尔：《教育能够改变社会吗》，华东师范大学出版社 2014 年版。

56. 国际 21 世纪教育委员会：《教育——财富蕴藏其中》，教育科学出版社 1996 年版。

57. 日本筑波大学教育学研究会：《现代教育学》，上海教育出版社 1996 年版。

58. 史密斯：《全球化与后现代教育学》，教育科学出版社 2000 年版。

59. 樊浩：《中国教育伦理精神的历史建构》，江苏人民出版社 1993 年版。

60. 赵敦华：《良心与正义的探求》，黑龙江人民出版社 2004 年版。

61. 袁振国：《教育新理念》，教育科学出版社 2002 年版。

62. 李春秋、毛蔚兰：《传统伦理的价值审视》，北京师范大学出版社 2003 年版。

63. 桑新民：《呼唤新世纪的教育哲学》，教育科学出版社 1993 年版。

64. 朱小蔓：《教育的问题与挑战——思想的回应》，南京师范大学出版社 2000 年版。

65. 张之沧、王小锡：《人性与伦理》，中国商业出版社 1994 年版。

66. 刘云林：《善的求索：当代中国道德建设研究》，黑龙江人民出版社 2001 年版。

67. 高兆明：《伦理学理论与方法》，人民出版社 2005 年版。

68. 赵健伟：《教育病——对当代中国教育的拷问》，中国社会出版社 2003 年版。

69. 程方平：《中国教育问题报告》，中国社会科学出版社 2002 年版。

70. 怀特海：《教育的目的》，文汇出版社 2012 年版。

71. 布鲁肖：《给教师的 110 条建议》，中国青年出版社 2013 年版。

72. 李希贵：《面向个体的教育》，教育科学出版社 2014 年版。

73. 金生鈜：《保卫教育的公共性》，福建教育出版社 2008 年版。

74. 刘精明：《国家、社会阶层与教育》，中国人民大学出版社 2005 年版。

75. 《2005 年中国教育绿皮书——中国教育政策年度分析报告》，教育科学出版社 2005 年版。

76. 劳凯声：《变革社会中的教育权和受教育权》，教育科学出版社 2003 年版。

77. 王荣德：《教师人格论》，科学出版社 2001 年版。

78. 弗兰克纳：《善的求索》，辽宁人民出版社 1987 年版。

79. 刘德华：《让教育焕发生命的价值》，广西师范大学出版社 2003 年版。

80. 顾明远、檀传宝：《中国教育发展报告——变革中的教师与教师教育》，北京师范大学出版社 2004 年版。

81. 齐梅：《教育学原理学科科学化问题研究》，中国社会科学出版社 2007 年版。

82. 高兆明：《伦理学理论与方法》，人民出版社 2013 年版。

83. 欧阳超：《教学伦理学》，四川大学出版社 2008 年版。

84. 傅伟利：《教师职业道德教育指南》，高等教育出版社 2002 年版。

后　记

　　当代中国教育界正处在由确立社会主义市场经济体制所引发的社会全面转型和不断推进的教育改革进程之中。教育伦理学作为一门求索善的真谛及其实现的学问，必须关注并积极应对这种变化，通过自身科学有效的研究为教育改革提供正确的价值导向，为广大教育者的教育实践设定符合时代精神的伦理路标。教育伦理学要有效履行这一时代赋予的神圣使命，必须在审视研究现状的基础上，对研究视角的选取、研究方法的运用和研究内容的安排做出富有新意的探求，即进一步完善教育伦理学学科体系，深化教育伦理学的理论研究及其向实践运用的转化。就我国目前的教育伦理学研究而言，由于脱胎于伦理学"母体"的缘故，其理论构建几乎是伦理学理论框架的整体位移，自身的学科个性不突出。这样一种理论体系，在形式上显得既陈旧又不成熟，在内容上显得脱离实际而缺乏针对性，未能充分彰显教育伦理学作为一门实践科学应有的应用功能。因此，现代教育伦理学研究应在夯实基础理论的同时，立足现实，紧密联系教育伦理实践的现状，对教育伦理的价值、规范、功能、范畴、视域及机制等一系列问题做出契合时代发展的新探索。对这一系列问题的切实关注和有效解决，是教育伦理学研究具有科学性、深刻性和应用性的内在需要。它将有利于提升教育伦理学的学科价值，推进教育伦理理论与实践的发展，具有重要的科学意义和实践价值。

　　教育伦理是使教育活动合乎人类道德本质的实践理性。作为培养人、引导人、塑造人的特殊社会活动，作为推动人类文明进步和社会全面发展的重要载体，教育是人类一项杰出的道德事业。教育之善体现在教育是人类文明的传承者，文化的传播者，精神的培育者。教育追求的基本价值目标是促进社会进步和人的全面自由发展。诚如黑格尔所说，教育是促进人的解放的事业。然而，只有善的教育才能真正教人为善和促进社会向善。社会的变革、经济的转型，使得我国教育领域亦出现了伦理道德上的困惑，如：教育不公平、教育机会不均等、教育暴力、教育专制、教育腐败等问题客观存在，教育形式主义、实用主义、唯知主义和功利主义等教育道德问题也冥顽不化。这引起了人们对教育的伦理反思和道德追问，教育何以健康发展？教育的健康发展不仅需要教育科学的指导，教育法规的治理，而且需要教育伦理的引领。教育伦理建设旨在提高教育扬善抑恶的意识和能力，化理论为德性，化德行为力量，促进教育道德进步，提升教育者的道德水准，实现教育善的本质。教育改革与发展的现实，要求教育伦理学研究必须应对挑战，主动发展，在加强基础理论的建设和理论创新的同时，注重对教育实践的理性关照，充分发挥教育伦理学的学科价值和实际功效，以推进教育的健康持续发展。教育事业只有在更先进而合理的教育伦理理论的导引下，方能更好地实现社会对教育的价值期待。

教育伦理学是在教育科学和伦理科学之间产生的研究教育领域道德问题的实践科学。在我国30多年的研究发展中，教育伦理学的研究对象和研究视域得到了空前的拓展，由理论体系的构建转向对教育实践的关注。2013年10月，中国教育伦理学会正式成立，并举行了以"核心价值、教育伦理与师德建设"为主题的全国首届教育伦理学学术研讨会，师德问题成为共同关注的焦点。基于教育道德矛盾、道德关系、道德要求的新变化，师德建设与师德评价问题已成为当前教育伦理学尤其是教师伦理学研究的重要前沿课题。这一新的教师教育课题需要教育伦理学尤其是教师伦理学继续进行研究和探讨。

本书是教育部人文社会科学研究基金规划项目《师德的现代转型及其评价研究》的阶段性成果，也是江苏省高校中青年学术带头人、江苏省"333工程"培养人选的研究成果。尽管我为本书的写作花费了很多心力，但由于水平所限，难免存有疏漏缺陷，诚请读者批评指正。

糜海波

2014 年 10 月